Berichte aus der Rechtswissenschaft

Manuel Braun

Arbeitsrechtlicher Kündigungsschutz durch zivilrechtliche Generalklauseln

Shaker Verlag
Aachen 2001

Die Deutsche Bibliothek - CIP-Einheitsaufnahme

Braun, Manuel:
Arbeitsrechtlicher Kündigungsschutz durch zivilrechtliche Generalklauseln /
Manuel Braun. Aachen : Shaker, 2001
    (Berichte aus der Rechtswissenschaft)
    Zugl.: Berlin, Humboldt-Univ., Diss., 2001
ISBN 3-8265-9589-0

FH-FBSV

Printed in Germany.

ISBN 3-8265-9589-0
ISSN 0945-098X

Shaker Verlag GmbH • Postfach 1290 • 52013 Aachen
Telefon: 02407 / 95 96 - 0 • Telefax: 02407 / 95 96 - 9
Internet: www.shaker.de • eMail: info@shaker.de

Vorwort

Die vorliegende Arbeit wurde im Wintersemester 2000/2001 von der Juristischen Fakultät der Humboldt-Universität zu Berlin als Dissertation angenommen. Das Manuskript wurde im August 2000 eingereicht, spätere Entwicklungen in Rechtsprechung und Schrifttum konnten aber noch in Ergänzungen und Fußnoten berücksichtigt werden.

Ich bedanke mich bei meinen Doktorvater, Herrn Prof. Dr. Robert Rebhahn, für die exzellente Betreuung. Darüber hinaus danke ich Herrn Prof. Dr. Rainer Schöder für die zügige Erstellung des Zweitgutachtens.

Mein besonderer Dank gilt schließlich meinen Eltern, die mir während der Promotionszeit in jeder Hinsicht unterstützend zur Seite standen. Ihnen ist daher diese Arbeit gewidmet.

Berlin, im Oktober 2001   Manuel Braun

Inhaltsverzeichnis

Literaturverzeichnis

Alexy, Robert:
Theorie der Grundrechte, Frankfurt am Main 1986.

Appel, Clemens und **Frantzioch**, Petra:
Sozialer Schutz in der Selbständigkeit, ArbuR 1998, 93 ff.

Assmann, Heinz-Dieter; **Kirchner**, Christian und **Schanze**, Erich:
Ökonomische Analyse des Rechts. Mit Beiträgen von Calabresi, Coase, Posner und anderen, Tübingen 1993.

Bauer, Hartmut und **Kahl**, Wolfgang:
Europäische Unionsbürger als Träger von Deutschen-Grundrechten?, JZ 1995, 1077 ff.

Bauer, Jobst-Hubertus und **Haußmann**, Katrin:
Die Verantwortung des Arbeitgebers für den Arbeitsmarkt, NZA 1997, 1100 ff.

Behrens, Peter:
Die Bedeutung der ökonomischen Analyse des Rechts für das Arbeitsrecht, ZfA 1989, 209 ff.

Belling, Detlev und von **Steinau-Steinrück**, Robert:
Freiwillige Leistungen des Arbeitgebers als Maßregelung streikender Arbeitnehmer?, DB 1993, 534 ff.

Benda, Ernst:
Industrielle Herrschaft und sozialer Staat, Göttingen 1966.

Bertola, Guiseppe:
Microeconomic Perspectives on Aggregate Labor Markets, EUI Working Paper ECO No. 98/23, San Domenico 1998.
(zit. Bertola, Microeconomic Perspectives)

Blomeyer, Wolfgang:
Die Überforderung des Arbeitsrechts, NZA-Beilage 1/1988, 3 ff.

Boemke, Burkhard:
Kündigungsschutz in Kleinbetrieben, Wirtschaftsrechtliche Beratung (WiB) 1997, 617 ff.

Böckenförde, Ernst-Wolfgang:
Zur Lage der Grundrechtsdogmatik nach 40 Jahren Grundgesetz, München 1990.

Brandes, Wolfgang; **Buttler**, Friedrich; **Dorndorf**, Eberhard und **Walwei**, Ulrich:
Grenzen der Kündigungsfreiheit - Kündigungsschutz zwischen Stabilität und Flexibilität, in: Klaus Semlinger (Hrsg.): Flexibilisierung des Arbeitsmarktes: Interessen, Wirkungen, Perspektiven, Frankfurt 1991, S. 111 ff.
(zit. Brandes u.a., in: Flexibilisierung des Arbeitsmarktes)

Buchner, Herbert:
Anmerkung zu LAG Bremen v. 29.10.1985 LAGE Nr. 1 zu § 242 BGB.

Büchtemann, Christoph:
Kündigungsschutz als Beschäftigungshemmnis? Empirische Evidenz für die Bundesrepublik Deutschland, Mitteilungen aus der Arbeitsmarkt- und Berufsforschung (MittAB) 1990, 394 ff.

Büchtemann, Christoph und **Neumann**, Helmut (Hrsg.):
Mehr Arbeit durch weniger Recht? Chancen und Risiken der Arbeitsmarktflexibilisierung, Berlin 1990.

Buschmann, Rudolf:
Entscheidungsanmerkung zu BVerfG v. 27.1.1998 (Verfassungsmäßigkeit der Kleinbetriebsklausel), ArbuR 1998, 210 ff.

Buttler, Friedrich und **Walwei**, Ulrich:
Effizienzwirkungen des Kündigungsschutzes, Mitteilungen aus der Arbeitsmarkt- und Berufsforschung (MittAB) 1990, 386 ff.

Coase, Ronald H.:
Das Problem der sozialen Kosten, in: Assmann/Kirchner/Schanze, Ökonomische Analyse des Rechts, Tübingen 1993, S. 129 ff.

Däubler, Wolfgang:
- Das Arbeitsrecht. Leitfaden für Arbeitnehmer, Band 1, 14. Aufl., Reinbek bei Hamburg 1995.
- Das Arbeitsrecht. Leitfaden für Arbeitnehmer, Band 2, 11. Aufl., Reinbek bei Hamburg 1998.
- Kündigungsschutz außerhalb des Kündigungsschutzgesetzes, in: Arbeitsrecht und Arbeitsgerichtsbarkeit, Festschrift zum 50-jährigen Bestehen der Arbeitsgerichtsbarkeit in Rheinland-Pfalz, hrsg. von Klaus Schmidt, Neuwied 1999, S. 271 ff.
- Das deutsche Arbeitsrecht - ein Auslaufmodell?, NJW 1998, 2573 f.

Degenhart, Christoph:
Staatsrecht. 1. Staatszielbestimmungen, Staatsorgane, Staatsfunktionen, 14. Aufl., Heidelberg 1998.

Dieterich, Thomas:
- Die „Warteschleifen-Rechtsprechung" des Bundesverfassungsgerichts, RdA 1992, 330 ff.
- Grundgesetz und Privatautonomie im Arbeitsrecht, RdA 1995, 129 ff.

Dietlein, Johannes:
Die Lehre von den grundrechtlichen Schutzpflichten, Berlin 1992, zugl. Münster (Westfalen), Univ., Diss., 1991.

Dörsam, Pia:
Die Beschäftigungswirkung des Kündigungsschutzes aus Sicht institutionalistischer Arbeitsmarkttheorien, Zeitschrift für Wirtschafts- und Sozialwissenschaften (ZWS) 1997, 55 ff.

Dorndorf, Eberhard:
Vertragsdurchsetzung als Funktion des Kündigungsschutzes, ZfA 1989, 345 ff.

Dreier, Horst (Hrsg.):
Grundgesetz: Kommentar, Bd. 1, Artikel 1 - 19, Tübingen 1996.

Eidenmüller, Horst:
Rechtsanwendung, Gesetzgebung und ökonomische Analyse, AcP 1997, 80 ff.

Erfurter Kommentar zum Arbeitsrecht
hrsg. von Thomas Dieterich, München 1998.
(zit. ErfK/Bearbeiter)

Erman, Walter:
Handkommentar zum Bürgerlichen Gesetzbuch, hrsg. von Harm Peter Westermann, 1. Band §§ 1 - 853, 8. Aufl., Münster 1989.
(zit. Erman/Bearbeiter)

Ettwig, Volker:
Keine Änderung im Kündigungsschutz durch das neue SGB III, NZA 1997, 1152 f.

Falder, Roland:
Kündigungsschutz für alle - Wunschdenken oder Realität, NZA 1998, 1254 ff.

Falke, Josef et al.:
Kündigungspraxis und Kündigungsschutz in der Bundesrepublik Deutschland. Reihe „Forschungsberichte" hrsg. vom Bundesminister für Arbeit und Sozialordnung, Bd. 47, Bonn 1981.

Falke, Josef und **Höland**, Armin:
Die Rechtspraxis der Beendigung von Arbeitsverhältnissen. Vorüberlegungen zu einem neuen Forschungsprojekt, Zentrum für Europäische Rechtspolitik an der Universität Bremen (ZERP), ZERP-Diskussionspapier 2/97, Bremen 1997.

Fezer, Karl-Heinz:
- Aspekte einer Rechtskritik an der economic analysis of law und am property rights approach, JZ 1986, 817 ff.
- Nochmals: Kritik an der ökonomischen Analyse des Rechts, JZ 1988, 223 ff.

Franke, Katja:
Effizienz gesetzlicher Kündigungsschutzbestimmungen: ein Vergleich mit unregulierten Vereinbarungen, Wiesbaden 1996, zugl.: Göttingen, Univ., Diss., 1996.
(zit. Franke, Effizienz)

Franz, Wolfgang:
-Arbeitsmarktökonomik, 2. Auflage, Berlin, Heidelberg 1994.

- Chancen und Risiken einer Flexibilisierung des Arbeitsrechts aus ökonomischer Sicht, ZfA 1994, 439 ff.

Franz, Wolfgang und **Rüthers**, Bernd:
Arbeitsrecht und Ökonomie - Mehr Beschäftigung durch eine Flexibilisierung des Arbeitsrechts, RdA 1999, 32 ff.

Gamillscheg, Franz:
Kollektives Arbeitsrecht, Band 1: Grundlagen, Koalitionsfreiheit, Tarifvertrag, Arbeitskampf und Schlichtung, München 1997.

Gaul, Björn:
Die „Streikbruchprämie" als zulässiges Arbeitskampfmittel, NJW 1994, 1025 ff.

Geiger, Rudolf:
EG-Vertrag: Kommentar zu dem Vertrag zur Gründung der Europäischen Gemeinschaft, München 1995.

Geyr, Marco R W.:
Der Kündigungsschutz von Arbeitnehmern durch Willkür- und Diskriminierungsverbote im deutschen und amerikanischen Arbeitsrecht, Frankfurt am Main 2000.

Gemeinschaftskommentar zum Kündigungsschutzgesetz und zu sonstigen kündigungsschutzrechtlichen Vorschriften
mitbegr. von Friedrich Becker und Wilfried Hillebracht. Bearb. von Gerhard Etzel, 5. Aufl., Neuwied 1998.
(zit. KR/Bearbeiter)

Gotthardt, Michael:
Die Änderungen des Kündigungsschutzgesetzes durch das Gesetz zu Korrekturen in der Sozialversicherung und zur Sicherung der Arbeitnehmerrechte vor dem Hintergrund der Rechtslage in Schweden, ZIAS 1999, 354 ff.

Gragert, Nicola und **Kreutzfeld**, Heiko:
Sturm auf die Gerichte? - Die Konsequenzen aus dem Beschluß des BVerfG zur Kleinbetriebsklausel in § 23 Abs. 1 Satz 2 KSchG, NZA 1998, 567 ff.

Gragert, Nicola und **Wiehe**, Henning:
Das Aus für die freie Auswahl in Kleinbetrieben - § 242 BGB!, NZA 2001, 934 ff.

Hanau, Peter:
- Verfassungsrechtlicher Kündigungsschutz, in: Richterliches Arbeitsrecht, Festschrift für Thomas Dieterich zum 65. Geburtstag, hrsg. von Peter Hanau, München 1999, S. 201 ff.
- Reformbedarf im Arbeitsvertragsrecht, ZRP 1996, 349 ff.

Handbuch des Kündigungsrechts
von Gerhard Knorr, Gerd Bichlmeier und Hans Kremhelmer, 4. Aufl., München 1998.
(zit. Handbuch des Kündigungsrechts/Bearbeiter)

Handbuch des Staatsrechts der Bundesrepublik Deutschland
hrsg. von Josef Isensee und Paul Kirchhof, Bd. 6 Freiheitsrechte, Heidelberg 1989.
(zit. Handbuch des Staatsrechts/Bearbeiter)

Hardes, Heinz-Dieter:
Allgemeiner Kündigungsschutz in ausgewählten europäischen Ländern, Jahrbuch für Sozialwissenschaft (JfS) 1993, 78 ff.

Hauck, Karl und **Noftz**, Wolfgang:
SGB III, Arbeitsförderung, Kommentar, 1. Band, Stand: Mai 2000, Berlin 1997.
(zit. Hauck/Noftz/Bearbeiter)

Heidelberger Kommentar zum Kündigungsschutzgesetz
von Eberhard Dorndorf, 3. Aufl., Heidelberg 1999.
(zit. Heidelberger Kommentar/Bearbeiter)

Heinze, Meinhard:
Einwirkungen des Sozialrechts ins Arbeitsrecht?, NZA 2000, 5 ff., Ausführungen zu § 2 SGB III auf das Kündigungsschutzrecht.

Hermes, Georg:
Das Grundrecht auf Schutz von Leben und Gesundheit. Schutzpflicht und Schutzanspruch aus Art. 2 Abs. 2 Satz 1 GG, Heidelberg 1987.

Herschel, Wilhelm:
- Kündigungsschutz und Wettbewerb, RdA 1975, 28 ff.
- „Recht auf Arbeit" und Kündigungsschutz, BB 1977, 708 ff.
- Gedanken zur Theorie des arbeitsrechtlichen Kündigungsschutzes, in: Arbeitsleben und Rechtspflege, Festschrift für Gerhard Müller, hrsg. von Theo Mayer-Maly u.a., Berlin 1981, S. 191 ff.

Hesse, Hans Albrecht und **Kaufmann**, Peter:
Die Schutzpflicht in der Privatrechtsprechung, JZ 1995, 219 ff.

Hessel, Philipp:
Kündigungsschutz außerhalb des Kündigungsschutzgesetzes?, DB 1952, 249 f.

Hirsch, Günter:
EG: Kein Staat, aber eine Verfassung?, NJW 2000, 46 f.

Hoyningen-Huene, Gerrick von:
- Anmerkung zu BAG v. 23.6.1994 AP Nr. 9 zu § 242 BGB.
- Muß das Kündigungsschutzrecht reformiert werden?, in: Klaus Schmidt (Hrsg.): Arbeitsrecht und Arbeitsgerichtsbarkeit; Festschrift zum 50-jährigen Bestehen der Arbeitsgerichtsbarkeit in Rheinland-Pfalz, Neuwied 1999, S. 215 ff.

Hromadka, Wolfgang:
Arbeitnehmerähnliche Personen. Rechtsgeschichtliche, dogmatische und rechtspolitische Überlegungen, NZA 1997, 1249 ff.

Hromadka, Wolfgang und **Maschmann**, Frank:
Arbeitsrecht, Bd. 1. Individualarbeitsrecht, Berlin 1998.
(zit. Hromadka/Maschmann, Arbeitsrecht Bd. 1)

Hümmerich, Klaus:
Von der Verantwortung der Arbeitsrechtsprechung für die Volkswirtschaft, NZA 1996, 1289 ff.

Hueck, Alfred:
- Das neue Kündigungsschutzgesetz des Wirtschaftsrates, RdA 1949, 331 ff.
- Der Hattenheimer Entwurf des Kündigungsschutzgesetzes, RdA 1950, 65 ff.
- Das Bundeskündigungsschutzgesetz, RdA 1951, 281 ff.

Hueck, Alfred und **Hoyningen-Huene**, Gerrick von:
Kündigungsschutzgesetz, 12. Auflage, München 1997.

Ichino, Pietro:
Arbeitsrecht und Wirtschaftsmodelle, RdA 1998, 271 ff.

Ipsen, Jörn:
Staatsrecht, 2. Grundrechte, 3. Aufl., Neuwied 2000.

Kissel, Otto Rudolf:
Standortfaktor Arbeitsrecht: Standortdebatte und Rechtsentwicklung - wie geht es weiter?, Frankfurt 1999.

Kittner, Michael:
- Arbeitsrecht und marktwirtschaftliche Unternehmensführung - ein Gegensatz?, ArbuR 1995, 385 ff.
- Neues Kündigungsschutzrecht außerhalb des Kündigungsschutzgesetzes, NZA 1998, 731 ff.
- Gesamtsystem Schuldrecht: rechtliche Grundlagen - wirtschaftliche Zusammenhänge, München 1998.

Kittner, Michael und **Trittin**, Wolfgang:
Kündigungsschutzrecht: Kommentar für die Praxis zum Kündigungsschutzgesetz und zu den anderen Kündigungsschutzvorschriften, 3. Aufl., Köln 1997.
(zit. Kittner/Trittin)

Knöll, Ralf:
Die Diskussion um die Grundrechtscharta der Europäischen Union aus dem Blickwinkel der deutschen Länder, NJW 2000, 1845 ff.

Krenz, Heiko:
Zur Sozialauswahl in Kleinbetrieben, Aachen 2001.

Küchle, Hartmut:
Kündigungsschutzvorschriften im europäischen Vergleich, WSI-Mitteilungen 1990, 407 ff.

Kühling, Jürgen:
Die Berufsfreiheit des Arbeitnehmers, in: Richterliches Arbeitsrecht, Festschrift für Thomas Dieterich zum 65. Geburtstag, hrsg. von Peter Hanau, München 1999, S. 325 ff.

Kündigungsschutzrecht (KSchR)
Kommentar für die Praxis zu Kündigungen und anderen Formen der Beendigung des Arbeitsverhältnisses / Kittner/Däubler/Zwanziger, 4. Aufl., Frankfurt am Main 1999.
(zit. KSchR/Bearbeiter)

Lakies, Thomas:
Änderung des Kündigungsschutzgesetzes und allgemeiner Kündigungsschutz nach § 242 BGB - Verfassungsrechtliche Fragen, DB 1997, 1078 ff.

Lieb, Manfred:
Arbeitsrecht, 6. Aufl., Heidelberg 1997.

Liebs, Detlef:
Römisches Recht, 4. Aufl., Göttingen 1993.

Löwisch, Manfred:
- Kommentar zum Kündigungsschutzgesetz, 7. Aufl., Heidelberg 1997.
- Grenzen der ordentlichen Kündigung in kündigungsschutzfreien Betrieben, BB 1997, 782 ff.
- Die besondere Verantwortung der „Arbeitnehmer" für die Vermeidung von Arbeitslosigkeit, in: NZA 1998, 729 ff.

Lück, Peter:
Probleme der Sozialauswahl nach § 1 Abs. 3 KSchG, Frankfurt 1993, zugl. Köln, Univ., Diss. 1989.

Mangoldt, Hermann von:
Das Bonner Grundgesetz: erl. von Hermann von Mangoldt und Friedrich Klein, Bd. 1 Präambel, Art. 1 - 5, 3. Aufl., München 1985.
(zit. v. Mangoldt/Klein/Bearbeiter)

Maunz, Theodor, **Dürig**, Günter u.a.:
Grundgesetz Kommentar, Band I, Art. 1 - 11, München, Stand: Oktober 1999.
(zit. Maunz/Dürig/Bearbeiter)

Medicus, Dieter:
Der Grundsatz der Verhältnismäßigkeit im Privatrecht, AcP 1992, 35 ff.

Meyer, Dirk:
Der Bestandsschutz im Arbeitsverhältnis als ökonomisches Gut. Ansätze zu einer
effizienten Regelung, Jahrbücher für Nationalökonomie und Statistik 1989, 208 ff.

Münchener Handbuch zum Arbeitsrecht
hrsg. von Reinhard Richardi und Otfried Wlotzke, Band 2, Individualarbeitsrecht,
München 1993.
(zit. MünchArbR/Bearbeiter)

Münchener Kommentar zum Bürgerlichen Gesetzbuch
hrsg. von Kurt Rebmann, Bd. 4 Schuldrecht, Besonderer Teil II (§§ 697 - 704), 3.
Aufl., München 1997.
(zit. Münchkomm/Bearbeiter)

Murswiek, Dietrich:
Grundfälle zur Vereinigungsfreiheit - Art. 9 I, II GG, JuS 1992, 116 ff.

Neef, Klaus:
Das Kündigungsschutzrecht zur Jahrtausendwende, NZA 2000, 7 ff.

Neuhausen, Ludger:
Der im voraus erklärte Verzicht eines Arbeitnehmers auf Kündigungsschutz,
Frankfurt am Main 1993, zugl. Berlin, Freie Univ., Diss., 1992.

Neumann, Helmut:
Deregulierung des Bestandsschutzes?, WSI-Mitteilungen 1990, 400 ff.

Neyes, Wilhelm:
Auswahlkriterien, Auswahlentscheidungen und Auswahlrichtlinien bei betriebs-
bedingter Kündigung, DB 1983, 2414 ff.

Niesel, Klaus:
Die wichtigsten Änderungen des Arbeitsförderungsrechts durch das Arbeitsförderungs-Reformgesetz (AFRG), NZA 1997, 580 ff.

Nordmann, Philippe:
Die missbräuchliche Kündigung im schweizerischen Arbeisvertragsrecht unter besonderer Berücksichtigung des Gleichstellungsgesetzes, Basel 1998, zugl. Basel, Univ., Diss.

Oetker, Hartmut:
- Das Dauerschuldverhältnis und seine Beendigung: Bestandsaufnahme und kritische Würdigung einer tradierten Figur der Schuldrechtsdogmatik, Tübingen 1994.
- Arbeitsrechtlicher Bestandsschutz und Grundrechtsordnung, RdA 1997, 9 ff.
- Gibt es einen Kündigungsschutz außerhalb des Kündigungsschutzgesetzes?, ArbuR 1997, 41 ff.
- Arbeitnehmerähnliche Personen und Kündigungsschutz, in: Arbeitsrecht und Arbeitsgerichtsbarkeit, Festschrift zum 50-jährigen Bestehen der Arbeitsgerichtsbarkeit in Rheinland-Pfalz, hrsg. von Klaus Schmidt, Neuwied 1999, S. 311 ff.

Osbild, Reiner:
- Allgemeiner Kündigungsschutz in ausgewählten europäischen Ländern: ein Kommentar, Jahrbuch für Sozialwissenschaft (JfS) 1994, 135 ff.
- Schutz der Quasi-Renten von Arbeitnehmern: Kündigungsschutz oder Lohnflexibilität?, Zeitschrift für Wirtschaftspolitik (ZWS) 1991, 261 ff.

Ott, Claus und **Schäfer**, Hans-Bernd:
Die ökonomische Analyse des Rechts - Irrweg oder Chance wissenschaftlicher Rechtserkenntnis?, JZ 1988, 213 ff.

Otto, Hansjörg:
Schranken der Kündigungsfreiheit außerhalb des allgemeinen Kündigungsschutzes, in: Festschrift für Günther Wiese zum 70. Geburtstag, hrsg. von Hanau, Lorenz und Matthes, Neuwied 1998, S. 353 ff.

Palandt, Otto:
Bürgerliches Gesetzbuch, 59. Aufl., München 2000.
(zit. Palandt/Bearbeiter)

Papier, Hans-Jürgen:
- Art. 12 GG - Freiheit des Berufs und Grundrecht der Arbeit, DVBl. 1984, 801 ff.
- Arbeitsmarkt und Verfassung, RdA 2000, 1 ff.

Peine, Franz-Joseph und **Heinlein**, Dieter:
Beamtenrecht, 2. Aufl., Heidelberg 1999.

Pfarr, Heide M.:
Die arbeitnehmerähnliche Person - Neue Selbständigkeit und deren arbeitsrechtliche Beurteilung, in: Arbeitsrecht in der Bewährung, Festschrift für Karl Kehrmann zum 65. Geburtstag, hrsg. von Ursula Engelen-Kefer, Michael Schoden und Ulrich Zachert, Köln 1997, S. 75 ff.

Pieroth, Bodo und **Schlink**, Bernhard:
Staatsrecht. 2. Grundrechte, 15. Aufl., Heidelberg 1999.
(zit. Pieroth/Schlink)

Pietzcker, Jost:
Art. 12 GG - Freiheit des Berufs und Grundrecht der Arbeit, NVwZ 1984, 550 ff.

Posner, Richard:
Economic Analysis of Law, 4. Aufl., Boston 1992.

Preis, Ulrich:
- Prinzipien des Kündigungsrechts bei Arbeitsverhältnissen, München 1987, zugl.: Köln, Univ., Diss. 1985/86.
(zit. Preis, Prinzipien)
- Neuere Tendenzen im arbeitsrechtlichen Kündigungsschutz (II), DB 1988, 1444 ff.
- Anmerkung zu BAG v. 16.2.1989 AP Nr. 20 zu § 1 KSchG Krankheit.
- Perspektiven der Arbeitsrechtswissenschaft, RdA 1995, 333 ff.
- Der Kündigungsschutz außerhalb des Kündigungsschutzgesetzes, NZA 1997, 1256 ff.
- Die Verantwortung des Arbeitgebers und der Vorrang betrieblicher Maßnahmen vor Entlassungen (§ 2 Abs. 1 Nr. 2 SGB III), in: NZA 1998, 449 ff.
- Arbeitsrecht: Praxis-Lehrbuch zum Individualarbeitsrecht, Köln 1999.
(zit. Preis, Arbeitsrecht)

Pröbsting, Karl:
Anmerkung zu BAG v. 2.4.1987 AP Nr. 1 zu § 612a BGB.

Prütting, Hanns:
Gegenwartsprobleme der Beweislast: Eine Untersuchung moderner Beweislasttheorien und ihrer Anwendung insbesondere im Arbeitsrecht, München 1983. (Schriften des Institutes für Arbeits- und Wirtschaftsrecht der Universität zu Köln; Bd. 46)

Rebhahn, Robert:
- Das kollektive Arbeitsrecht im Rechtsvergleich, NZA 2001, 763 ff.
- Staatshaftung wegen mangelnder Gefahrenabwehr. Eine Studie insbesondere zur österreichischen Amtshaftung mit einem Beitrag zum Kausalzusammenhang im Schadenersetzrecht, Wien 1997.

Reuter, Dieter:
- Das Recht auf Arbeit - ein Prinzip des Arbeitsrechts?, RdA 1978, 344 ff.
- Grundlagen des Kündigungsschutzes - Bestandsaufnahme und Kritik, in: 25 Jahre Bundesarbeitsgericht, hrsg. von Franz Gamillscheg, München 1979, S. 403 ff. (zit. Reuter, FS für BAG (1979))
- Reichweite und Grenzen der Legitimität des Bestandsschutzes von Arbeitsverhältnissen, ORDO Jahrbuch für die Ordnung von Wirtschaft und Gesellschaft 1982, 165 ff.
- Die Rolle des Arbeitsrechts im marktwirtschaftlichen System - Eine Skizze, ORDO Jahrbuch für die Ordnung von Wirtschaft und Gesellschaft 1985, 51 ff.

Richter, Rudolf:
Institutionen ökonomisch analysiert. Zu jüngeren Entwicklung auf einem Gebiet der Wirtschaftstheorie, Tübingen 1994.

Rieble, Volker:
Arbeitsmarkt und Wettbewerb. Der Schutz von Vertrags- und Wettbewerbsfreiheit im Arbeitsrecht, Berlin 1996.

Ritzmann, Günther:
Das Kündigungsschutzgesetz und die Weitergeltung des § 242 BGB, RdA 1953, 14 ff.

Röhsler, W.:
Die ungehörige Kündigung, DB 1969, 1147 ff.

Rolfs, Christian:
Arbeitsrechtliche Aspekte des neuen Arbeitsförderungsrechts, in: NZA 1998, 17 ff.

Rühle, Hans Gottlieb:
Sinn und Unsinn des allgemeinen Kündigungsschutzes in Deutschland, DB 1991, 1378 ff.

Rüthers, Bernd:
- Grauzone Arbeitsrechtspolitik, Osnabrück 1986.
- Beschäftigungskrise und Arbeitsrecht. Zur Arbeitsmarktpolitik der Arbeitsgerichtsbarkeit, Bad Homburg 1996.
- Reform der Reform des Kündigungsschutzes?, in: NJW 1998, 283 f.
- Arbeitsrecht und ideologische Kontinuitäten? Am Beispiel des Kündigungsschutzrechts, NJW 1998, 1433 ff.
- Rechtstheorie: Begriff, Geltung und Anwendung des Rechts, München 1999.

Rüttten, Frank:
Institutionelle Arbeitslosigkeit und Grundgesetz, Berlin 2000.

Sachverständigenrat zur Begutachtung der gesamtwirtschaftlichen Entwicklung:
Jahresgutachten 1989/90 des Sachverständigenrates zur Begutachtung der gesamtwirtschaftlichen Entwicklung, BT-Drs. 11/5786.

Sandmann, Bernd:
Anmerkung zu BAG v. 23.6.1994, SAE 1995, 107 ff.

Schäfer, Hans-Bernd und **Ott**, Claus:
Lehrbuch der ökonomischen Analyse des Zivilrechts, 2. Aufl., Berlin 1995.

Schaub, Günter:
- Die besondere Verantwortung von Arbeitgeber und Arbeitnehmer für den Arbeitsmarkt - Wege aus der Krise oder rechtlicher Sprengstoff, NZA 1997, 810 f.
- Arbeitsrechts-Handbuch, 9. Aufl., München 2000.

Schellhaaß, Horst-Manfred:
- Ein ökonomischer Vergleich finanzieller und rechtlicher Kündigungserschwernisse, ZfA 1984, 139 ff.
- Sozialpläne aus ökonomischer Sicht, ZfA 1989, 167 ff.
- Das Arbeitsrecht als Beschäftigungshemmnis? In: Christoph Büchtemann und Helmut Neumann (Hrsg.): Mehr Arbeit durch weniger Recht? Chancen und Risiken der Arbeitsmarktflexibilisierung, Berlin 1990, 87 ff.
(zit. Schellhaaß, in: Mehr Arbeit durch weniger Recht?)

Scholz, Rupert:
Die Berufsfreiheit als Grundlage und Grenze arbeitsrechtlicher Regelungssysteme, ZfA 1981, 265 ff.

Schwerdtner, Peter:
Der Kündigungsschutz in Kleinbetrieben - Eine Auseinandersetzung mit der Entscheidung des Bundesverfassungsgerichts vom 27.1.1998 - in: Brennpunkte des Arbeitsrechts 1999, Berlin 1999, S. 243 ff.

Sesselmeier, Werner:
Der Arbeitsmarkt aus neoinstitutionalistischer Perspektive, Wirtschaftsdienst 1994, 136 ff.

Siebert, Horst:
Kündigungsschutz und Sozialplanpflicht - Optimale Allkoation von Risiken oder Ursache der Arbeitslosigkeit? In: Harald Scherf (Hrsg.): Beschäftigungsprobleme hochentwickelter Volkswirtschaften. Schriften des Vereins für Socialpolitik, Bd. 178, Berlin 1989, S. 267 ff.
(zit. Siebert, in: Beschäftigungsprobleme hochentwickelter Volkswirtschaften)

Siebert, W.:
Treu und Glauben im Kündigungsschutzrecht, BB 1960, 1029 ff.

Soergel, Hans Theodor:
Bürgerliches Gesetzbuch: mit Einführungsgesetz und Nebengesetzen, Kohlhammer-Kommentar, neu hrsg. von W. Siebert, Jürgen F. Baur, Bd. 2 - 1. Schuldrecht 1: (§§ 241 -432), 12. Aufl., Stuttgart 1990.

Soltwedel, Rüdiger et al.:
Regulierungen auf dem Arbeitsmarkt der Bundesrepublik, Tübingen 1990.
(zit. Sotwedel et al., Regulierungen)

Stahlhacke, Eugen:
Grundrechtliche Schutzpflichten und allgemeiner Kündigungsschutz, in: Festschrift für Günther Wiese zum 70. Geburtstag, hrsg. von Hanau/Lorenz/Matthes, Neuwied 1998, S. 513 ff.

Stahlhacke, Eugen; **Preis**, Ulrich und **Vossen**, Reinhard:
Kündigung und Kündigungsschutz im Arbeitsverhältnis, 7. Aufl., München 1999.
(zit. Stahlhacke/Preis/Vossen)

J. von Staudingers Kommentar zum Bürgerlichen Gesetzbuch:
Zweites Buch, Recht der Schuldverhältnisse §§ 620 - 630, von Dirk Neumann, 13. Bearb, Berlin 1995.
(zit. Staudinger/Bearbeiter)

Thomas, Heinz:
Zivilprozessordnung: mit Gerichtsverfasssungsgesetz und den Einführungsgesetzen, erl. von Heinz Thomas; Hans Putzo, 20. Aufl., München 1997.
(zit. Thomas/Putzo)

Urban, Sandra:
Der Kündigungsschutz außerhalb des Kündigungsschutzgesetzes. Das Arbeitsverhltnis im Spannungsfeld zwischen Kündigungsfreiheit und Kündigungsschutz, Berlin 2001.

Wahl, Rainer und **Masing**, Johannes:
Schutz durch Eingriff, JZ 1990, 553 ff.

Walwei, Ulrich:
- Ökonomisch-rechtliche Analyse befristeter Arbeitsverhältnisse. Beiträge zur Arbeitsmarkt und Berufsforschung, Nr. 139, Nürnberg 1990.
- Ökonomische Analyse arbeitsrechtlicher Regelungen am Beispiel des Kündigungsschutzes, WSI-Mitteilungen 1990, 392 ff.

Wank, Rolf:
- Rechtsfortbildung im Kündigungsschutzrecht, RdA 1987, 129 ff.
- Die Reform des Kündigungsrechts und der Entwurf eines Arbeitsvertragsgesetzes 1992, RdA 1992, 225 ff.
- Die Kündigung außerhalb des Kündigungsschutzgesetzes, in: Arbeitsrecht und Sozialpartnerschaft: Festschrift für Peter Hanau, hrsg. von Udo Isenhardt und Ulrich Preis in Verbindung mit dem Deutschen Arbeitsgerichtsverband e.V., Köln 1999, S. 295 ff.

Weber, Albrecht:
Die Europäische Grundrechtscharta - auf dem Weg zu einer europäischen Verfassung, NJW 2000, 537 ff.

Wendt, Rudolf:
Berufsfreiheit als Grundrecht der Arbeit, DÖV 1984, 601 ff.

Wiedemann, Herbert:
Tarifvertragsgesetz: mit Durchführungs- und Nebenvorschriften; Kommentar, 5. Aufl., München 1977.

Wiese, Walter:
Beamtenrecht, 3. Aufl, Köln 1988.

Zöller, Richard:
Zivilprozessordnung, 21. Aufl., Köln 1999.
(zit. Zöller/Bearbeiter)

Zöllner, Wolfgang:
- Sind im Interesse einer gerechten Verteilung der Arbeitsplätze Begründung und Beendigung der Arbeitsverhältnisse neu zu regeln?, in: Verhandlungen des 52. DJT Bd. I, München 1978, Teil I.
(zit. Zöllner, Gutachten für 52. DJT)
- Arbeitsrecht und Marktwirtschaft, ZfA 1994, 423 ff.

Zöllner, Wolfgang und **Loritz**, Karl-Georg:
Arbeitsrecht, 5. Aufl., München 1998.
(zit. Zöllner/Loritz)

A. Einleitung

I. Das Problem

Das KSchG ist nicht auf alle Arbeitsverhältnisse anwendbar. Gemäß § 1 Abs. 1 KSchG greift es erst nach sechsmonatigem Bestehen des Arbeitsverhältnisses ein, nach § 23 Abs. 1 Satz 2 ist es nur anwendbar, wenn der Arbeitgeber in der Regel mehr als fünf Arbeitnehmer beschäftigt[1]. Dies hat seit jeher zu der Frage geführt, ob über die Generalklauseln ein gewisses Maß an Kündigungsschutz hergeleitet werden kann, wenn das KSchG nicht anwendbar ist. Neuen Zündstoff bekam die Debatte durch mehrere Entscheidungen des BVerfG aus den 90er Jahren, nach denen aus Art. 12 Abs. 1 GG eine Pflicht des Staates folgt, den Arbeitnehmer vor Kündigungen zu schützen[2]. Im Urteil zur Verfassungsmäßigkeit der Kleinbetriebsklausel aus dem Jahre 1998 urteilte das BVerfG, daß auch im Kleinbetrieb[3] aus Art. 12 Abs. 1 GG in Verbindung mit den Generalklauseln ein gewisses Mindestmaß an Kündigungsschutz gewährleistet werden muß[4]. Die vorliegende Arbeit setzt sich umfassend mit der Problematik des Kündigungsschutzes durch zivilrechtliche Generalklauseln auseinander.

Kurz vor Fertigstellung dieser Arbeit erschien eine Monographie von *Geyr* zum Thema „Der Kündigungsschutz von Arbeitnehmern durch Willkür- und Diskriminierungsverbote im deutschen und amerikanischen Arbeitsrecht"[5]. Soweit in dieser Arbeit die Problematik des Kündigungsschutzes durch zivilrechtliche Generalklauseln erörtert wird, beschränken sich die Ausführungen jedoch weitgehend auf eine Zusammenfassung von Rechtsprechung und Literatur zu diesem Problem, um sodann einen Rechtsvergleich mit dem US-amerikanischen Kündigungsschutz vorzunehmen. In vorliegender Arbeit soll hingegen insbesondere die Rechtsprechung des BVerfG einer kritischen Überprüfung unterzogen werden. Des weiteren wird der Versuch unternommen, unter Heranziehung von einzelnen Fällen zu

---

[1] Das Arbeitsrechtliche Beschäftigungsförderungsgesetz vom 25.9.1996 (BGBl. I S. 1476) hat die Kleinbetriebsschwelle des § 23 Abs. 1 Satz 2 KSchG von fünf auf zehn Arbeitnehmer heraufgesetzt. Das Gesetz zu Korrekturen in der Sozialversicherung und zur Sicherung von Arbeitnehmerrechten vom 19.12.1998 (BGBl. I S. 3843) hat diesbezüglich die alte Rechtslage wiederhergestellt.

[2] BVerfG v. 24.4.1991 NJW 1991, 1667 ff.; BVerfG v. 21.5.1995 NZA 1995, 619 ff.; BVerfG v. 8.7.1997 NZA 1997, 932 ff.

[3] Wird nachfolgend der Begriff „Kleinbetrieb" verwendet, so sind darunter stets solche Betriebe zu verstehen, in denen nicht mehr als 5 Arbeitnehmer beschäftigt werden und in denen das KSchG daher nicht anwendbar ist.

[4] BVerfG v. 27.1.1998 NZA 1998, 470 ff.

[5] Geyr, Marco R. W.: Der Kündigungsschutz von Arbeitnehmern durch Willkür- und Diskriminierungsvorschriften im deutschen und amerikanischen Arbeitsrecht, Frankfurt am Main 2000.

konkretisieren, welches Kündigungsschutzniveau sich aus den Generalklauseln konkret ergibt. Die Beiträge aus der Literatur haben sich hier bislang auf sehr allgemeine Erwägungen beschränkt[6].

II. Gang der Untersuchung

Es ist sinnvoll, sich vor der Erörterung der dogmatischen Probleme des Kündigungsschutzes durch zivilrechtliche Generalklauseln mit grundlegenden Fragen des Kündigungsschutzes auseinanderzusetzen. In Kapitel B soll daher zunächst erörtert werden, welche Ziele mit dem Kündigungsschutz verfolgt werden können. Im Rahmen dieser Erörterungen soll auch geklärt werden, welche Zielsetzung dem KSchG zugrunde liegt. In Kapitel C wird der Kündigungsschutz einer ökonomischen Betrachtung unterzogen. Dabei geht es zunächst um die Frage, welche Auswirkungen der Kündigungsschutz auf das Beschäftigungsniveau hat. Klare Aussagen lassen sich hier nur treffen, wenn die Untersuchung eine konkrete Kündigungsschutzregelung zum Gegenstand hat. Daher konzentrieren sich die Erörterungen auf das KSchG und dessen Auswirkungen auf das Beschäftigungsniveau. Sodann soll der Kündigungsschutz aus der Perspektive der ökonomischen Analyse des Rechts untersucht werden. Hier geht es nicht um die Auswirkungen des Kündigungsschutzes auf das Beschäftigungsniveau, sondern um die Frage, ob Kündigungsschutzbestimmungen im Vergleich zu einem unregulierten Zustand „effizienzsteigernd"[7] wirken können. Hier können abstrakte Aussagen zum Kündigungsschutz mit konkreten Aussagen zum KSchG verbunden werden. Sicherlich ist die „Effizienz" nicht das allein maßgebliche Kriterium zur Beurteilung einer Regelung, sie sollte aber nicht ausgeblendet werden.

Auf der Grundlage der Diskussion grundsätzlicher Probleme des Kündigungsschutzes soll auf die dogmatischen Probleme des Kündigungsschutzes durch zivilrechtliche Generalklauseln eingegangen werden. Die Erkenntnisse des ersten Teils der Arbeit können hier in vielfacher Weise fruchtbar gemacht werden. In Kapitel D ist zunächst zu klären, ob außerhalb des Geltungsbereichs des KSchG aus den

---

[6] Nach Fertigstellung des Manuskriptes erschienen eine Monographie von Urban zum Thema „Der Kündigungsschutz außerhalb des Kündigungsschutzgesetzes". Die Arbeit enthält konkrete Ausführungen zum Kündigungsschutz durch Generalklauseln. Soweit relevant, wird auf Urbans Ausführungen in Fußnoten hingewiesen.

[7] Vgl. zum Effizienzbegriff der ökonomischen Analyse des Rechts die Ausführungen unter C II 1 a).

Generalklauseln ein Kündigungsschutz hergeleitet werden kann, oder ob das KSchG den Kündigungsschutz grundsätzlich abschließend geregelt hat. Unstreitig ist, daß §§ 138 Abs. 1, 612a BGB[8] dem Kündigungsrecht des Arbeitgebers auch dann Schranken setzen, wenn das KSchG nicht eingreift. Das BVerfG leitet nun aber aus Art. 12 Abs. 1 GG eine Pflicht des Staates her, den Arbeitnehmer vor Kündigungen zu schützen. Dieser Schutzpflicht wird nach Auffassung des BVerfG nur Genüge getan, wenn man auch dem Arbeitnehmer im Kleinbetrieb über § 242 BGB ein gewisses Mindestmaß an Kündigungsschutz zukommen läßt, der über das bislang durch §§ 138 Abs. 1, 612a BGB gewährleistete Kündigungsschutzniveau hinausgeht[9]. Diese Rechtsprechung soll ausführlich diskutiert werden.

In Teil E soll dann unter Heranziehung von Fällen dargestellt werden, welche Kündigungsschranken sich konkret aus den Generalklauseln ergeben.

Geht man davon aus, daß aus Art. 12 Abs. 1 GG ein Pflicht des Staates folgt, den Arbeitnehmer vor Kündigungen zu schützen, so stellt sich die Frage, ob dies dann nicht gleichermaßen für arbeitnehmerähnliche Personen gelten muß. Diese Frage wird in Kapitel F erörtert.

---

[8] § 612a BGB ist zwar keine Generalklausel des Zivilrechts, wohl aber eine des Arbeitsrechts. Sie soll daher hier stets vom Begriff der Generalklausel mitumfaßt sein.

[9] BVerfG v. 27.1.1998 NZA 470 (472).

B. Sinn und Zweck des Kündigungsschutzes

Setzt man sich ganz grundsätzlich mit dem Kündigungsschutz auseinander, so muß zunächst die Frage gestellt werden, welche Ziele mit der Einschränkung des Kündigungsrechts des Arbeitgebers sinnvollerweise verfolgt werden können. Dabei soll die allgemeine Diskussion dieser Frage mit der Untersuchung verbunden werden, welche Konzeption dem KSchG zugrunde liegt. Die allgemeine Auseinandersetzung mit möglichen Zielsetzungen der Beschränkungen des Kündigungsrechtes des Arbeitgebers ist geboten, weil in der Ausfüllung einer Generalklausel ein Akt richterlicher Rechtsetzung liegt[10]. Der Gesetzgeber will durch Generalklauseln für bestimmte Fallgruppen eine elastische richterliche Normsetzung entsprechend der jeweiligen technisch-ökonomischen und gesellschaftlichen Entwicklung ermöglichen. Wo aber Recht gesetzt wird, sollte man sich zuvor Klarheit über die möglichen Zielsetzungen dieser Rechtsetzung verschaffen. Die Auseinandersetzung mit den vorrangigen Zwecken des KSchG ist erforderlich, weil ein etwaiger Kündigungsschutz durch zivilrechtliche Generalklauseln nicht isoliert vom KSchG behandelt werden kann. Ein vertieftes Verständnis des vorrangigen Zweckes des KSchG erleichtert die Klärung des Verhältnisses von KSchG und Generalklauseln.

I. Das kündbare Arbeitsverhältnis

Bevor auf den Zweck des Kündigungsschutzes eingegangen wird, muß zunächst eine Frage geklärt werden: Ist das Arbeitsverhältnis überhaupt kündbar? Diese Frage mag verwundern, ein Blick in die arbeitsrechtliche Literatur zeigt jedoch, daß bezüglich dieser Frage keineswegs völlige Einigkeit herrscht: *Berkowsky* geht davon aus, daß jede Kündigung einen Verstoß gegen den Grundsatz „pacta sunt servanda" darstellt:

„Die Kündigung eines Arbeitsverhältnisses ist - technisch gesehen - ein Mittel, ein an sich auf (unbegrenzte) Dauer angelegtes Rechtsverhältnis, das Arbeitsverhältnis, einseitig zu beenden. Ein solches Verhalten widerspricht an sich dem klassischen römisch-rechtlichen, aber auch für unsere heutige Rechtsordnung konstitutiven Grundsatz „pacta sunt servanda", wonach einmal geschlossene Verträge grundsätzlich einzuhalten und zu erfüllen sind.

---

[10] Rüthers, Rechtstheorie, Rn. 836.

Das KSchG ist im Grunde genommen nichts anderes als eine moderne, sozial-staatlich geprägte Ausgestaltung dieses Grundsatzes."[11]

Hier wird also vertreten, daß Arbeitsverhältnisse grundsätzlich unkündbar seien, quasi einen „Lebensbund"[12] darstellten und nur in atypischen Konstellationen auf-gelöst werden könnten. Folgt man der Auffassung *Berkowskys*, so liegt dem Ar-beitsverhältnis dieselbe Konzeption zugrunde wie etwa dem Beamtenverhältnis. Das Beamtenverhältnis begründet für den Beamten grundsätzlich die Pflicht, seine Arbeitskraft lebenslang dem Dienstherrn zur Verfügung zu stellen, umgekehrt ist der Dienstherr verpflichtet, den Beamten und seine Familie lebenslang zu alimen-tieren[13].

Träfe es zu, daß die Kündigung eines Arbeitsverhältnisses einen Verstoß gegen den Grundsatz „pacta sunt servanda"[14] darstellt, so dürfte freilich auch der Arbeit-nehmer im Regelfall nicht kündigen. Diesen logischen Schluß zieht *Berkowsky* freilich nicht. Überdies kann der Grundsatz „pacta sunt servanda" nur im Rahmen des Gewollten gelten, da Grundlage einer vertraglichen Bindung immer nur der Wille der Vertragsparteien sein kann. Es kann aber nicht davon ausgegangen wer-den, daß die Parteien eines Arbeitsvertrages eine lebenslängliche Bindung anstre-ben. Die Beschäftigungsmöglichkeiten hängen von der allgemeinen Marktlage ab, so daß der Arbeitgeber ein Interesse daran hat, den Personalbestand an die wirt-schaftliche Lage anpassen zu können. Zudem legt der Arbeitgeber Wert darauf, das Arbeitsverhältnis beenden zu können, falls der Arbeitnehmer den an ihn ge-stellten Anforderungen nicht mehr genügt. Auch der Arbeitnehmer hat ein Interes-se daran, ein eingegangenes Arbeitsverhältnis wieder lösen zu können, beispiels-weise um ein günstigeres Vertragsangebot anzunehmen. Aus dem Grundsatz „pacta sunt servanda" kann also nicht abgeleitet werden, daß Kündigungen grund-sätzlich unzulässig sind.

Gegen die Auffassung, daß Arbeitsverhältnisse grundsätzlich nicht kündbar sind, spricht des weiteren der Umstand, daß das Arbeitsverhältnis ein Dauerschuldver-hältnis ist. Unbefristete Dauerschuldverhältnisse sind grundsätzlich ordentlich

---

[11] MünchArbR/Berkowsky, Bd. 2, § 131 Rn. 2.
[12] Rüthers NJW 1998, 1433 (1436).
[13] Wiese, Beamtenrecht, S. 3; Peine/Heinlein, Beamtenrecht, S. 43.
[14] Nebenbei sei bemerkt, daß es sich bei dem Grundsatz „pacta sunt servanda" keineswegs um einen römisch-rechtlichen handelt, wie *Berkowsky* behauptet. Das römische Recht erkannte nur bestimmte schuldrechtliche Vertragstypen als verbindlich an. Der allgemeine Grundsatz „pacta sunt servanda" wurde erst im 17. Jahrhundert von *Hugo Grotius* entwickelt, vgl. dazu Liebs, Römi-sches Recht, S. 259 ff.

kündbar, wie die §§ 564 Abs. 2 ff., 620 Abs. 2 ff., 671, 675 (Rückforderungsrecht), 723 BGB zeigen. Fehlen spezialgesetzliche Regelungen, so kann ein unbefristetes Dauerschuldverhältnis analog §§ 624, 723 BGB ordentlich gekündigt werden, sofern die Vertragsparteien die ordentliche Kündigung nicht ausgeschlossen haben[15]. Darüber hinaus wurde aus §§ 554a, 626, 723 BGB der allgemeine Rechtsgrundsatz entwickelt, daß Dauschschuldverhältnisse stets aus wichtigem Grund gekündigt werden können. Es besteht also ein allgemeiner Rechtsgrundsatz, nach dem Dauerschuldverhältnisse keine Ewigkeitsbindung begründen[16], sondern grundsätzlich kündbar sind. Dieser Rechtsgrundsatz muß auch für das Arbeitsverhältnis gelten, auch wenn hier die Kündigungsfreiheit des Arbeitgeber teilweise sehr weitgehend eingeschränkt ist.

3

Nun stellt sich die Frage, aus welchen Gründen es gerechtfertigt sein kann, das Kündigungsrecht des Arbeitgebers einzuschränken.

II. Kündigungsschutz zur Erhaltung des Arbeitsplatzes

1. Zielsetzung

Als vorrangiger Zweck des Kündigungsschutzes kann zunächst die Erhaltung des Arbeitsplatzes angesehen werden. Der Arbeitnehmer, unter Umständen auch seine Familie, ist in der Regel in wirtschaftlicher Hinsicht auf das Einkommen aus dem Arbeitsverhältnis angewiesen. Des weiteren hat der Arbeitnehmer am Arbeitsplatz die Gelegenheit, seine Fertigkeiten zu beweisen und eine Aufgabe zu finden, die ihn ausfüllt, also seine Persönlichkeit zu entfalten. Zu berücksichtigen ist aber, daß die Sicherung der wirtschaftlichen Existenz und die Möglichkeit zur Persönlichkeitsentfaltung auch an einem anderen Arbeitsplatz gewährleistet werden kann. Um die genannten Belange zu schützen, ist es also nicht in jedem Fall erforderlich, den konkreten Arbeitsplatz zu erhalten. Findet der Arbeitnehmer im Falle einer Kündigung einen anderen gleichwertigen Arbeitsplatz, so sind die genannten Interessen ausreichend gesichert. Daneben kommt es aber in Betracht, auch dem konkreten Arbeitsplatz einen eigenständigen Wert beizumessen, nämlich dann, wenn man ihn als soziale Heimat ansieht. Schutzgut ist dann nicht nur die wirtschaftliche Existenz und die Selbstverwirklichung, sondern auch der Kontakt zu

---

[15] Herrschende Meinung: BGH v. 28.2.1972 NJW 1972, 1128 (1129); BGH v. 25.5.1993 NJW-RR 1993, 1460, Palandt/Heinrichs Einl v § 241 BGB Rn. 22; Soegel/Teichmann § 241 BGB Rn. 9.

[16] Oetker, Dauerschuldverhältnis, S. 282.

den Kollegen, die Einbindung in den Betrieb als Sozialgebilde. Ein anderer Arbeitsplatz kann dann den bisherigen nicht gleichwertig ersetzen. In diesem Fall wird man annehmen, daß auch die Erhaltung des konkreten Arbeitsplatzes ein legitimes Interesse des Arbeitnehmers darstellt, so daß der Arbeitnehmer nicht nur vor Arbeitslosigkeit, sondern auch vor Verlust des konkreten Arbeitsplatzes geschützt werden muß.

Der Arbeitgeber hat in erster Linie das Interesse, im Interesse der Rentabilität seines Betriebes über sein Personal frei disponieren zu können. Er will nur solche Arbeitnehmer beschäftigen, die ihre vertraglichen Pflichten ordnungsgemäß erfüllen und die notwendigen Qualifikationen aufweisen. Des weiteren liegt ihm daran, Arbeitnehmer entlassen zu können, die er wegen einer Umstrukturierung, wegen Automatisierung des Produktionsprozesses oder aufgrund nachlassender Auftragslage nicht mehr braucht. Denkbar ist auch, daß er die Arbeit einfach verdichten will, also ein gleichbleibendes Quantum an Arbeit fortan mit weniger Arbeitnehmern zu erledigen gedenkt.

Die Ausgestaltung des Kündigungsschutzes hängt dann davon ab, ob die Interessen des Arbeitgebers oder die des Arbeitnehmers höher bewertet werden. Räumt man der unternehmerischen Dispositionsfreiheit den Vorrang ein, so wird man von ihm wohl lediglich den Nachweis eines plausiblen Grundes für die Kündigung verlangen, wie etwa das Vorliegen einer Vertragsstörung oder das Bestreben, den Personalbestand dem Bedarf an Arbeitskräften anzupassen. Das Erhaltungsinteresse des Arbeitnehmers ist dann nur insoweit geschützt, als Kündigungen - grob gesprochen - nicht aus der Luft gegriffen sein dürfen. Sehr viel weitreichender wird das Erhaltungsinteresse des Arbeitnehmers geschützt, wenn eine Kündigung nur als äußerstes Mittel in Betracht kommt, der Arbeitgeber vor Ausspruch der Kündigung also prüfen muß, ob die Kündigung nicht durch andere Maßnahmen wie etwa eine Abmahnung, eine Umsetzung auf einen anderen Arbeitsplatz oder Kurzarbeit abgewendet werden kann.

2. Erhaltung des konkreten Arbeitsplatzes als Zweck des KSchG

Nach ganz herrschender Auffassung dient das KSchG in erster Linie dem dargestellten Interesse des Arbeitnehmers an der Erhaltung des Arbeitsplatzes[17]. Dabei ist davon auszugehen, daß es nicht nur um den Schutz der wirtschaftlichen Existenzgrundlage, sondern auch um Schutz der Betriebszugehörigkeit geht. Ginge es allein um die Sicherung des Einkommens, so wäre es beispielsweise nicht erforderlich, auch solche Arbeitnehmer vor Kündigungen zu schützen, die über glänzende Aussichten auf dem Arbeitsmarkt verfügen oder während des Kündigungsschutzprozesses bereits eine andere, vergleichbare Beschäftigung gefunden haben. Das KSchG enthält aber keine derartige Einschränkung[18]. Zudem findet sich in der Begründung zum Entwurf des KSchG 1951 die Aussage, Rechtsgut des Kündigungsschutzes sei der Arbeitsplatz und die *Betriebszugehörigkeit* des Arbeitnehmers, die die Grundlagen seiner wirtschaftlichen und sozialen Existenz bildeten[19]. Der Arbeitnehmer solle vor einer willkürlichen Durchschneidung des „Bandes der Betriebszugehörigkeit" geschützt werden[20]. Es muß daher davon ausgegangen werden, daß das KSchG auch die soziale Einbettung in die Betriebsgemeinschaft schützt. Nach den Worten *Ernst Bendas* liegt dem KSchG demnach eine Betrachtungsweise zugrunde, die „den Arbeitnehmer nicht nur als Einzelpersönlichkeit sieht, der Anspruch auf Schutz vor Existenzgefährdung hat, sondern zugleich als gemeinschaftsbezogenen Mensch, der durch den Ausschluß aus dem

---

[17] KR/Pfeiffer § 1 KSchG Rn. 21; ErfK/Ascheid § 1 KSchG Rn. 5; Löwisch vor § 1 KSchG Rn. 2; Preis, Prinzipien, S. 124; Herschel RdA 1975, 28 (32).

[18] Anders beispielsweise das österreichische Kündigungsschutzrecht. § 105 Abs. 3 des österreichischen Arbeitsverfassungsgesetzes (ArbVG) lautet:

„Die Kündigung kann beim Gericht angefochten werden, wenn:

1. ......

2. die Kündigung sozial ungerechtfertigt und der gekündigte Arbeitnehmer bereits sechs Monate im Betrieb oder Unternehmen, dem der Betrieb angehört, beschäftigt ist. Sozial ungerechtfertigt ist eine Kündigung, die *wesentliche Interessen des Arbeitnehmers* beeinträchtigt, es sei denn, der Betriebsinhaber erbringt den Nachweis, daß die Kündigung

a) durch Umstände, die in der Person des Arbeitnehmers gelegen sind und die betrieblichen Interessen nachteilig berühren oder

b) durch betriebliche Erfordernisse, die einer Weiterbeschäftigung des Arbeitnehmers entgegenstehen,

begründet ist. ..."

Voraussetzung für die Sozialwidrigkeit einer Kündigung ist also, daß die Kündigung wesentliche Interessen des Arbeitnehmers beeinträchtigt. Die Beeinträchtigung wesentlicher Interessen wird verneint, wenn der Arbeitnehmer nach der Kündigung bereits einen anderen Arbeitsplatz gefunden hat oder zumindest über gute Aussichten auf dem Arbeitsmarkt verfügt.

[19] BT-Drs. I/2090, S. 11.

[20] BT-Drs. I/2090, S. 11.

Sozialgebilde Betrieb auch dann beeinträchtigt würde, wenn ihm dafür eine volle Entschädigung so bezahlt würde, daß ein finanzieller Verlust nicht entstehen könnte."[21]

Die Rechtsprechung des BAG zum KSchG ist durch das Bestreben gekennzeichnet, das Interesse des Arbeitnehmers an der Erhaltung des konkreten Arbeitsplatzes möglichst weitgehend zu schützen. Diese Gewichtung der Interessen ist durch den Wortlaut des KSchG keineswegs zwingend vorgeschrieben. Vielmehr hat das BAG das angestrebte Kündigungsschutzniveau durch die Etablierung dreier richterrechtlicher Prinzipien erreicht:

a) Prognose-Prinzip

Rechtsprechung und Literatur gehen davon aus, daß die soziale Rechtfertigung einer Kündigung eine negative Prognose voraussetzt[22]. Eine Kündigung ist demnach nur wirksam, wenn auch in Zukunft Störungen im Vertragsverhältnis zu erwarten sind beziehungsweise wenn die Einsatzmöglichkeit für den Arbeitnehmer auf Dauer entfällt. Das Prognoseprinzip sei die Konsequenz der Erkenntnis, daß die Kündigungsgründe ihrer Natur nach zukunftsbezogen seien[23]. Allgemeingültige Kriterien zu der Frage, wann von einer negativen Prognose ausgegangen werden darf, lassen sich jedoch kaum entwickeln. Häufig wird das Arbeitsgericht die Prognoseentscheidung des Arbeitgebers nicht teilen. Das Prognoseprinzip führt somit zu enormer Rechtsunsicherheit, die dem Arbeitgeber die Einschätzung erschwert, ob eine von ihm beabsichtige Kündigung einer gerichtlichen Überprüfung standhalten wird[24].

---

[21] Benda, Industrielle Herrschaft, S. 532; zustimmend: Herschel RdA 1975, 28 (32); Herschel BB 1977, 798 (709).

[22] Vgl. nur BAG v. 21.11.1996 EzA § 1 KSchG Verhaltensbedingte Kündigung Nr. 50; BAG v. 5.7.1990 AP Nr. 26 zu § 1 KSchG 1969 Krankheit, KR/Etzel § 1 KSchG Rn. 296, 428; Hueck/v. Hoyningen-Huene § 1 KSchG Rn. 130; Stahlhacke/Preis/Vossen Rn. 618; Preis, Prinzipien, S. 322 ff.

[23] Preis, Prinzipien, S. 322 f.; Stahlhacke/Preis/Vossen Rn. 618; Herschel, FS für G. Müller, 191 (202); aA Zöllner/Loritz, Arbeitsrecht, § 23 V 3, die davon ausgehen, daß eine Kündigung durchaus auch eine Sanktion für vergangenes Fehlverhalten sein kann.

[24] Von Hoyningen-Huene, FS für Arbeitsgerichtsbarkeit Rheinland-Pfalz, 215 (222).

b) Ultima-Ratio-Prinzip

Seit 1978 geht das BAG in ständiger Rechtsprechung davon aus, daß eine Kündigung erst ausgesprochen werden darf, wenn alle anderen, nach den jeweiligen Umständen milderen Mittel ausgeschöpft sind[25]. Die Kündigung ist also die unausweichlich letzte Maßnahme, die „ultima ratio". Als mildere Mittel kommen je nach Kündigungsgrund beispielsweise die Abmahnung[26], die Versetzung auf einen anderen freien Arbeitsplatz[27], Arbeitsstreckung[28] und eventuell auch Kurzarbeit[29] in Betracht.

In der Literatur wird dieser Grundsatz überwiegend begrüßt[30]. Er sei schon in § 1 Abs. 2 Satz 1 KSchG weitgehend gesetzlich konkretisiert. Das Ultima-Ratio-Prinzip wird darauf gestützt, daß eine Kündigung durch „dringende betriebliche Erfordernisse" beziehungsweise durch Gründe im Verhalten oder der Person des Arbeitnehmers „bedingt" sein muß. „Bedingt" wird dabei im Sinne von „erfordern" oder „notwendig machen" verstanden[31]. Ebenso denkbar ist jedoch, daß „bedingt" einfach verursacht oder veranlaßt bedeutet[32]. Des weiteren wird das Ultima-Ratio-Prinzip aus § 1 Abs. 2 Satz 2 und 3 KSchG abgeleitet[33]. § 1 Abs. 2 Satz 2 KSchG macht die Wirksamkeit einer Kündigung davon abhängig, daß der Arbeitnehmer nicht in demselben Betrieb oder in einem anderen Betrieb des Unternehmens weiterbeschäftigt werden kann. Durch § 1 Abs. 2 Satz 3 wird bestimmt, daß ein Weiterbeschäftigung des Arbeitnehmers nach einer Umschulungsmaßnahme oder eine Weiterbeschäftigung unter geänderten Arbeitsbedingungen gegenüber einer Beendigungskündigung vorrangig ist. Hier erscheint der Gedanke, daß Kündigungen nur als letztes Mittel eingesetzt werden sollen, zumindest plausibel. Beide Beschränkungen gelten nach dem Wortlaut des Gesetzes jedoch nur für den Fall, daß der Betriebsrat aus einem der angeführten Gründe der

---

[25] BAG vom 30.05.1978 AP Nr. 70 zu § 626 BGB.

[26] BAG v. 26.1.1995 AP Nr. 34 zu § 1 KSchG Verhaltensbednigte Kündigung.

[27] BAG v. 10.3.1977 AP Nr. 4 zu § 1 KSchG Krankheit; BAG v. 15.12.1994 EzA Nr. 76 zu § 1 KSchG Betriebsbedingte Kündigung.

[28] BAG v. 7.12.1978 AP Nr. 6 zu § 1 KSchG Betriebsbedingte Kündigung; BAG v. 17.10.1980 AP Nr. 10 zu § 1 KSchG Betriebsbedingte Kündigung.

[29] BAG v. 15.6.1989 AP Nr. 45 zu § 1 KSchG Betriebsbedingte Kündigung.

[30] Hueck/v. Hoyningen-Huene § 1 KSchG Rn. 139; Löwisch § 1 KSchG Rn. 65; Stahlhakke/Preis/Vossen Rn. 616; Preis, Prinzipien, S. 254 ff.; Lieb, Arbeitsrecht, Rn. 340; ablehnend: Zöllner/Loritz, Arbeitsrecht, § 23 V 3; Rüthers NJW 1998, 1433 (1434).

[31] Stahlhacke/Preis/Vossen Rn. 616.

[32] Zöllner/Loritz, Arbeitsrecht, § 23 V 3; Rüthers NJW 1998, 1433 (1434) spricht in diesem Zusammenhang sogar von einer „normüberschreitenden Übersteigerung des Gesetzesinhalts".

[33] Stahlhacke/Preis/Vossen Rn. 616; Lieb, Arbeitsrecht, Rn. 340.

Kündigung auch widersprochen hat. Es ist daher alles andere als zwingend, daraus einen allgemeinen Grundsatz abzuleiten, nach dem eine Kündigung nur als äußerstes Mittel in Betracht kommt.

c) Interessenabwägung

Nach herrschender Meinung ist zur Feststellung der Sozialwidrigkeit einer verhaltens- oder personenbedingten Kündigung eine umfassende Interessenabwägung erforderlich[34]. In diese Interessenabwägung werden unter Umständen auch Arbeitnehmerinteressen wie etwa Lebensalter, Unterhaltspflichten und Vermittlungsaussichten auf dem Arbeitsmarkt miteinbezogen[35]. Diese Interessenabwägung ist vom Gesetz nicht vorgeschrieben, sie schwebt vielmehr im „luftleeren Raum"[36]. Aus einer Überprüfung der Kündigungsgründe nach § 1 Abs. 2 KSchG wird somit häufig eine bloße Billigkeitsabwägung. Da das Ergebnis einer derartige Billigkeitsabwägung in erster Linie von den persönlichen Einschätzungen der streitentscheidenden Richter abhängt, wird die Rechtssicherheit im Kündigungsschutzprozeß stark beeinträchtigt[37]. Zunehmend setzt sich die Auffassung durch, daß diesem Zustand entgegengewirkt werden muß. So sehen beispielsweise der sogenannte Professoren-Entwurf zum Arbeitsvertragsgesetz[38] sowie die Entwürfe der Länder Sachsen[39] und Brandenburg[40] vor, daß eine Interessenabwägung im Einzelfall nur noch bei personenbedingten Kündigungen vorgenommen werden darf.

---

[34] BAG v. 20.10.1954 AP Nr. 6 zu § 1 KSchG 1951; BAG v. 31.9.1973 AP Nr. 2 zu § 1 KSchG 1969; BAG v. 12.8.1976 AP Nr. 3 zu § 1 KSchG 1969; BAG v. 22.7.1976 AP Nr. 5 zu § 1 KSchG 1969 Verhaltensbedingte Kündigung; BAG v. 22.7.1982 AP Nr. 5 zu § 1 KSchG 1969 Verhaltensbedingte Kündigung; Kittner/Trittin § 1 KSchG Rn. 51; für eine eingeschränkte Interessenabwägung: Stahlhacke/Preis/Vossen Rn. 619; ErfK/Ascheid § 1 KSchG Rn. 162.

[35] BAG v. 27.2.1997 AP Nr. 36 zu § 1 KSchG 1969 Verhaltensbedingte Kündigung; BAG v. 29.6.1993 AP Nr. 27 zu § 1 KSchG 1969 Krankheit; BAG v. 5.7.1990 AP Nr. 26 zu § 1 KSchG 1969 Krankheit; BAG v. 6.9.1989 AP Nr. 21 zu § 1 KSchG 1969 Krankheit; BAG v. 16.2.1989 AP Nr. 20 zu § 1 KSchG Krankheit.

[36] Wank RdA 1987, 129 (137).

[37] Wank RdA 1992, 225 (231).

[38] Gutachten zum 59. DJT 1992, D 19.

[39] BR-Drs. 293/95.

[40] BR-Drs. 671/96.

d) Rechtsfortbildung im Widerspruch zur Intention des Gesetzgebers?

Das KSchG schreibt nicht zwingend vor, daß jedwede Kündigung eine Prognose erfordert, daß die widerstreitenden Interessen in jedem Einzelfall gesondert abzuwägen sind oder daß eine Kündigung stets nur als äußerstes Mittel in Betracht kommt. *Rüthers*[41] ist sogar der Auffassung, daß diese Fortentwicklung des Kündigungsschutzes im Widerspruch zur Intention des Gesetzgebers stehe, und versucht dies mit der Begründung zum Gesetzesentwurf des KSchG 1951 zu belegen, in der es heißt:

„Das Gesetz wendet sich nicht gegen Entlassungen, die aus triftigem Grund erforderlich sind, sondern lediglich gegen solche Kündigungen, die hinreichender Begründung entbehren und deshalb als willkürliche Durchschneidung des Bandes der Betriebszugehörigkeit erscheinen."[42]

Meines Erachtens ist dieser Satz aus der Begründung zum Gesetzesentwurf keineswegs so eindeutig, wie *Rüthers* dies behauptet. Die hier verwendeten Begriffe sind kaum bestimmter als die Terminologie des Gesetzes selbst. Begriffe wie „aus triftigem Grund", „hinreichende Begründung" oder „Willkür" sind äußerst dehnbar und weisen daher meines Erachtens keineswegs unzweifelhaft in die Richtung, daß die genannten Grundsätze das vom Gesetzgeber intendierte Maß an Kündigungsschutz überschreiten.

Nicht zu bestreiten ist jedoch, daß die genannten Prinzipien die Vorhersehbarkeit gerichtlicher Entscheidungen in vielen Fällen nahezu auf Null reduzieren und so die Rechtssicherheit erheblich beeinträchtigen. Zudem ist darauf hinzuweisen, daß der Kündigungsschutz de facto oftmals nicht zu einer Erhaltung des Arbeitsverhältnisses führt, weil Arbeitsverhältnisse häufig gegen Zahlung einer Abfindung aufgelöst werden[43].
Darüber hinaus muß befürchtet werden, daß ein derartig ausgedehnter Bestandsschutz die Einstellungsbereitschaft der Arbeitgeber negativ beeinflußt und somit beschäftigungshemmend wirkt[44].

---

[41] Rüthers, Beschäftigungskrise und Arbeitsrecht, S. 69.
[42] BT-Drs. I/2090, S. 11.
[43] Siehe dazu ausführlich unter C I 2.
[44] Siehe dazu ausführlich unter C I 3, 4, 5 und 6.

III. Kündigungsschutz zur Vertragsdurchsetzung

1. Zielsetzung

Das Vertragsdurchsetzungskonzept stellt die Erhaltung des Arbeitsplatzes nicht in den Vordergrund. Statt dessen geht es in erster Linie darum, den Arbeitnehmer in der Ausübung seiner Rechte abzusichern und ihn vor überzogenen Leistungsanforderungen zu bewahren, also gewisse kulturelle Standards in der Arbeitswelt zu schützen[45]. Zur Verdeutlichung des Vertragsdurchsetzungskonzeptes seien folgende Fälle vorgestellt:

Beispiel 1:
Ein Arbeitgeber enthält einem Arbeitnehmer die ihm zustehende Entgeltfortzahlung im Krankheitsfalle vor, gewährt keinen Urlaub oder hält die Vorschriften über den Gesundheitsschutz am Arbeitsplatz nicht ein. Besteht kein Kündigungsschutz, so läuft der Arbeitnehmer Gefahr, im Falle der Geltendmachung dieser Rechte gekündigt zu werden. Ist der Arbeitnehmer auf seinen Arbeitsplatz angewiesen, so wird er darauf verzichten, seine Rechte einzufordern.

Beispiel 2:
Der Arbeitgeber verlangt von einem Arbeitnehmer die Ableistung von unbezahlten Überstunden, die nach dem Arbeitsvertrag nicht geschuldet sind. Besteht kein Kündigungsschutz, so hat der Arbeitgeber die Möglichkeit, den Arbeitnehmer zu entlassen, falls er seinem Verlangen nicht nachkommt. Unter Umständen wird der Arbeitnehmer aus Angst vor der drohenden Entlassung dem Verlangen des Arbeitgebers nachkommen, also über das vertraglich geschuldete Maß hinausgehende Leistungen erbringen.

Sind dem Kündigungsrecht des Arbeitgebers keine Grenzen gesetzt, so besteht folglich die Gefahr, daß der Arbeitnehmer wie in Beispiel 1 auf bestehende Rechte verzichtet oder daß er wie in Beispiel 2 zu Leistungen veranlaßt wird, die nach Art, Umfang oder Intensität über das vertraglich geschuldete Maß hinausgehen. Es ist also zu befürchten, daß der Arbeitnehmer den Interessen des Arbeitgebers weiter entgegen kommt, als er rechtlich verpflichtet ist, daß er sich also überobligationsmäßig verhält[46]. Dabei ist gar nicht erforderlich, daß der Arbeitgeber seine

---

[45] Dorndorf ZfA 1989, 373; Reuter ORDO 1982, 165 (166).
[46] Dorndorf ZfA 1989, 345 (355).

15

Interessen oder Wünsche ausdrücklich äußert. Vielmehr wird der Arbeitnehmer zuweilen in vorauseilendem Gehorsam versuchen, den unausgesprochenen Erwartungen des Arbeitgebers zu genügen, wenn er andernfalls mit einer Kündigung zu rechnen hat.

Der Kündigungsschutz hat nun die Aufgabe, zu verhindern, daß sich der Arbeitnehmer zu überobligationsmäßigem Verhalten veranlaßt sieht. Diese Aufgabe kann in ihrer Bedeutung kaum überschätzt werden: Die bestgemeinten Rechtspositionen und Freiheitsgarantien würden dem Arbeitnehmer wenig helfen, könnte er davon nur unter dem Damoklesschwert einer unkontrollierten Kündigung Gebrauch machen[47]. Die Rechte des Arbeitnehmers wären für ihn letztlich wertlos[48]. Zudem stünden die vertraglichen Vereinbarungen - seien sie kollektivvertraglicher oder individualvertraglicher Natur - zur freien Disposition des Arbeitgebers, wenn er den Arbeitnehmer mittels Androhung einer Kündigung zu übervertraglichen Leistungen nötigen könnte. Letztendlich würde somit das ganze Arbeitsrecht in Frage gestellt.

Daher muß verhindert werden, daß der Arbeitgeber die Arbeitsbedingungen über das Kündigungsrecht quasi diktieren kann. Werden Kündigungen, durch die der Arbeitgeber rechtlich zulässiges Verhalten des Arbeitnehmers sanktioniert, für unwirksam erklärt, so führt der Kündigungsschutz zwar zu einem Schutz des Bestandes des Arbeitsverhältnisses, er ist aber nicht final auf den Erhalt des Arbeitsplatzes oder auf Schutz vor Arbeitslosigkeit ausgerichtet. Der Bestandsschutz ist lediglich „Flankenschutz" [49], eine Begleiterscheinung, ein Mittel zum Zweck des Schutzes der Rechte des Arbeitnehmers und der Durchsetzung des Arbeitsvertrages[50].

Nun mag man diesem Konzept entgegenhalten, es unterstelle den Arbeitgebern rechtsfeindliche Motive und die Neigung zur Ausbeutung der Arbeitnehmer. Dieser Vorwurf trifft jedoch nicht zu. Die Arbeitgeber stehen untereinander unter Konkurrenzdruck. Bestünde die Möglichkeit, die Arbeitnehmer durch eine Drohung mit einer Kündigung zu übervertraglichen Leistungen anzuhalten, beispielsweise auf Urlaub oder Lohnfortzahlung zu verzichten, so könnte auf diese Art eine Kostendämpfung und damit ein Wettbewerbsvorteil erreicht werden. Griffen nun

[47] Dorndorf ZfA 1989, 345 (359).
[48] Walwei WSI-Mitteilungen 1990, 392 (397); Reuter, FS für BAG (1979), 405 (424); Reuter ORDO 1982, 165 (166).
[49] Reuter RdA 1978, 344 (349); Brandes u.a., in: Flexibilisierung des Arbeitsmarktes, 111 (121).
[50] Reuter ORDO 1982, 165 (166).

einige Arbeitgeber zu diesem Mittel, so wäre unter Umständen auch der rechtstreue Arbeitgeber gezwungen, die Arbeitsbedingungen mittels Kündigungsandrohung zuungunsten der Arbeitnehmer zu verschlechtern, um im Wettbewerb nicht ins Hintertreffen zu geraten[51]. Das Vertragsdurchsetzungskonzept liefert somit eine schlüssige Begründung für die Notwendigkeit eines Kündigungsschutzes.

2. Zu regelnder Interessenkonflikt

Der Kündigungsschutz hat nach dem Vertragsdurchsetzungskonzept nicht die Aufgabe, zwischen Rentabilitätsinteresse des Arbeitgebers und dem Interesse des Arbeitnehmers an der Erhaltung seines Arbeitsplatzes abzuwägen, sondern er hat die Funktion, den Interessenkonflikt um die besseren Chancen der Vertragsdurchsetzung zu regeln. Dabei stehen sich folgende Interessen gegenüber:

Der Arbeitgeber hat ein Interesse daran, daß der Arbeitnehmer die vertragsmäßigen Leistungen erbringt, das heißt daß der Arbeitnehmer sich ausreichend Mühe gibt, die anfallenden Arbeiten zügig und sorgfältig zu erledigen und sich gehörig konzentriert. Der Arbeitnehmer wird aber diesen Anforderungen nur nachkommen, wenn er andernfalls Nachteile, insbesondere seine Entlassung zu befürchten hat. Der Arbeitgeber hat somit ein berechtigtes Interesse daran, in Gestalt der Kündigungsmöglichkeit ein Sanktionsinstrument in der Hand zu haben, um die Arbeitnehmer dazu anzuhalten, die vertraglich geschuldeten Leistungen zu erbringen. Dabei ist für ihn von besonderer Wichtigkeit, daß er aufgrund von Rechtsunsicherheit oder Beweisschwierigkeiten keine unangemessenen Prozeßrisiken eingehen muß.

Der Arbeitnehmer hat ein legitimes Interesse daran, daß er seine Rechte ruhigen Gemütes geltend machen kann und daß er nur die Leistungen erbringen muß, zu denen er nach dem Arbeitsvertrag verpflichtet ist. Somit stehen sich das Interesse des Arbeitgebers, vertragsuntreue Arbeitnehmer ohne Beweisschwierigkeiten ersetzen zu können und das Interesse des Arbeitnehmers, durch die Kündigungsmöglichkeit nicht zu überobligationsmäßigem Verhalten genötigt zu werden, gegenüber.

---

[51] Heidelberger Kommentar/Dorndorf § 1 KSchG Rn. 217.

3. Ausgestaltung des Kündigungsschutzes als Mittel zur Vertragsdurchsetzung

Die Ausgestaltung des Kündigungsschutzes hängt von der Gewichtung der genannten Interessen ab:

Ein Minimalschutz des Interesses des Arbeitnehmers an der Gewährleistung der Vertragsdurchsetzung kann durch eine Regelung erreicht werden, die eine Kündigung wegen der Einforderung von Rechten oder wegen der Weigerung, übervertragliche Leistungen zu erbringen, untersagt[52]. Eine derartige Regelung wird grundsätzlich dem Arbeitnehmer die Darlegungs- und Beweislast dafür auferlegen, daß die Kündigung ausgesprochen wurde, weil er sich überobligationsmäßigen Anforderungen widersetzt hat, sei es, daß er bestehende Rechte geltend gemacht hat, oder sei es, daß er zu übervertraglichen Leistungen nicht bereit war. Es obliegt also dem Arbeitnehmer, darzutun, daß die Kündigung unwirksam ist. Auch wenn der Arbeitgeber eine Kündigung allein zur Abstrafung eines renitenten Arbeitnehmers ausgesprochen hat, wird es dem Arbeitnehmer im Prozeß oftmals nicht gelingen, dies nachzuweisen. In diesem Falle wird also das Interesse des Arbeitgebers an der Vermeidung von Beweisschwierigkeiten höher bewertet als das Interesse des Arbeitnehmers am Schutz vor überobligationsmäßigen Anforderungen.

Will man das Interesse des Arbeitnehmers an der Vertragsdurchsetzung weitreichender schützen, so bietet es sich an, das Kündigungsrecht des Arbeitgebers an sachliche oder plausible Gründe zu binden, wie etwa in § 1 Abs. 2 Satz 1 KSchG. Als plausible Gründe kommen dabei meines Erachtens nur Vertragsstörungen, also nach allgemeiner kündigungsrechtlicher Dogmatik Gründe im Verhalten oder in der Person des Arbeitnehmers, und darüber hinaus betriebliche Erfordernisse in Betracht. Liegen derartige Gründe vor, so kann davon ausgegangen werden, daß der Arbeitgeber nicht gekündigt hat, um zulässiges Arbeitnehmerverhalten zu sanktionieren. Des weiteren ist dem Arbeitgeber im Prozeß die Darlegungs- und Beweislast für das Vorliegen sachlicher Gründe aufzuerlegen. Das Interesse des Arbeitnehmers, nicht übermäßig beansprucht zu werden und seine Rechte ruhigen

---

[52] Das Maßregelungsverbot in § 612a BGB untersagt explizit nur die Kündigung wegen zulässiger Rechtsausübung durch den Arbeitnehmer. Hier ist nicht klar, ob unter zulässiger Rechtsausübung auch die Weigerung, übervertragliche Leistungen zu erbringen, verstanden werden kann. Zu dieser Problematik wird unter E III 2 c) Stellung genommen.

Gemütes einfordern zu können, wird dann höher eingeschätzt als das Interesse des Arbeitgebers an der Vermeidung von Beweisschwierigkeiten[53].

Darüber hinaus bestimmen auch die Anforderungen, die an die einzelnen Kündigungsgründe gestellt werden, das Ausmaß des Schutzes vor überobligationsmäßigen Anforderungen:

Ist ein weitreichender Schutz des Arbeitnehmers vor überobligationsmäßigen Anforderungen angestrebt, so sollte eine verhaltensbedingte Kündigung nur dann als gerechtfertigt angesehen werden, wenn die Vertragspflichtverletzung von einigem Gewicht - also nicht nur geringfügig - ist. Da der Arbeitnehmer eine großen Teil seiner Lebenszeit am Arbeitsplatz verbringt, sind gelegentliche Verstöße gegen vertragliche Pflichten nach menschlichen Maßstäben unvermeidlich. Würde nun eine eher geringfügige Vertragspflichtverletzung bereits zur Kündigung berechtigen, so könnte der Arbeitgeber den nächstbesten Verstoß zum Vorwand nehmen, um einem Arbeitnehmer zu kündigen, der den überobligationsmäßigen Verhaltenserwartungen des Arbeitgebers nicht entspricht. Durch das Erfordernis einer nicht nur geringfügigen Vertragspflichtverletzung wird also verhindert, daß sich der Arbeitnehmer bereits bei normalem Verlauf des Arbeitsverhältnisses, der geringfügige Vertragspflichtverletzungen einschließt, zu überobligationsmäßigem Verhalten veranlaßt sieht[54]. Nicht erforderlich ist es hingegen, die verhaltensbedingte Kündigung - wie das BAG[55] - nur als letztes Mittel zur Vermeidung künftiger Vertragsverletzungen zuzulassen oder eine Interessenabwägung im Einzelfall zu verlangen.

Durch die Regelung der Zulässigkeit einer Kündigung aus Gründen in der Person des Arbeitnehmers kann aus Sicht des Arbeitnehmers ebenfalls zur Vertragsdurchsetzung beigetragen werden. Im Vordergrund steht dabei die Kündigung wegen Krankheit: Im Laufe eines Arbeitslebens lassen sich krankheitsbedingte Arbeitsausfälle nicht vermeiden. Ließe man nun kürzere Krankheitsausfälle zur Rechtfertigung einer Kündigung ausreichen, so könnte der Arbeitgeber eine früher oder später auftretende krankheitsbedingte Arbeitsunfähigkeit ausnutzen, um unliebsame Arbeitnehmer, die sich überobligationsmäßigen Leistungsanforderungen widersetzten, zu kündigen. Daher dient es der Vertragsdurchsetzung, für die Berech-

---

[53] Dorndorf ZfA 1989, 345 (358).
[54] Dorndorf ZfA 1989, 345 (364).
[55] Vgl. nur BAG v. 26.1.1995 AP Nr. 34 zu § 1 KSchG Verhaltensbedingte Kündigung.

tigung einer personenbedingten Kündigung zu fordern, daß der krankheitsbedingte Arbeitsausfall über das durchschnittliche Krankheitsrisiko hinausgeht.

Die vom BAG praktizierte Rechtsprechung zur krankheitsbedingten Kündigung geht weit über diese Anforderungen hinaus: Eine krankheitsbedingte Kündigung ist nach der Rechtsprechung des BAG[56] nur zulässig, wenn

1. Fehlzeiten festzustellen sind, die zu einer erheblichen Beeinträchtigung der betrieblichen oder wirtschaftlichen Interessen führen,

2. bezüglich des Gesundheitszustandes des Arbeitnehmers von einer negativen Prognose ausgegangen werden kann,

3. die erheblichen Störungen nicht durch mildere Mittel, wie etwa Einstellung von Aushilfskräften, Durchführung von Über- oder Mehrarbeit, personelle Umorganisation behoben werden können,

4. die Beeinträchtigungen der betrieblichen Belange gegenüber den Interessen des Arbeitnehmers schwerer wiegen.

Weder eine Prognose noch eine Ultima-Ratio-Kontrolle noch eine umfassende Interessenabwägung im Einzelfall ist hier zur Verwirklichung des Vertragsdurchsetzungskonzeptes erforderlich. Meines Erachtens ist es noch nicht einmal erforderlich, eine erhebliche Beeinträchtigung betrieblicher Belange zu verlangen. Es muß lediglich sichergestellt werden, daß der Krankheitsausfall über das durchschnittliche Krankheitsrisiko hinausgeht. Auf diese Weise wird zumindest sehr weitgehend ausgeschlossen, daß normale Krankheitsausfälle zum Vorwand für eine Kündigung unliebsamer Arbeitnehmer genommen werden.

Schließlich zur betriebsbedingten Kündigung: Fordert man für die Rechtfertigung einer betriebsbedingten Kündigung, daß eine unternehmerischen Entscheidung zum Wegfall eines Arbeitsplatzes führt, wird der Arbeitnehmer davor geschützt, daß der Arbeitgeber nur vorgibt, der Arbeitsplatz sei weggefallen, sich in Wirklichkeit aber nur von solchen Arbeitnehmer trennen will, die seinen Erwartungen nicht entsprechen. Noch wichtiger dürfte es sein, die Auswahlentscheidung des Arbeitgebers an feststehende Kriterien zu binden. Die Einengung des Auswahlspielraumes nimmt dem Arbeitgeber die Möglichkeit, vorzugsweise solche Arbeitnehmer zu entlassen, die etwaigen überzogenen Anforderungen nicht nachkommen. Dabei ist es nicht erforderlich, daß die Auswahlentscheidung gerade nach den gängigen Kriterien der Dauer der Betriebszugehörigkeit, der Unterhalts-

---

[56] Vgl. nur BAG v. 16.2.1989 AP Nr. 20 zu § 1 KSchG Krankheit.

pflichten oder des Lebensalters vorgenommen wird. Denkbar wäre ebenso, wie in den USA oder in Schweden[57] allein nach dem Senioritätsprinzip („last in, first out") zu verfahren. Will man an den gängigen Sozialkriterien festhalten, wäre es - anders als nach geltender Rechtslage[58] - nicht erforderlich, das Gewicht der einzelnen Sozialdaten in jedem Einzelfall gesondert zu bestimmen. In der Praxis führt diese Einzelfallabwägung zu enormer Rechtsunsicherheit. Diese Rechtsunsicherheit könnte durch allgemeingültige, schematisierte Punktetabellen beseitigt werden, ohne daß die Gewährleistung der Vertragsdurchsetzung gefährdet würde.

Insgesamt soll durch die dargestellten Kündigungsschranken nur verhindert werden, daß der Arbeitgeber normale betriebliche Vorkommnisse zum Vorwand nimmt, um unliebsamen Arbeitnehmern zu kündigen. Dagegen wird ihm nicht auferlegt, trotz gewichtiger Vertragsstörung in jedem Einzelfall zu prüfen, ob die Kündigung nicht durch andere Maßnahmen abgewendet werden kann oder ob im Einzelfall die Interessen des Arbeitnehmers als vorrangig einzustufen sind. Auch bleibt es dem Arbeitgeber unbenommen, die Zusammensetzung der Belegschaft ohne viel Aufhebens nach fachlicher Eignung an wirtschaftliche Veränderungen anzupassen oder seinen Personalbestand zu reduzieren.

4. Vertragsdurchsetzung durch das geltende Kündigungsschutzrecht

Auch das geltende Kündigungsschutzrecht gewährleistet den Schutz der Vertragsdurchsetzung: die Bindung des Kündigungsrechts des Arbeitgebers an sachliche Gründe, die Pflicht zur Sozialauswahl bei betriebsbedingten Kündigungen sowie der Umstand, daß Vertragsstörungen von einigem Gewicht sein müssen, um eine verhaltens- oder personenbedingte Kündigung zu rechtfertigen, schützen den Arbeitnehmer vor überobligationsmäßigen Anforderungen. Jedoch handelt es sich hierbei eher um einen Nebeneffekt. Nach der Gesetzesbegründung ist das KSchG eindeutig darauf ausgerichtet, den Arbeitsplatz und die Betriebszugehörigkeit des Arbeitnehmers als eigenständiges Rechtsgut zu schützen[59]. Erst recht gilt dies für die richterrechtlich entwickelten Grundsätze des Prognoseprinzips, der Ultima-Ratio-Kontrolle und der Interessenabwägung im Einzelfall, die sich durch das Ziel der Vertragsdurchsetzung nicht rechtfertigen lassen. Weder das KSchG selbst

---

[57] Gotthardt ZIAS 1999, 354 (358).
[58] BAG v. 18.1.1990 EzA § 1 KSchG Soziale Auswahl Nr. 28; Stahlhacke/Preis/Vossen Rn. 668.
[59] BT-Drs I/2090, S. 11.

noch seine geltende Auslegung sind somit primär auf die Gewährleistung der Vertragsdurchsetzung ausgerichtet.

IV. Kündigungsschutz als Schutz vor Unterbietungswettbewerb zwischen den Arbeitnehmern

1. Der Unterbietungswettbewerb

Eine weitere Funktion, die dem Kündigungsschutz beigemessen werden kann, ist der Schutz vor Unterbietungswettbewerb. Billigt man dieses Ziel, so muß es dem Arbeitgeber verwehrt werden, einen Arbeitnehmer zu entlassen, weil ein anderer Arbeitnehmer seine Arbeitskraft zu für den Arbeitgeber günstigeren Konditionen anbietet.

Zunächst allgemein zum Problem des Arbeitnehmerwettbewerbes über das Lohnniveau: Sofern man den unregulierten Markt auch für das Arbeitsleben als geeignetes Ordnungsinstrument ansieht, muß das Ziel einer Wettbewerbsbeschränkung negativ bewertet werden. Es besteht nämlich die Gefahr, daß die Ausschaltung des Markzutritts durch billigere Arbeitsuchende die einer Marktwirtschaft immanenten Sanktionen gegenüber marktwidrigen Preis-Leistungs-Verhältnissen außer Kraft setzt[60]. Die entscheidende Frage ist aber, ob auch bezüglich der Verteilung der Arbeitsplätze *unbeschränkter* Wettbewerb herrschen soll. Menschliche Arbeit ist keine normale Ware. Sie kann nicht losgelöst von dem Menschen betrachtet werden, der die Arbeit leistet. Da der Arbeitnehmer klassischerweise zur Existenzsicherung auf sein Einkommen angewiesen ist, kann er auf sinkende Löhne nicht - wie dies ökonomisch sinnvoll wäre - mit einer Verknappung seines Angebotes reagieren. Statt dessen ist er gezwungen, bei sinkenden Löhnen noch mehr Arbeit anzubieten, um seinen Lebensunterhalt zu bestreiten[61], was einen weiteren Nachfrageüberhang und damit sinkende Löhne mit sich bringt. Ein ungezügelter Wettbewerb um Arbeitsplätze würde die Arbeitnehmer dazu zwingen, ihre Arbeitskraft zu für sie möglichst ungünstigen Bedingungen zur Verfügung zu stellen.

Dieser Wettbewerbsdruck kann freilich durch den Wettbewerb der Arbeitgeber um Arbeitskräfte gemildert werden. Der Wettbewerb auf der Arbeitgeberseite um

---

[60] Schellhaaß ZfA 1984, 145.

[61] Rieble, Arbeitsmarkt und Wettbewerb, Rn. 91.

Arbeitskräfte entfaltet jedoch in Zeiten hoher Arbeitslosigkeit - von gesuchten Experten abgesehen - kaum mildernde Wirkung, da es einen Angebotsüberhang an Arbeitskräften gibt. Zudem bestünde bei freiem Wettbewerb um Arbeitsplätze die Gefahr eines „race to the bottom": Will ein Arbeitsuchender eingestellt werden, so könnte er bei freiem Wettbewerb seine Arbeitskraft unter dem beim Arbeitgeber für vergleichbare Arbeitnehmer üblichen Lohnniveau anbieten. Tauscht nun der Arbeitgeber einen seiner Arbeitnehmer gegen diesen Bewerber aus, so besteht die Gefahr, daß der entlassene Arbeitnehmer seinerseits gezwungen ist, andere Arbeitsplatzbesitzer durch das Angebot, für weniger Geld zu arbeiten, zu verdrängen. Auf diese Weise wird ein Lohnsenkungswettlauf in Gang gesetzt, an dessen Ende möglicherweise ein Einkommensniveau steht, das zur Existenzsicherung kaum noch ausreicht. Da der Arbeitsplatz aber in der Regel Existenzgrundlage des Arbeitnehmers ist, muß ein derartiger Verdrängungs- und Unterbietungswettbewerb grundsätzlich verhindert werden[62].

Den Unterbietungswettbewerb hinsichtlich der Löhne zu unterbinden, erscheint auch deshalb vertretbar, weil dadurch der Wettbewerb unter den Arbeitnehmern keineswegs ganz außer Kraft gesetzt wird. Wettbewerb findet nach wie vor um die Verteilung freier Arbeitsplätze statt: Bewerber versuchen mittels guter Zeugnisse, Kenntnisse und Fähigkeiten ihre Konkurrenten zu schlagen. Auch der betriebsinterne Wettbewerb um Aufstiegschancen wird durch den Kündigungsschutz nicht beeinträchtigt.

Demnach ist es grundsätzlich ein legitimes Ziel der Arbeitsmarktordnung, den Unterbietungswettbewerb unter den Arbeitnehmern zu verhindern. Dabei ist es meines Erachtens jedoch angebracht, den Schutz vor Wettbewerb auf diejenigen Arbeitnehmergruppen zu beschränken, die dieses Schutzes auch wirklich bedürfen. Dies sind in erster Linie geringqualifizierte Arbeitnehmer. Sie arbeiten in der Regel zu geringen Löhnen, so daß eine Absenkung des Lohnniveaus hier in besonderer Weise zu sozial unerwünschten Folgen führen könnte. Zudem lassen sie sich ohne große Kosten austauschen, da eine neue Arbeitskraft in der Regel schnell in die auszuführenden Aufgaben eingewiesen werden kann. Gut ausgebildete Arbeitnehmer hingegen erhalten meist auch eine höhere Vergütung, so daß die Sicherung des Lohnniveaus aus sozialen Gründen nicht zwingend geboten ist. Zudem ist die Entlassung eines gut ausgebildeten Arbeitnehmers auch ohne Abfindungszahlung oft mit hohen Kosten verbunden, da ein neu einzustellender Ar-

---

[62] Rieble, Arbeitsmarkt und Wettbewerb, Rn. 1019.

beitnehmer zunächst neu eingearbeitet werden muß und dies aufgrund der Komplexität der Aufgaben meist einige Zeit in Anspruch nimmt. Aus diesem Grunde wird der Arbeitgeber häufig vor dem Austausch einer qualifizierten Arbeitskraft zurückschrecken. Somit sind gut qualifizierte Arbeitnehmer weniger anfällig für den Verdrängungswettbewerb.

Die Regulierung des Arbeitnehmerwettbewerbes sollte somit der unterschiedlichen Schutzbedürftigkeit der Arbeitnehmer gerecht werden, also die Möglichkeiten zum Wettbewerb dort nicht beschränken, wo dies nicht unbedingt erforderlich ist.

2. Kündigungsschutz als Instrument zur Verhinderung des Unterbietungswettbewerbs?

Wenn nun die Beschränkung des Unterbietungswettbewerbs grundsätzlich als legitimes Ziel der Arbeitsmarktordnung anzusehen ist, ist damit noch keineswegs gesagt, daß gerade der Kündigungsschutz zu diesem Zweck eingesetzt werden muß. Zunächst ist davon auszugehen, daß der Schutz vor Unterbietungswettbewerb unter den Arbeitnehmern vorrangige Aufgabe des Tarifvertragsrechts und der Sozialpartner ist. Ob es freilich den Gewerkschaften gelingt, den Unterbietungswettbewerb unter den Arbeitnehmern umfassend zu verhindern, hängt von der Ausgestaltung des Tarif- und Arbeitskampfrechts und von der Tarifwirklichkeit ab. In Deutschland beispielsweise ist es den Gewerkschaften zwar theoretisch möglich, jeden Arbeitgeber mittels Streik zum Abschluß von Tarifverträgen zu drängen und somit zu verhindern, daß der Arbeitgeber organisierte Arbeitnehmer zu untertariflichen Bedingungen beschäftigt. Dadurch ist aber nach herrschender Meinung nicht ausgeschlossen, daß nicht organisierte Arbeitnehmer ihre Arbeitskraft unter Tarifniveau anbieten[63]. Schon rein rechtlich kann daher mittels des Tarif- und Arbeitskampfrechts der Unterbietungswettbewerb nicht vollständig unterbunden werden. Darüber hinaus dürfen auch die praktischen Hindernisse nicht übersehen werden, die einer Ausschaltung des Unterbietungswettbewerbs entgegenstehen: Bei sinkendem Organisationsgrad auf Arbeitgeberseite wird es

---

[63] BAG v. 20.7.1960 AP Nr. 7 zu § 4 TVG; Zöllner/Loritz, Arbeitsrecht, § 17 VI; ErfK/Preis § 611 Rn. 861; Däubler, Arbeitsrecht, Bd. 2, Rn. 553; aA Wiedemann/Stumpf, TVG, 5. Aufl., § 3 Anm. 125, die der Auffassung sind, der Arbeitgeber sei aufgrund des arbeitsrechtlichen Gleichbehandlungsgrundsatzes verpflichtet, organisierte und nichtorganisierte Arbeitnehmer hinsichtlich der Entlohnung gleich zu behandeln.

den Gewerkschaften nicht gelingen, nicht organisierte Arbeitgeber flächendeckend mittels Streik zum Abschluß von Firmenverträgen zu bewegen. Der Unterbietungswettbewerb kann somit allein durch Kollektivverträge nicht umfassend unterbunden werden. In einigen ausländischen Rechtsordnungen mag es sich anders verhalten: So reicht beispielsweise in Österreich und Frankreich die Tarifbindung des Arbeitgebers aus, um die zwingende Wirkung des Tarifvertrages zu begründen[64]. In Österreich sind zudem nahezu alle Arbeitgeber tarifgebunden, da hier die Tarifvertragspartei auf Arbeitgeberseite in der Regel die gesetzliche Interessenvertretung ist, der der Arbeitgeber notwendig angehört[65]. Hier ist also der Unterbietungswettbewerb kollektivvertraglich weitreichender eingeschränkt, als dies in Deutschland der Fall ist.

Daraus kann jedoch nicht der Schluß gezogen werden, daß der Unterbietungswettbewerb in Deutschland auf dem Wege über den Kündigungsschutz eingeschränkt werden muß. Der deutsche Gesetzgeber hat gerade für den Fall, daß ein gewisses Mindestlohnniveau durch Tarifverträge nicht gesichert ist, eine Möglichkeit zu staatlicher Intervention geschaffen, und zwar zum einen in Gestalt der Allgemeinverbindlicherklärung von Tarifverträgen sowie subsidiär durch das Gesetz über die Festsetzung von Mindestarbeitsbedingungen. Dieses ermöglicht es dem Bundesminister für Arbeit und Sozialordnung, im Einvernehmen mit den Sozialpartnern Mindestentgelte und sonstige Mindestarbeitsbedingungen für bestimmte Wirtschaftszweige oder Beschäftigungsarten festzulegen, falls ein derartiges Mindestniveau nicht durch Tarifverträge sichergestellt ist, zur Befriedung der sozialen und wirtschaftlichen Bedürfnisse der Arbeitnehmer erforderlich erscheint und auch durch Allgemeinverbindlicherklärung nicht zu erreichen ist[66]. Ein gewisses Mindestlohnniveau kann also auch ohne Kündigungsschutz sichergestellt werden. Zudem ist auf diese Weise gewährleistet, daß der Wettbewerb um Löhne nur dort ausgeschlossen wird, wo er wirklich zu sozial unerwünschten Folgen führen würde. Der Kündigungsschutz unterbindet hingegen den Lohnwettbewerb auch dort, wo dies in sozialer Hinsicht nicht geboten ist. Meines Erachtens ist es daher nicht sinnvoll, den Kündigungsschutz als Instrument zur Unterbindung eines Unterbietungswettbewerbs einzusetzen.

---

[64] Vgl. § 12 Abs. 1 des österreichischen Arbeitsverfassungsgesetzes (ArbVG) und Art. L 132-10 des französischen Code du Travail; vgl. dazu Rebhahn NZA 2001, 763 (766); Däubler, Arbeitsrecht, Bd. 1, Rn. 229.

[65] Gamillscheg, Kollektives Arbeitsrecht, Bd. 1, S. 716.

[66] § 1 Absatz 2 des Gesetzes über die Festsetzung von Mindestarbeitsbedingungen.

3. Verhinderung des Unterbietungswettbewerbs durch das KSchG

Nach geltendem Kündigungsschutzrecht ist es nicht zulässig, einen Arbeitnehmer gegen einen externen Bewerber auszutauschen, wenn keine Vertragsstörung vorliegt. Demnach scheidet eine betriebsbedingte Kündigung zwecks Neueinstellung eines billigeren Arbeitnehmers aus. Mangelnde Rentabilität, die den Betrieb in seiner Existenz gefährdet, rechtfertigt höchstens eine Änderungskündigung unter Minderung des Entgelts, nicht jedoch den Austausch des Arbeitnehmers gegen einen billigeren[67]. Das Kündigungsschutzgesetz schränkt somit den Wettbewerb um Arbeitsplätze zwischen Arbeitsplatzbesitzern und Arbeitsuchenden faktisch ein. Damit ist jedoch noch nicht gesagt, daß dies auch ratio des KSchG ist. *Herschel*, einer der Väter des Kündigungsschutzgesetzes, ist der Auffassung, daß das KSchG nicht bezwecke, den Arbeitnehmerwettbewerb zu verhindern[68]. Da meines Erachtens nur die Sicherung eines Mindestlohnniveaus geboten ist, sollte dem KSchG auch keine wettbewerbsbeschränkende Zielsetzung beigemessen werden.

4. Verhinderung des Unterbietungswettbewerbs auf Grundlage des Vertragsdurchsetzungskonzepts

Auch wenn man den Kündigungsschutz allein nach den Anforderungen des Vertragsdurchsetzungskonzepts ausgestaltet, bewirkt er einen Schutz vor Konkurrenz: Bindet man das Kündigungsrecht des Arbeitgebers an sachliche oder plausible Gründe, so wird man allein das Bestreben, einen Arbeitnehmer gegen einen externen Bewerber auszutauschen, nicht als sachlichen Grund ansehen. Damit wird jedoch nicht bezweckt, eine Absenkung des Lohnniveaus zu verhindern. Statt dessen soll dem Arbeitgeber lediglich verwehrt werden, Arbeitnehmer ohne plausible Begründung gegen externe Bewerber auszutauschen. Ansonsten bestünde die Gefahr, daß der Arbeitgeber diejenigen Arbeitnehmer, die sich überobligationsmäßigen Anforderungen widersetzen, selektiv austauscht. Soweit dadurch auch der Unterbietungswettbewerb verhindert wird, ist dies lediglich ein Nebeneffekt des Kündigungsschutzes, nicht hingegen dessen primäre Zielsetzung.

---

[67] BAG v. 20.03.1986 EzA § 2 KSchG Nr. 6; BAG v. 11.10.1989 AP Nr. 47 zu § 1 KSchG 1969 Betriebsbedingte Kündigung = EzA § 1 KSchG Betriebsbedingte Kündigung Nr. 64; BAG v. 12.11.1998 EzA § 2 KSchG Nr. 33; Stahlhacke/Preis/Vossen Rn. 779b.
[68] Herschel RdA 1975, 28 (29).

V. Kündigungsschutz zur Förderung der Motivation der Mitarbeiter

Nach Auffassung des *Sachverständigenrates zur Begutachtung der gesamtwirt-schaftlichen Entwicklung*[69] wirkt es sich positiv auf die Leistungsbereitschaft der Arbeitnehmer aus, wenn sie vor willkürlichen Kündigungen geschützt sind und erkennen, daß sie dem Arbeitgeber nicht hilflos ausgeliefert sind. Dies leuchtet ein. Kann der Arbeitnehmer jederzeit ohne sachlichen, plausiblen Grund gekündigt werden, so wird er sich gegenüber dem Arbeitgeber als ohnmächtig empfinden. Diese Ohnmacht kann die Leistungsbereitschaft beeinträchtigen, da der Arbeitnehmer nicht sicher davon ausgehen kann, daß sich Engagement und Leistungsbereitschaft auch rentieren werden. Vielmehr muß er stets damit rechnen, daß der Arbeitgeber das Beschäftigungsverhältnis löst, auch wenn an den Leistungen des Arbeitnehmers nichts auszusetzen ist. Können die Arbeitnehmer hingegen davon ausgehen, daß sie fair behandelt werden, so werden sie eher bereit sein, sich mit den Firmeninteressen zu identifizieren und Anstrengungen zur Weiterqualifikation zu unternehmen[70]. Der Kündigungsschutz reduziert das Machtgefälle zwischen Arbeitgeber und Arbeitnehmer und kann somit dazu beitragen, daß sich beide Parteien um Kooperation bemühen und die Produktivität auf diese Weise gesteigert wird.

Zudem hängt die Wettbewerbsfähigkeit der Unternehmen stark von der Bereitschaft der Arbeitnehmer ab, Neuerungen zu akzeptieren. Sieht sich der Arbeitnehmer im Falle der Einführung von innovativen Produktionsmethoden sofort der Gefahr einer Kündigung ausgesetzt, so wird er sich auf diese Neuerungen unter Umständen nur widerwillig einlassen. Eine kündigungsschutzbedingte Beschäftigungsstabilität kann hingegen dazu beitragen, daß Fortschritt weniger als Bedrohung wahrgenommen wird[71]. Statt dessen kann der Arbeitnehmer davon ausgehen, daß er von einer Produktivitätssteigerung im Unternehmen auch selbst profitieren wird und daher Innovationen positiver gegenüberstehen.

Höhere Beschäftigungsstabilität vermag auch die Bereitschaft der erfahrenen Mitarbeiter zu steigern, ihr arbeitsplatzspezifisches Wissen an neue Kollegen weiter-

---

[69] Sachverständigenrat zur Begutachtung der gesamtwirtschaftlichen Entwicklung, Jahresgutachten 1989/90, BT-Drs. 11/5786, Rn. 371; zustimmend Entwurf der Fraktionen der CDU/CSU und F.D.P. zu einem arbeitsrechtlichen Gesetz zur Förderung von Wachstum und Beschäftigung v. 10.05.1996, BT.Drs. 13/4612, S. 8; Brandes u.a., in: Flexibilisierung des Arbeitsmarktes, 111 (125).

[70] Franz ZfA 1994, 439 (445); Däubler NJW 1998, 2573 (2574).

[71] Dörsam ZWS 1997, 55 (64).

zugeben. Hingegen werden sie sich hüten, dieses Wissen weiterzugeben, wenn sie damit aus Konkurrenzgründen Arbeitsplatz und damit Lebensstandard gefährdet sehen. Dieser Aspekt ist von besonderer Bedeutung, da viele Berufsqualifikationen weniger außerhalb des Betriebes durch formale Ausbildung, sondern durch „on-the-job-training" erworben werden[72], so daß es besonders wichtig ist, daß neu eingestellte Arbeitnehmer durch die erfahrenen Arbeitnehmer weiter qualifiziert werden. Diese vertrauensstiftende und damit auch potentiell produktivitätssteigernde Wirkung des Kündigungsschutzes spielt allerdings nur dort eine Rolle, wo eine intensive Einarbeitung und betriebsinterne Qualifikation auch notwendig ist. Geht es hingegen um einfach erlernbare Tätigkeiten, bei denen das arbeitsplatzspezifische Wissen eher von geringer Bedeutung ist, stellt auch die Weitergabe dieses Wissens an neu eingestellte Arbeitnehmer keinen wichtigen Faktor dar.

Des weiteren darf nicht übersehen werden, daß ein hohes Maß an Beschäftigungssicherheit die Leistungsbereitschaft und Innovationskraft auch erlahmen lassen kann. Müssen die Arbeitnehmer auch bei „Bummelei", bei ständiger Unpünktlichkeit[73], bei mangelnder Eigeninitiative oder bei allgemein geringem Engagement nicht mit einer Kündigung rechnen, so besteht die Gefahr, daß sie auch keine Veranlassung sehen, sich anzustrengen[74]. Vielmehr können die Arbeitnehmer den Betrieb dann als „Schutzpark"[75] betrachten. Zudem ist der Kündigungsschutz nicht das einzige Mittel, um die Motivation der Mitarbeiter zu fördern. Betriebsinterne Aufstiegsmöglichkeiten und Aussicht auf Lohnerhöhung oder Gewinnbeteiligung vermögen ebenfalls die Leistungsbereitschaft der Arbeitnehmer zu steigern. Wahrscheinlich sind sie dazu sogar besser geeignet, weil sie eine differenzierte Beurteilung jedes einzelnen Arbeitnehmers ermöglichen[76]. Der ge-

---

[72] Dörsam ZWS 1997, 55 (65).

[73] Vgl. dazu die Entscheidung des BAG v. 14.3.1988 EzA § 626 BGB n.F. Nr. 116 über den Kündigungsschutz bei wiederholter Unpünktlichkeit. Der Arbeitnehmer - Ersatzmitglied eines Betriebsrats - erschien zwischen Februar 1984 und Oktober 1985 als Schichtarbeiter an 104 Tagen verspätet zur Arbeit. Das BAG hielt eine außerordentliche Kündigung nicht für eindeutig gerechtfertigt, sondern forderte eine umfassende Interessenabwägung und verwies daher den Fall zur weiteren Sachverhaltsaufklärung an das LAG zurück.

[74] Sachverständigenrat, Jahresgutachten 1989/90, BT-Drs. 11/5786 Rn. 366; Hümmerich NZA 1996, 1289 (1296).

[75] Dörsam ZWS 1997, 55 (65).

[76] Zu beachten ist, daß der Betriebsrat gemäß § 87 Abs. 1 Nr. 10 BetrVG bei Fragen der betrieblichen Lohngestaltung mitzubestimmen hat. Der Arbeitgeber kann also ein differenziertes Lohnsystem nicht einseitig festsetzen. Oftmals wird sich jedoch ein Vergütungssystem einvernehmlich entwickeln lassen. Läßt sich keine Einigung erzielen, so kann die Einigungsstelle angerufen werden (§ 87 Abs. 2 BetrVG), die dann unter Umständen ein differenziertes Lohnsystem festsetzt.

setzliche Kündigungsschutz hingegen schert alle Arbeitnehmer über einen Kamm, kommt als auch denen zugute, die sich durch die Aussicht auf stabile Beschäftigung nicht motivieren lassen.

Im Ergebnis ist daher beim Einsatz des Kündigungsschutzes zur Motivationssteigerung Vorsicht geboten. Zur Förderung der Leistungsbereitschaft dürfte es meist ausreichen, die Arbeitnehmern vor Kündigungen ohne sachlichen Grund zu schützen[77]. Eine Prognoseentscheidung, das Ultima-Ratio-Prinzip und die Interessenabwägung im Einzelfall sind hingegen nicht erforderlich, ja es besteht sogar die Möglichkeit, daß ein derartig weit ausgedehnter Kündigungsschutz eher leistungsmindernd wirkt.

VI. Kündigungsschutz zur Erhaltung von Personalinvestitionen

Wird ein Arbeitnehmer neu eingestellt, so muß er sich zunächst mit den Gegebenheiten des Betriebes vertraut machen, sich einarbeiten. Zudem muß er Fertigkeiten erlernen, die betriebsspezifisch sind, also seine Produktivität nur in einer speziellen Unternehmung erhöhen, jedoch beim Wechsel des Arbeitsplatzes verloren gehen. Beherrscht zum Beispiel ein Programmierer eine allgemein gängige Programmiersprache, so ist dies eine generelle Fähigkeit, die er auch bei einem Wechsel des Arbeitsplatzes nutzbringend verwenden kann. Spezialisiert er sich jedoch darauf, bei einem Flugzeughersteller, bei dem er gerade beschäftigt ist, Simulationsmodelle zur Optimierung des Luftwiderstandes für eine bestimmte Modellreihe zu programmieren, so hängt seine Produktivität weitestgehend vom Verbleib bei seinem Arbeitgeber ab. Sein spezifisches Humankapital für bestimmte Simulationsmodelle könnte bei einem Wechsel zu einem Warenversandhaus verloren gehen[78]. Wird nun der spezialisierte Arbeitnehmer wegen eines allgemeinen Rückganges der Konjunktur und einer damit verbundenen Auftragsflaute entlassen, so geht dieses spezifische Humankapital verloren. Zieht die Konjunktur später wieder an und besteht daher wieder Beschäftigungsbedarf für diesen Arbeitnehmer, so steht er eventuell für eine Wiedereinstellung nicht mehr zur Verfügung. Statt dessen muß ein anderer Arbeitnehmer angeworben werden, der in die Aufgaben erst neu eingearbeitet werden muß. War die Auftragsflaute relativ kurz und sind die Kosten der Einarbeitung des neu eingestellten Arbeitnehmers relativ

---

[77] Franz ZfA 1994 439 (449).
[78] Beispiel nach Osbild ZfW 1991, 261.

hoch, so wäre es für den Flugzeughersteller vermutlich profitabler gewesen, den spezialisierten Programmierer auch während der Rezession im Betrieb zu halten, da dann mit Beginn des Aufschwunges sofort eine qualifizierte Arbeitskraft zur Verfügung gestanden hätte. Demnach kann es ineffizient sein, Arbeitnehmer mit speziellen Qualifikationen wegen einer überschaubaren Auftragsflaute zu entlassen[79].

Teilweise wird vertreten, der gesetzliche Kündigungsschutz diene dazu, derartige ineffiziente Entlassungen zu verhindern und somit getätigte Personalinvestitionen fruchtbar zu halten[80]. Daß der Kündigungsschutz derartige ineffiziente Entlassungen verhindern kann, ist nicht zu bezweifeln. Die entscheidende Frage ist jedoch, ob es zu einer Vermeidung von Verschwendung von Personalinvestitionen eines gesetzlich vorgeschriebenen Kündigungsschutzes bedarf. Hat der Arbeitgeber hohe Investitionen in einen Arbeitnehmer getätigt, so hat er ohnehin ein Interesse daran, daß ihm dieser Arbeitnehmer erhalten bleibt. Arbeitnehmer mit hohen betriebsspezifischen Qualifikationen genießen demnach schon einen „natürlichen" Kündigungsschutz[81]. Eine Kündigung wäre wirtschaftlich unvernünftig. Derartige Kündigungen über den Kündigungsschutz zu verhindern bedeutet also nichts anderes, als den Arbeitgeber vor seiner eigenen Dummheit zu schützen[82]. Überzeugender ist es, auf eine marktwirtschaftliche Lösung zu vertrauen: Der Arbeitgeber, der derartige wirtschaftlich unvernünftige Kündigungen ausspricht, mag kurzfristig seine Gewinne steigern, auf lange Sicht erleidet er jedoch gegenüber Unternehmern, die eine langfristige Personalpolitik betrieben, einen Wettbewerbsnachteil. Der Markt selbst hält daher ein Sanktionsinstrument bereit, um ineffiziente Kündigungen zu verhindern. Somit ist es überflüssig, den Kündigungsschutz zur Verhinderung der Kündigung von Arbeitnehmern mit hohem betriebsspezifischen Know-How einzusetzen. Darüber hinaus darf auch nicht übersehen werden, daß rezessionsbedingte Kündigungen von Arbeitnehmern, die nicht über betriebsspezifische Fertigkeiten verfügen, keineswegs ineffizient sind. Für weniger anspruchsvolle Tätigkeiten wird sich bei einer Wende der Konjunktur leichter geeignetes Personal finden, das dann - da die Tätigkeiten weniger kompliziert sind - auch schnell eingearbeitet werden kann. Was Effizienzgesichtspunkte anbelangt, ist der Kündigungsschutz in diesem Falle dann nicht nur überflüssig, sondern so-

---

[79] Brandes u.a., in: Flexibilisierung des Arbeitsmarktes, 111 (116).

[80] Kittner ArbuR 1995, 385 (388); Hardes JfS 1993, 78 (87); Neumann WSI-Mitteilungen 1990, 400 (402); Rühle DB 1991, 1378

[81] Soltwedel et al., Regulierungen, S. 157.

[82] Osbild JfS 1994, 136.

gar schädlich. Insgesamt ist es daher nicht sinnvoll, den Kündigungsschutz als Instrument zur Erhaltung von Personalinvestitionen einzusetzen.

Will man dennoch mithilfe rechtlicher Mittel die Verschwendung von Personalinvestitionen unterbinden, so stellt sich die Frage, ob dies nicht auch durch mildere Mittel erreicht werden kann, die den Arbeitgeber weniger belasten als der Kündigungsschutz. So billigen beispielsweise das schwedische und das US-amerikanische Arbeitsrecht dem Arbeitgeber bei der Kündigung aus wirtschaftlichen Gründen große Freiräume zu. Die entlassenen Arbeitnehmer haben jedoch gegen den Arbeitgeber einen Wiedereinstellungsanspruch, falls der Arbeitgeber deren ehemalige Arbeitsplätze innerhalb einer bestimmten Frist neu besetzt. Auf diese Weise wird einerseits sichergestellt, daß der Arbeitgeber die Arbeitnehmer nicht durch die Rezession hindurch weiterbeschäftigen muß, andererseits wird dafür Sorge getragen, daß betriebsspezifisches Humankapital durch eine Kündigung nicht auf Dauer verloren geht, wenn das Beschäftigungsbedürfnis nur für einen begrenzten Zeitraum entfallen ist. Der Wiedereinstellungsanspruch stellt also ein gleichermaßen geeignetes, jedoch im Vergleich zum Kündigungsschutz milderes Mittel dar, um Personalinvestitionen zu erhalten. Es ist somit jedenfalls unverhältnismäßig, den Kündigungsschutz als Mittel zur Erhaltung von Personalinvestitionen einzusetzen.

VII. Kündigungsschutz als Schutz von Grundrechten

Der Kündigungsschutz kann des weiteren eingesetzt werden, um Freiheitsrechte wie etwa die Meinungsfreiheit oder die Religionsfreiheit des Arbeitnehmers zu sichern[83] sowie den Arbeitnehmer vor Diskriminierung zu schützen. Hat der Arbeitgeber unbeschränkte Kündigungsfreiheit, so hat er nicht nur die Macht, die Arbeitsbedingungen zu diktieren, sondern er vermag unter Umständen darüber hinausgehend das Verhalten des Arbeitnehmers zu steuern. Bekundet beispielsweise ein Arbeitgeber, daß er bestimmte politische Ansichten verabscheut und bereit ist, diese mit allen Mitteln zu bekämpfen, so werden sich die Arbeitnehmer hüten, im Betrieb dem Arbeitgeber mißliebige politische Ansichten zu äußern[84].

---

[83] Es ist denkbar, daß es auch ein Grundrecht auf Erhaltung des Arbeitsplatzes gibt. Diese Frage soll jedoch zunächst außen vor bleiben. Unter Grundrechten sind hier demnach nur nicht arbeitsplatzbezogene Grundrechte zu verstehen.

[84] Handelt es sich um einen Tendenzbetrieb, so besteht ein berechtigtes Interesse, daß sich die Arbeitnehmer mit der geistig-ideellen Zielsetzung des Arbeitgebers identifizieren. Im „normalen"

Insofern ist hier eine gewisse Verwandtschaft zur Nötigung zu überobligations-mäßigem Verhalten zu erkennen: Aus Furcht vor Verlust des Arbeitsplatzes richtet der Arbeitnehmer sein Verhalten nach den Wünschen des Arbeitgebers aus, ohne rechtlich dazu verpflichtet zu sein. In bezug auf allgemeine Freiheitsrechte ist der Gehorsam des Arbeitnehmers aber unter Umständen nicht auf das Verhalten im Betrieb beschränkt, sondern kann auch in das Privatleben hineinreichen. Besteht beispielsweise in genanntem Beispiel die Gefahr, daß der Arbeitgeber von außerbetrieblichen politischen Aktivitäten des Arbeitnehmers erfährt, so wird der Arbeitnehmer auch hinsichtlich seines privaten Verhaltens vorsichtig sein. Ist der Arbeitnehmer auf seinen Arbeitsplatz existentiell angewiesen, so bedeutet ein uneingeschränktes Kündigungsrecht des Arbeitgebers also nichts anderes als Einfluß auf die Grundrechtsausübung durch den Arbeitnehmer.

Des weiteren gilt es, den Arbeitnehmer vor diskriminierenden Kündigungen - also Kündigungen wegen der Zugehörigkeit zu einer Rasse, Staatsangehörigkeit, sozialer Herkunft usw. - zu schützen. In unreguliertem Zustand könnte der Arbeitgeber das Kündigungsrecht dazu mißbrauchen, seine Abneigung gegen die Angehörigen bestimmter Gruppen zum Ausdruck zu bringen.

Zur Verwirklichung des Grundrechtsschutzes sind ebenso wie bei der Vertragsdurchsetzung zwei Wege denkbar. Ein Minimalschutz ist gewährleistet, wenn ein Rechtssatz aufgestellt wird, nach dem Kündigungen unwirksam sind, die allein auf die Beeinträchtigung von Grundrechten des Arbeitnehmers zielen. Der Arbeitnehmer muß dann grundsätzlich darlegen und beweisen, daß für den Arbeitgeber grundrechtsfeindliche Motive ausschlaggebend waren. Deutlich weiter geht der Schutz, wenn für jede Kündigung ein sachlicher Grund verlangt wird und dem Arbeitgeber die Darlegungs- und Beweislast für das Vorliegen eines sachlichen Grundes auferlegt wird. Trägt der Arbeitgeber einen sachlichen Kündigungsgrund vor, so kann davon ausgegangen werden, daß grundrechtsfeindliche Motive nicht ausschlaggebend für die Kündigung waren.

Ähnlich wie beim Vertragsdurchsetzungskonzept zielt hier der Kündigungsschutz nicht in erster Linie auf die Erhaltung des Arbeitsplatzes als Existenzgrundlage

---

Betrieb hingegen ist ein derartiges Bestreben nicht gerechtfertigt. Des weiteren mag es angebracht sein, dem Arbeitnehmer im Interesse des Betriebsfriedens gewisse Rücksichtnahmepflichten hinsichtlich politischer Äußerungen im Betrieb aufzuerlegen (vgl. dazu etwa BAG v. 9.12.1982 AP Nr. 73 zu § 626 BGB). Das ändert aber nichts daran, daß die Meinungsfreiheit des Arbeitnehmers grundsätzlich geschützt werden muß.

oder sozialer Heimat des Arbeitnehmers. Der Kündigungsschutz wird statt dessen als Instrument eingesetzt, um die Grundrechte des Arbeitnehmers abzusichern.

Selbstverständlich gewährleistet auch das KSchG den Schutz der Grundrechte des Arbeitnehmers, da es vom Arbeitgeber den Nachweis eines sachlichen Grundes verlangt. Das KSchG geht aber auch hier wiederum erheblich über das allein zum Grundrechtsschutz notwendige Niveau hinaus. Der Grundrechtsschutz ist somit nicht zentrale Zielsetzung des KSchG; soweit er durch das KSchG gewährleistet wird, handelt es sich lediglich um einen Nebeneffekt.

VIII. Zusammenfassung

Festzuhalten ist zunächst, daß dem Kündigungsschutz - losgelöst von der derzeitigen Rechtslage in Deutschland - höchst unterschiedliche Zwecke beigemessen werden können. Eine Beschränkung des Kündigungsrechts des Arbeitgebers muß nicht notwendigerweise darauf abzielen, den Arbeitnehmer vor Arbeitslosigkeit zu bewahren oder gar dessen Einbindung in den Betrieb als Sozialgebilde zu schützen. Der Kündigungsschutz kann auch auf die Funktion der Vertragsdurchsetzung beschränkt werden. Schutzgut des Kündigungsschutzes ist dann nicht die Erhaltung des Arbeitsplatzes, sondern die Absicherung von Rechtspositionen des Arbeitnehmers. Es läßt sich sagen, daß die Rechtspositionen des Arbeitnehmers oftmals wertlos sind, wenn der Arbeitnehmer befürchten muß, im Falle der Rechtsausübung entlassen zu werden. Dem Vertragsdurchsetzungskonzept verwandt ist das Konzept des Kündigungsschutzes als Grundrechtsschutz. Auch hier geht es nicht um die Erhaltung des Arbeitsplatzes, sondern um die Absicherung von Freiheitsrechten sowie um den Schutz vor Diskriminierung. Beide Konzepte gewährleisten den Erhalt des Arbeitsplatzes nur insoweit, als dies zur Absicherung von Rechtspositionen notwendig ist.

Nicht überzeugend ist es, den Kündigungsschutz zur Verhinderung eines Unterbietungswettbewerbs zwischen den Arbeitnehmern einzusetzen. Tarifvertrag, Allgemeinverbindlicherklärung und Mindestlohngesetzgebung stellen hier tauglichere Instrumente dar. Des weiteren ist es nicht notwendig, die Arbeitgeber mittels Kündigungsschutz davon abzuhalten, Arbeitnehmer mit hohem betriebsspezifischen Know-How in der Rezession zu entlassen. Das eigenwirtschaftliche Interesse der Arbeitgeber wird diese bereits dazu veranlassen, qualifizierte Mitarbeiter auch in der Rezession weiterzubeschäftigen, um bei Verbesserung der konjunkturellen Situation sofort über gut eingearbeitetes Personal zu verfügen.

Das KSchG ist eindeutig auf die Erhaltung des Arbeitsplatzes ausgerichtet. Dabei wird der Arbeitsplatz nicht nur als wirtschaftliche Existenzgrundlage, sondern auch als soziale Heimat angesehen, es geht also nicht nur um Schutz vor Arbeitslosigkeit, sondern auch um Schutz der Betriebszugehörigkeit. Die Rechtsprechung des BAG zum KSchG ist durch das Bestreben gekennzeichnet, das Interesse des Arbeitnehmers an der Erhaltung seines Arbeitsplatzes möglichst weitgehend zu schützen. Nach Auffassung des BAG setzt die soziale Rechtfertigung einer Kündigung eine negative Prognose voraus. Des weiteren kommt eine Kündigung nur als „ultima ratio" in Betracht. Schließlich muß zur Feststellung der Sozialwidrigkeit einer verhaltens- oder personenbedingten Kündigung eine umfassende Abwägung der Interessen von Arbeitgeber und Arbeitnehmer vorgenommen werden. Die genannten Kündigungsschranken sind durch den Wortlaut des KSchG keineswegs zwingend vorgegeben. Andererseits läßt sich nicht eindeutig belegen, daß sie das vom Gesetzgeber intendierte Maß an Kündigungsschutz überschreiten.

Nicht zu bestreiten ist jedoch, daß die genannten Prinzipien die Vorhersehbarkeit gerichtlicher Entscheidungen reduzieren und daher zu einer enormen Beeinträchtigung der Rechtssicherheit führen.

C. Ökonomische Betrachtung des Kündigungsschutzes

Nachfolgend sollen die ökonomischen Auswirkungen des Kündigungsschutzes dargestellt werden. Die Auseinandersetzung um kündigungsschutzrechtliche Fragen konzentriert sich meist auf die konkret betroffenen Parteien des Arbeitsvertrages. Welche Wirkungen kündigungsschutzrechtliche Entscheidungen des Gesetzgebers und auch der Arbeitsgerichte auf das allgemeine Beschäftigungsniveau haben, findet bei den Gerichten keine Beachtung. Psychologisch mag dies teilweise verständlich sein. Ein Gericht, das einen Kündigungsschutzstreit entscheidet, sieht vorwiegend auf die Interessen des einzelnen Arbeitgebers und des einzelnen Arbeitnehmers. Dabei wird jedoch übersehen, daß eine auf den Einzelfall gerichtete Entscheidung eines Arbeitsgerichts ökonomische Signalwirkungen auslösen kann, die über die Bedeutung des Einzelfalles hinausgehen und allgemein auf die Beziehungen zwischen Arbeitgebern, Arbeitnehmern und Arbeitsuchenden einwirken[85]. Daher ist eine Betrachtung der ökonomischen Wirkungen des Kündigungsschutzes geboten. Im ersten Abschnitt werden dabei allgemeine ökonomische Erwägungen zu den Auswirkungen des geltenden deutschen Kündigungsschutzes auf den Arbeitsmarkt angestellt. Es geht primär um die Frage, ob der geltende Kündigungsschutz Beschäftigung sichert, oder ob er unter Umständen sogar zu einer Senkung des allgemeinen Beschäftigungsniveaus führt. Im zweiten Abschnitt soll dann der Kündigungsschutz aus der Perspektive eines speziellen theoretischen Ansatzes - der ökonomischen Analyse des Rechts - untersucht werden. Hier können allgemeine Aussagen zum Kündigungsschutz mit konkreten Aussagen zum geltenden Kündigungsschutz verbunden werden. Die ökonomische Analyse des Rechts liefert dabei keine Aussagen über die Auswirkungen des Kündigungsschutzes auf das Beschäftigungsniveau, vermag aber den Blick für bestimmte Probleme im Zusammenhang mit der Kündigung von Arbeitsverhältnissen zu schärfen.

---

[85] Franz/Rüthers RdA 1999, 32 (35); Rüthers, Beschäftigungskrise und Arbeitsrecht, S. 95; Sachverständigenrat, Jahresgutachten 1989/90, BT-Drs. 11/5786 Rn. 370.

I. Auswirkungen des geltenden Kündigungsschutzes auf den Arbeitsmarkt

1. Empirische Befunde?

Beschäftigt man sich mit der Frage, welche Auswirkungen das geltende deutsche Kündigungsschutzrecht auf das Beschäftigungsniveau hat, so liegt es nahe, zunächst nach empirischen Befunden zur Beantwortung dieser Frage zu suchen. Wie *Franz/Rüthers* darlegen[86], ist es jedoch außerordentlich schwierig, harte empirische Belege für das Ausmaß der Unterbeschäftigung zu finden, das gerade durch das Arbeitsrecht und nicht durch andere Hemmnisse verursacht wird. Zutreffend wird darauf hingewiesen, daß in der Volkswirtschaft - anders als in den Naturwissenschaften - keine Experimente durchgeführt werden. Statt dessen muß versucht werden, den Ursachen der Arbeitslosigkeit auf indirektem Wege über ökonometrische Verfahren auf die Spur zu kommen, um den quantitativen Erklärungsbeitrag jeder einzelnen Einflußgröße zu bestimmen. Bei quantifizierbaren Größen wie Wirtschaftswachstum oder Lohnhöhe ist dies durchaus möglich. Einflußgrößen wie gesetzliche Regelungen und vor allem die einzelfallorientierte Auslegung der Kündigungsschutzbestimmungen durch die Arbeitsgerichte hingegen lassen sich kaum quantifizieren[87]. Somit fehlen zuverlässige Maßmethoden, die die komplexe Realität abbilden und präzise analysieren können[88].

Teilweise wird versucht, die Auswirkungen des Kündigungsschutzes auf das Beschäftigungsniveau durch Unternehmensbefragungen empirisch zu erforschen. Unternehmensbefragungen sind jedoch schon deshalb mit Vorsicht zu genießen, weil die Antworten der Unternehmen unter Umständen durch politische Interessen geprägt sein können[89]. Abgesehen davon kommen verschiedene Umfragen zu sehr unterschiedlichen Ergebnissen:
Das Wissenschaftszentrum Berlin für Sozialforschung führte von 1987 bis 1989 eine empirische Evaluation zum Beschäftigungsförderungsgesetz (BeschFG) im Auftrag des Bundesministers für Arbeit und Sozialordnung durch[90]. Das BeschFG hat die Möglichkeit geschaffen, Arbeitsverhältnisse auch ohne sachlichen Grund zu befristen, so daß Einstellungen auch vorgenommen werden konnten, ohne damit gleichzeitig das Risiko einzugehen, im Falle einer Verschlechterung der

---

[86] Franz/Rüthers RdA 1999, 32 (33).
[87] Franz/Rüthers RdA 1999, 32 (33); Bertola, Microeconomic Perspectives, S. 7.
[88] Osbild, JfS 1994, 135 (138).
[89] Franke, Effizienz, S. 63.
[90] Büchtemann, MittAB 1990, 394, 401 ff.

Auftragslage aufwendige Kündigungsschutzprozesse durchführen und gegebenenfalls Abfindungen zahlen zu müssen, sich also insgesamt nur schwer von den Arbeitnehmern lösen zu können. Mit dem BeschFG wurde die Hoffnung verbunden,
daß die Erleichterung von Befristungen die Bereitschaft der Unternehmen steigert,
Neueinstellungen vorzunehmen[91]. Im Rahmen der Studie wurden nun ausgewählte
Unternehmen befragt, inwiefern sie sich durch die Regelungen des BeschFG zu
Neueinstellungen haben bewegen lassen. Nach der Studie hat das BeschFG - trotz
der im Untersuchungszeitraum (1985 bis 1987) günstigen Konjunktursituation -
nur bei einem marginalen Teil der befragten Unternehmen zu zusätzlichen Einstellungen geführt[92]. Die direkten Zusatzeinstellungseffekte des BeschFG konnten im
Rahmen der Studie nicht genau quantifiziert, sondern nur geschätzt werden. Nach
den Schätzungen beliefen sie sich im Untersuchungszeitraum auf maximal 0,5 %
aller Neueinstellungen in der Privatwirtschaft, was hochgerechnet etwa 25 000
Zusatzeinstellungen pro Jahr entsprach. Demzufolge sei auch nicht damit zu rechnen, daß ein Abbau bestehender Bestandsschutzregelungen das Einstellungsverhalten der Arbeitgeber in nennenswertem Umfang beeinflussen würde. Eine Reduzierung des Kündigungsschutzes führe somit nicht oder nur in geringem Umfang zu positiven Beschäftigungseffekten[93]. Nach einer Umfrage vom Herbst 1997
hingegen bekundeten 47 % der kleinen und mittleren Unternehmen in Deutschland, der gegenwärtige Stand des arbeitsrechtlichen Kündigungsschutzes halte sie
von Neueinstellungen ab[94]. Nur wenn es keine anderen Möglichkeiten, wie Überstunden, andere Arbeitszeitorganisation, Rationalisierung etc. gebe, komme eine
Erweiterung der Belegschaft in Betracht, weil eine erforderliche Verkleinerung
oder gar die Entlassung leistungsunfähiger Arbeitnehmer einen unzumutbaren
Aufwand bedeute. Nach einer Umfrage des Instituts für Mittelstandsforschung[95]
betrachten Unternehmer den Kündigungsschutz als größtes Einstellungshindernis
nach dem Tariflohn sowie den gesetzlichen und tariflichen Lohnnebenkosten.

Festzuhalten bleibt somit, daß die Unternehmensbefragungen widersprüchliche
Ergebnisse bezüglich des Zusammenhanges zwischen Kündigungsschutzniveau
und Einstellungsbereitschaft hervorbringen. Die empirische Wirtschaftsforschung
liefert daher keine sicheren Erkenntnisse über die Beschäftigungseffekte des

---

[91] BT-Drs. 10/6555, S. 2.
[92] Büchtemann, MittAB 1990, 394 (405).
[93] Büchtemann, MittAB 1990, 394 (406).
[94] Rüthers NJW 1998, 1433.
[95] Veröffentlichungen durch den Pressedienst des Instituts der Deutschen Wirtschaft, iwd 7/1997,
S. 8.

Kündigungsschutzes. Es bleibt daher nur die Möglichkeit, sich aus theoretischer Perspektive unter Zugrundelegung der Praxis der Beendigung von Arbeitsverhältnissen mit den Effekten des Kündigungsschutzes auseinanderzusetzen.

2. Praxis der Beendigung von Arbeitsverhältnissen in Deutschland

Aktuelle Daten über die Kündigungspraxis in Deutschland sind leider nicht verfügbar. Die letzte Erhebung wurde im Jahre 1978 vom Max-Planck-Institut für ausländisches und internationales Privatrecht durchgeführt[96]. Die konkreten Ergebnisse dieser Studie dürften für die heutige Lage aufgrund veränderter wirtschaftlicher Bedingungen nur noch von begrenzter Aussagekraft sein. Dennoch sollen die Ergebnisse der Studie nachfolgend kurz dargelegt werden, um sie als Ausgangsbasis für eine grobe Schätzung bezüglich der heutigen Kündigungspraxis zu nutzen.

Nach der Studie des Max-Planck-Instituts wurden im Jahre 1978 unter Ausklammerung des Öffentlichen Dienstes rund 1,2 Millionen arbeitgeberseitige Kündigungen ausgesprochen; das entspricht einer Rate von 74 arbeitgeberseitigen Kündigungen pro Jahr auf 1000 sozialversicherungspflichtig Beschäftigte[97]. Knapp ein Fünftel der Kündigungen erfolgte gegenüber Arbeitnehmern, die noch nicht länger als sechs Monate im Betrieb beschäftigt waren, also noch keinen Kündigungsschutz nach dem KSchG genossen[98]. In Kleinbetrieben wurde - im Verhältnis zur Beschäftigtenzahl - erheblich häufiger gekündigt als in Großbetrieben[99]. Der Anteil der verhaltens- und personenbedingten Kündigungen betrug 67 %, während betriebsbedingte Gründe in 33 % der Kündigungen ausschlaggebend waren[100]. Gegen Kündigungen aus personen- bzw. verhaltensbedingten Gründen wurde in rund 10 % der Fälle geklagt, bei betriebsbedingten Kündigungen betrug die Klagequote nur 4 %[101]. Vor dem Arbeitsgericht wurden 60 % der Kündigungssachen mit einem gerichtlichen Vergleich abgeschlossen, 19 % durch Klagerücknahme

---

[96] Falke et al., Kündigungsschutz und Kündigungspraxis in Deutschland, Bonn 1981. Eine neue Studie ist jedoch geplant, vgl. dazu: Falke/Höland, Die Rechtspraxis der Beendigung von Arbeitsverhältnissen in Deutschland. Vorüberlegungen zu einem neuen Forschungsprojekt, Bremen 1997. Ergebnisse liegen noch nicht vor.

[97] Falke et al., Kündigungspraxis, S. 59-63.

[98] Falke et al., Kündigungspraxis, S. 97 f, 274 f.

[99] Falke et al., Kündigungspraxis, S. 74 f.

[100] Falke et al., Kündigungspraxis, S. 962.

[101] Falke et al., Kündigungspraxis, S. 686 f.

und nur 14 % mit einem streitigen Urteil. Bei den Landesarbeitsgerichten machten streitige Urteile mit 44 % und Vergleiche mit 44 % einen etwa gleich großen Anteil aus. Die Berufungsquote betrug 38 %[102]. Die gerichtlichen Vergleiche sahen ganz überwiegend Abfindungszahlungen an die gekündigten Arbeitnehmer vor, nämlich zu 63 % bei den Arbeitsgerichten, zu 79 % bei den Landesarbeitsgerichten und zu 95 % beim Bundesarbeitsgericht[103]. Nach Auskunft befragter Arbeitsrichter wurden Vergleiche sowohl in Fällen abgeschlossen, in denen die Kündigungsschutzklage voraussichtlich Erfolg gehabt hätte, wie auch in Fällen, in denen die Kündigung vermutlich als wirksam anzusehen war. In rund 60 % der Abfindungsvergleiche war nach Einschätzung der Arbeitsrichter die Kündigung zu Unrecht erfolgt, so daß der Kündigungsschutz praktisch „abgekauft" wurde[104]. Nur in 9 % aller Klagen kam es zur tatsächlichen Weiterbeschäftigung des gekündigten Arbeitnehmers nach Abschluß des Gerichtsverfahrens. Der Anteil der Arbeitnehmer, die nach gewonnenem Kündigungsschutzprozeß weiterbeschäftigt wurde, betrug rund 40 %[105]. Von diesen zunächst weiterbeschäftigten Arbeitnehmern schied jedoch rund ein Drittel nach kurzer Zeit dann doch aus dem Betrieb aus[106].

Als Gründe dafür, daß trotz Kündigungsschutzprozesses in der Regel das Arbeitsverhältnis durch einen Abfindungsvergleich aufgelöst wird, nannten die befragten Arbeitsrichter und Prozeßvertreter die Belastung des Verhältnisses zum alten Arbeitgeber, Orientierung des gekündigten Arbeitnehmers auf einen anderen Arbeitsplatz, überwiegendes Interesse Gekündigter an einer Abfindung sowie Ausgliederung der Gekündigten aus dem Betrieb während des Kündigungsrechtsstreites[107].

Die konkreten Ergebnisse der Studie sind - wie bereits erwähnt - für die heutige Lage aufgrund veränderter wirtschaflicher Bedingungen nur noch von begrenzter Aussagekraft. Man darf jedoch davon ausgehen, daß die Weiterbeschäftigung eines gekündigten Arbeitnehmers nach Beendigung eines Kündigungsschutzprozesses nach wie vor die Ausnahme ist und statt dessen in der Mehrzahl der Fälle das Arbeitsverhältnis durch gerichtlichen Vergleich gegen Zahlung einer Abfindung beendet wird. Für die heutige Lage ist zu berücksichtigen, daß die Arbeitslosigkeit

---

[102] Falke et al., Kündigungspraxis, S. 968.

[103] Falke et al., Kündigungspraxis, S. 776.

[104] Falke et al., Kündigungspraxis, S. 777.

[105] Falke et al., Kündigungspraxis, S. 441-444.

[106] Falke et al., Kündigungspraxis, S. 449.

[107] Falke et al., Kündigungspraxis, S. 848 ff.

massiv zugenommen hat und sich dadurch die Aussichten der Arbeitnehmer verschlechtert haben, nach einer Kündigung erneut einen Arbeitsplatz zu finden. Dies legt die Vermutung nahe, daß gekündigte Arbeitnehmer häufiger Kündigungsschutzklage erheben, da sie stärker als früher auf die Erhaltung ihres Arbeitsverhältnisses oder wenigstens eine Abfindungszahlung angewiesen sind. Es ist daher davon auszugehen, daß sich auch die Zahl der Kündigungsschutzklagen im Verhältnis zu den ausgesprochenen Kündigungen erhöht hat[108] und daß demzufolge Unternehmen auch häufiger Abfindungen zahlen, um sich vom gekündigten Arbeitnehmer trennen zu können.

Neben den von den Arbeitsrichtern in der Umfrage genannten Umständen dürfte die gängige Abfindungspraxis auch auf die im Kündigungsschutzprozeß meist bestehende immense Rechtsunsicherheit zurückzuführen sein[109]. Der Arbeitnehmer vermeidet durch Abschluß eines Prozeßvergleiches das Risiko, im Falle des Unterliegens im Prozeß ohne Arbeit und ohne Abfindung dazustehen. Der Arbeitgeber vermeidet das Risiko, im Falle des Unterliegens den Lohn nachzahlen und den Arbeitnehmer weiterbeschäftigen zu müssen.

Ferner muß berücksichtigt werden, daß Arbeitsverhältnisse häufig durch Aufhebungsvertrag, also ohne Ausspruch einer Kündigung, beendet werden. Die Bedeutung der Aufhebungsverträge wurde in der Studie von 1978 nur am Rande erörtert. In der heutigen Praxis dürfte ihm jedoch eine große Bedeutung zukommen[110]. Auch beim Aufhebungsvertrag wird in der Regel die Beendigung des Arbeitsverhältnisses gegen Zahlung einer Abfindung vereinbart. Vorrangiger Zweck eines Aufhebungsvertrages ist es, Prozeßkosten zu sparen und die mit einer gerichtlichen Auseinandersetzung verbundenen Unsicherheiten zu vermeiden. Zudem bietet er die Möglichkeit, Arbeitsverhältnisse, die nach dem KSchG eindeutig nicht kündbar sind, zu beenden[111]. Auch die Praxis der Beendigung durch Aufhebungsvertrag ist somit auf den Kündigungsschutz zurückzuführen.

Im Ergebnis kann somit festgehalten werden, daß Arbeitsverhältnisse häufig durch Abfindungszahlungen - sei es in Gestalt eines Aufhebungsvertrages oder eines gerichtlichen Vergleichs - beendet werden. Der Kündigungsschutz steht demnach

---

[108] Franke, Effizienz, S. 98.
[109] Zöllner/Loritz, Arbeitsrecht, § 23 VII 6 a).
[110] Falke/Höland, Rechtspraxis der Beendigung von Arbeitsverhältnissen, S. 80.
[111] Hromadka/Maschmann, Arbeitsrecht, Bd. 1, § 10 Rn. 6.

der Beendigung von Arbeitsverhältnissen in der Regel nicht zwingend entgegen, sondern verteuert sie lediglich.

3. Auswirkungen auf das Entlassungsverhalten der Arbeitgeber

Losgelöst von der Kündigungspraxis in Deutschland führt der Kündigungsschutz im allgemeinen dazu, daß der Arbeitgeber Arbeitnehmer, die er nicht mehr beschäftigen möchte, oftmals nicht kündigen kann, um statt dessen einen anderen Arbeitnehmer einzustellen. Vielmehr muß er den betriebsangehörigen Arbeitnehmer weiterbeschäftigen. Auch wird es ihm häufig nicht möglich sein, seinen Personalbestand auf das von ihm gewünschte Maß zu reduzieren. Der Kündigungsschutz verhindert demnach Entlassungen und führt dazu, daß der Arbeitgeber andere oder mehr Arbeitnehmer beschäftigen muß, als er möchte.

Wie bereits dargestellt wurde, steht der Kündigungsschutz in Deutschland der Beendigung von Arbeitsverhältnissen nicht zwingend entgegen, sondern erhöht meistens lediglich die Entlassungskosten. Zu fragen ist nun, welchen Einfluß dies auf das Entlassungsverhalten des Arbeitgebers hat.

Zunächst zu betriebsbedingten Kündigungen: Nach seiner Konzeption soll der Kündigungsschutz Kündigungen, die betriebswirtschaftlich geboten sind, nicht entgegenstehen. Häufig wird der Arbeitgeber jedoch Schwierigkeiten haben, darzulegen, daß eine Beschäftigungsmöglichkeit dauerhaft weggefallen ist und daß sich der Personalabbau nicht durch andere Maßnahmen abwenden läßt. Zudem sind ihm durch die Sozialauswahl nach § 1 Abs. 3 KSchG die Hände bei der Auswahl der zu entlassenden Arbeitnehmer gebunden. Er wird daher sein personalpolitisches Konzept häufig nur dann voll verwirklichen können, wenn er zur Zahlung von Abfindungen bereit ist. Auch bei relativ guten Erfolgsaussichten wird der Arbeitgeber in der Regel lieber eine Abfindung zahlen, als die Unsicherheit des Ausganges eines Kündigungsschutzprozesses in Kauf zu nehmen. Es kann daher davon ausgegangen werden, daß der Kündigungsschutz auch Entlassungen verteuert, die betriebswirtschaftlich eindeutig geboten sind.

Bezüglich der Auswirkungen der erhöhten Entlassungskosten auf das Entlassungsverhaltens des Arbeitgebers ist zwischen konjunkturellen Nachfrageschwankungen und einem Nachfragerückgang struktureller Art zu unterscheiden. In beiden Fällen soll zunächst untersucht werden, wie sich der Arbeitgeber bei unregulierter Ausgangslage verhalten wird, um sodann darzustellen, welchen Einfluß die Verteuerung der Entlassung auf das Entlassungsverhalten hat:

Bei unregulierter Ausgangslage wird der Arbeitgeber bei rezessionsbedingtem Nachfragerückgang folgende Kalkulation aufstellen: Der Vorteil einer Beendigung des Arbeitsverhältnisses liegt aus der Sicht des Unternehmens in der Ersparnis künftiger Lohnzahlungen für die Dauer der Rezession. Dem stehen der Verlust der künftigen Wertschöpfung durch den Arbeitnehmer sowie die Einarbeitungskosten für eine später eventuell erforderliche Ersatzeinstellung gegenüber. Überwiegen nun die Lohnersparnisse den künftigen Verlust an Wertschöpfung und die künftigen Einarbeitungskosten, so zum Beispiel wenn die Rezession hinreichend kräftig oder nach Erwartung des Arbeitgebers hinreichend lang ist, so wird der Arbeitgeber kündigen.

Muß nun der Arbeitgeber bei einer betriebsbedingten Kündigung aufgrund des Kündigungsschutzes Abfindungen zahlen, so verteuert sich die Entlassung. Manche Kündigung, die in unreguliertem Zustand ausgesprochen worden wäre, wird daher unterbleiben. Festzuhalten ist demnach, daß die Verteuerung der Entlassung die Zahl der Kündigungen bei konjunkturellen Nachfrageschwankungen reduziert[112].

Bei einem Nachfragerückgang struktureller Art fallen keine Kosten für eine künftige Einarbeitung eines neuen Mitarbeiters an, da der Arbeitsplatz auf Dauer wegfällt. Gleichzeitig erhöhen sich die Kosten der Weiterbeschäftigung ad infinitum, da für den Arbeitnehmer auf Dauer keine sinnvolle Beschäftigungsmöglichkeit besteht. Der Arbeitgeber wird bei einem strukturell bedingten Nachfragerückgang ohne Kündigungsschutz somit stets kündigen. In diesem Falle kann auch eine Verteuerung der Entlassung daran nichts ändern, da hier die durch eine Entlassung erzielten Ersparnisse die Entlassungskosten stets übersteigen. Ein arbeitsmarktpolitischer Entlastungseffekt ist hier vom Kündigungsschutz nicht zu erwarten.

Somit bleibt zunächst festzuhalten, daß der Kündigungsschutz betriebsbedingte Kündigungen nur bei konjunkturellen Nachfrageschwankungen verhindern kann, im Falle struktureller Nachfrageänderungen jedoch nicht beschäftigungssichernd wirkt[113].

---

[112] Schellhaaß ZfA 1984, 139 (152).
[113] Schellhaaß ZfA 1984, 139 (154); Franz ZfA 1994, 439 (444); Franke, Effizienz, S. 54.

Bezüglich verhaltens- und personenbedingter Kündigungen gilt ebenfalls, daß der Kündigungsschutz die Beendigung des Arbeitsverhältnisses verteuert. Der Arbeitgeber wird daher nur kündigen, wenn die durch die Leistungsstörung bedingten Produktivitätseinbußen die Kosten der Entlassung übersteigen. Fallen die Leistungsstörungen gering aus, so dürfte sich eine Entlassung nicht rentieren. Der Kündigungsschutz reduziert somit die Zahl der verhaltens- und personenbedingten Kündigungen.

4. Auswirkungen auf die Einstellungsbereitschaft der Arbeitgeber

Wie soeben dargelegt, steuern die Entlassungskosten das Entlassungsverhalten des Arbeitgebers. Daneben wird aber auch das Einstellungsverhalten der Arbeitgeber beeinflußt: Der Arbeitgeber wird die Entlassungskosten bereits bei seiner Einstellungsentscheidung berücksichtigen und versuchen, das Risiko einer teuren Entlassung zu minimieren. Ist beispielsweise ungewiß, wie lange ein neu eingestellter Arbeitnehmer sinnvoll beschäftigt werden kann, so besteht die Gefahr, daß die Entlassungskosten die durch die Neueinstellung gewonnenen Produktivitätszuwächse übersteigen. Das Unternehmen wird daher vor einer Neueinstellung zurückschrecken. Bei kurzfristigen Auftragssteigerungen werden sich die Unternehmen eher in Überstunden fliehen, anstatt Neueinstellungen vorzunehmen[114].

Auch der Schutz vor verhaltens- und personenbedingten Kündigungen vermindert die Einstellungsbereitschaft der Unternehmen. Hier spielt weniger die Behinderung der Anpassung des Personalbestandes an den aktuellen Beschäftigungsbedarf eine Rolle als vielmehr der Umstand, daß die Entlassungskosten generell den Produktionsfaktor Arbeit relativ zum Produktionsfaktor Kapital verteuern. Der Unternehmer wird daher versuchen, menschliche Arbeit durch Rationalisierungsinvestitionen zu ersetzen[115].

Neueinstellungen werden folglich oftmals nur noch dann vorgenommen, wenn sich die Arbeit nicht auf andere Weise erledigen läßt. Zugespitzt kann man sagen, „daß dort, wo die Kündigung die ultima ratio ist, auch die Einstellung zur ultima ratio wird"[116]. Der Kündigungsschutz, der nach seiner Intention nur den Mark-

---

[114] Franke, Effizienz, S. 58; Franz/Rüthers RdA 1999, 32 (35); Hümmerich NZA 1996, 1289 (1295); Reuter, FS für BAG (1979), 405 (418); Schellhaaß ZfA 1984, 139 (169).

[115] Franz/Rüthers RdA 1999, 32 (35); Rüthers, Grauzone Arbeitsrechtspolitik, S. 103; Siebert, in: Beschäftigungsprobleme hochentwickelter Volkswirtschaften, 267 (275).

[116] Es handelt sich hierbei um ein Zitat aus einer Vorlesung von Robert Rebhahn.

44

taustritt regeln soll, schlägt also ökonomisch auch auf den Markteintritt durch[117]. Der Kündigungsschutz wirkt sich somit negativ auf die Einstellungsbereitschaft der Unternehmern aus[118].

5. Einfluß der bestehenden Rechtsunsicherheit

Die unter Punkt 2. beschriebene beschäftigungshemmende Wirkung des Kündigungsschutzrechts kann auch bei einem klaren und gut prognostizierbaren Kündigungsschutzrecht auftreten. Von einem überschaubaren und prognostizierbaren Kündigungsrecht kann aber derzeit keine Rede sein: Die juristische Informationsdatenbank Juris enthält rund 4700 Gerichtsentscheidungen zum KSchG[119]. Die Materie ist derartig unüberschaubar geworden, daß es dem Laien völlig unmöglich geworden ist, die Rechtslage aufgrund der ihm zugänglichen Informationen zu ermitteln. Er ist auf eine Beratung durch gut informierte Fachleute angewiesen, so daß er weitere Kosten aufwenden muß. Damit aber nicht genug: Auch die Fachleute werden oftmals kaum in der Lage sein, zuverlässig zu beurteilen, ob eine Kündigung einer gerichtlichen Überprüfung standhalten wird[120]. Das BAG hat mit dem Prognose-Prinzip, dem Ultima-Ratio-Prinzip und der Interessenabwägung im Einzelfall neue Grundsätze in das KSchG eingeführt, die die Vorhersehbarkeit des Ergebnisses von Kündigungsschutzprozessen in Deutschland nahezu beseitigt haben. Wo eine Interessenabwägung im Einzelfall vorgenommen werden muß, ist die Rechtsunsicherheit kaum noch steigerungsfähig[121]. Eine der wesentlichen Funktionen des Rechts, Vorhersehbarkeit und Sicherheit zu schaffen[122], wird damit konterkariert.

---

[117] Schellhaaß ZfA 1984, 139 (155).
[118] Sachverständigenrat, Jahresgutachten 1989/90, BT-Drs. 11/5786 Rn. 370; Siebert, in: Beschäftigungsprobleme hochentwickelter Volkswirtschaften, 267 (275); von Hoyningen-Huene, FS für die Arbeitsgerichtbarkeit des Landes Rheinland-Pfalz, 215 (217); Rüthers, Beschäftigungskrise und Arbeitsrecht, S. 89; Rüthers NJW 1998, 1433; Franz ZfA 1994, 439 (444), Franz/Rüthers RdA 1999, 32 (35); Zöllner, Gutachten für den 52. DJT, D 113; Zöllner ZfA 1994, 423 (434); Franke, Effizienz, S. 54.
[119] Juris CD-Rom - Premium Arbeitsrecht, 12. Aufl., 1999, Recherche vom 30.6.2000.
[120] Neef NZA 2000, 7 (8); Hümmerich NZA 1996, 1289 (1297).
[121] Rüthers, Beschäftigungskrise und Arbeitsrecht, S. 91 f.; MünchKomm/Schwerdtner vor § 620 Rn. 174; vgl auch allgemein zum Problem der Rechtssicherheit im Arbeitsrecht: Blomeyer NZA Beil.1/1988, 3 ff.
[122] Rüthers, Rechtstheorie, Rn. 82.

Es ist davon auszugehen, daß diese Rechtsprechungspraxis den einstellungshemmenden Effekt des Kündigungsschutzes weiter verstärkt[123]. Je gravierender die Rechtsunsicherheit im Bereich des Kündigungsschutzrechts, desto weniger verläßlich kann der Unternehmer seinen Personalbestand und seine Kosten kalkulieren, sprich desto gewichtiger fällt der beschäftigungshemmende Effekt des Kündigungsschutzes aus.

6. Auswirkungen auf das Beschäftigungsniveau

Zusammenfassend läßt sich sagen: Der Schutz vor betriebsbedingten Kündigungen bewirkt, daß in der Abschwungphase weniger Arbeitnehmer entlassen werden. Umgekehrt vermindert er die Einstellungsbereitschaft der Unternehmen in der Aufschwungphase. Insgesamt kann daher davon ausgegangen werden, daß auf diese Weise zyklische Beschäftigungsschwankungen geglättet werden[124]. Der Kündigungsschutz kann jedoch betriebsbedingte Kündigungen infolge struktureller Nachfrageänderungen nicht verhindern. Für verhaltens- und personenbedingte Kündigungen gilt, daß - unabhängig von der konjunkturellen Lage - weniger Entlassungen aber auch weniger Einstellungen vorgenommen werden. Der Kündigungsschutz reduziert also nicht in allen Fällen die Zahl der Entlassungen, mindert aber umfassend die Einstellungsbereitschaft der Unternehmen. Auch wenn sich die einzelnen Effekte schwer quantifizieren lassen, muß insgesamt befürchtet werden, daß der Kündigungsschutz im Ergebnis zu einem negativen Nettobeschäftigungseffekt führt[125]. Dies gilt um so mehr, wenn man in Rechnung stellt, daß der beschäftigungshemmende Effekt des Kündigungsschutzes in Deutschland aufgrund der stark ausgeprägten Einzelfallorientierung und der damit verbundenen Rechtsunsicherheit besonders stark ausfällt.

Diese Einschätzung mag sich etwas relativieren, wenn man berücksichtigt, daß durch das BeschFG die Möglichkeit geschaffen wurde, Arbeitsverhältnisse ohne sachlichen Grund auf eine Dauer von maximal zwei Jahren zu befristen. Der beschäftigungshemmende Effekt des Kündigungsschutzes dürfte hierdurch gemildert werden. Das Instrument des befristeten Arbeitsvertrages ermöglicht es dem Ar-

---

[123] Sachverständigenrat, Jahresgutachten 1989/90 Rn. 370; Franz ZfA 1994, 439 (449); Walwei WSI-Mitteilungen 1990, 392 (400); Franke S. 187.

[124] Franz, Arbeitsmarktökonomik, S. 212; Franz ZfA 1994, 439 (444); Schellhaaß ZfA 1984, 139 (157); Walwei WSI-Mitteilungen 1990, 392 (399); Franke, Effizienz, S. 59.

[125] Zöllner ZfA 1994, 423 (433); Schellhaaß ZfA 1984, 139 (157).

beitgeber, Auftragshöhen durch Neueinstellungen zu bewältigen, ohne gleichzeitig das Risiko einzugehen, die eingestellten Arbeitnehmer bei Abflauen der Auftragslage nicht oder nur mit erheblichen Kosten wieder los zu werden. Auf der anderen Seite muß davon ausgegangen werden, daß Arbeitnehmer, die ohne das BeschFG unbefristet eingestellt würden und Kündigungsschutz genössen, teilweise nur befristet eingestellt werden, so daß die Freisetzung von Arbeitskräften ebenfalls zunimmt. Vermehrten Einstellungen stehen hier also unter Umständen auch vermehrte Entlassungen gegenüber. Zudem muß bezweifelt werden, ob es arbeitsmarktpolitisch und unter Gerechtigkeitsaspekten der richtige Weg ist, die beschäftigungshemmenden Effekte des Kündigungsschutzes dadurch zu mindern, daß man Möglichkeiten zur totalen Umgehung desselben schafft. Auf dieses Problem wird im Abschnitt C I 9 näher eingegangen werden.

Schließlich ist noch denkbar, daß ein weit ausgebauter, kostspieliger Sozialschutz und damit auch der Kündigungsschutz Investitionen in deutsche Arbeitsplätze verhindert und umgekehrt Produktionsverlagerung in das kostengünstigere Ausland fördert[126]. Eine Investitionsentscheidung hängt jedoch nicht nur von den Kosten des Arbeitnehmerschutzes ab. Hohe Sozialkosten können beispielsweise - ebenso wie hohe Lohnkosten - durch eine hohe Arbeitsproduktivität, gute Ausbildung und Einsatzbereitschaft der Arbeitskräfte sowie durch eine günstige Infrastruktur ausgeglichen werden. Der Kündigungsschutz stellt nur einen unter mehreren Faktoren der Sozialkosten dar, die Sozialkosten ihrerseits wiederum stellen nur einen Faktor der Produktionsbedingungen dar. In bezug auf den Standortwettbewerb ist dem Kündigungsschutz daher keine allzu große Bedeutung beizumessen.

7. Auswirkungen auf den wirtschaftlich-technischen Strukturwandel

Veränderte weltwirtschaftliche Rahmenbedingungen, wechselnde Marktlagen und die technologische Dynamik ließen seit den 70er Jahren die Bedeutung der Flexibilität der Unternehmen wachsen[127]. Die Möglichkeit der Unternehmen, ihr Personal in quantitativer wie in qualitativer Hinsicht an geänderte wirtschaftliche Rahmenbedingungen anzupassen, spielen dabei für die Flexibilität der Unternehmen eine entscheidende Rolle.

---

[126] Franz/Rüthers RdA 1999, 32 (33).
[127] Hardes, JfS 1993, 78 (95).

Bestandsschutzregelungen hemmen auf doppelte Weise den Strukturwandel. Zum einen fördert der Bestandsschutz die Immobilität der Arbeitskräfte, da mit einem Arbeitsplatzwechsel oftmals der Verlust sozialer Besitzstände verbunden ist. Wechselt ein Arbeitnehmer den Arbeitsplatz, so verliert er zunächst den Kündigungsschutz durch das KSchG, das gemäß § 1 Abs. 1 erst nach sechsmonatiger Beschäftigung greift. Des weiteren spielt im Rahmen der Sozialauswahl bei betriebsbedingten Kündigungen die Dauer der Betriebszugehörigkeit eine wesentliche Rolle. Auch diesen Besitzstand verliert ein Arbeitnehmer, wenn er den Arbeitgeber wechselt.

Für die Arbeitgeber verteuert der Kündigungsschutz die personelle Umstrukturierung, wenn er sich von Arbeitnehmern durch Zahlung einer Abfindung freikaufen muß. Da die Verteuerung von Entlassungen die Rentabilität von Produktionsumstellungen mindert, wird die Einführung technischen Fortschritts erschwert[128]. Zudem binden die Abfindungszahlungen Kapital, das ansonsten in neue Produkte und Produktionsprozesse investiert werden könnte[129].

Insgesamt wird der Übergang von Arbeitskräften aus niedergehenden in wachsende Branchen und damit auch der wirtschaftlich technische Strukturwandel behindert[130]. Freilich sind diese Flexibilitätshemmnisse nicht so stark, daß Innovationen überhaupt nicht vorgenommen werden oder daß es keine Anreize zur Entwicklung von neuen Technologien gibt, sie können jedoch eine Verlangsamung des Strukturwandels bewirken. Wie groß das Ausmaß der Verlangsamung des Strukturwandels ist, das durch den Kündigungsschutz verursacht ist, läßt sich schwer sagen. Eine flexibilitätshemmende Wirkung muß ihm jedoch zugeschrieben werden.

Denkbar ist, daß es andere Ländern gelingt, während des kündigungsschutzbedingten Verzögerungszeitraumes technologisch mit den deutschen Produkten gleichzuziehen. Dies kann dann dazu beitragen, daß der Wettbewerb nicht mehr primär über die Palette der angebotenen Produkte, als vielmehr über den Preis der Produkte geführt wird. Sollen in Deutschland produzierte Güter auf dem Weltmarkt weiterhin attraktiv sein, so muß entweder das deutsche Lohnniveau tendenziell demjenigen der konkurrierenden Volkswirtschaften angepaßt werden oder es muß dafür Sorge getragen werden, daß das hiesige Produktivitätsniveau über dem konkurrierender Volkswirtschaften liegt. Geschieht dies nicht, so kann es zu einem

---

[128] Schellhaaß ZfA 1984, 139 (163).

[129] Meyer, Jahrbücher für Nationalökonomie und Statistik, Bd. 206 (1989), 208 (213).

[130] Osbild JfS 1993, 137; Büchtemann MittAB 1990, 394.

Rückgang der Nachfrage nach in Deutschland produzierten Gütern und infolgedessen auch zu Beschäftigungseinbußen kommen[131].

8. Schutz der Arbeitsplatzbesitzer auf Kosten der Arbeitsuchenden

Der Kündigungsschutz führt dazu, daß Arbeitsplatzbesitzer, sogenannte „insider"[132], schwerer entlassen werden können. Dies hat nicht nur zur Folge, daß sich allgemein die Einstellungsbereitschaft der Arbeitgeber vermindert und per saldo das Beschäftigungsniveau gesenkt wird, sondern führt auch zu einer geringeren allgemeine Fluktuation auf dem Arbeitsmarkt, weil durch den Kündigungsschutz bestehende Arbeitsverhältnisse „zementiert" werden[133]. Für Arbeitsuchende, sogenannte „outsider", wird es schwerer, einen Arbeitsplatz zu finden, da die meisten Arbeitsstellen bestandsgeschützt besetzt sind und selten frei werden. Der Kündigungsschutz festigt somit den status quo: Wer einen Arbeitsplatz hat, dem wird zusätzlich Bestandsschutz gewährt, wer keinen hat, dem wird durch den Bestandsschutz der Zugang zur Beschäftigung erschwert. Der Kündigungsschutz verbessert folglich die Position der insider auf Kosten der outsider[134]. Zu bedenken ist dabei, daß die Minderung der Fluktuation auf dem Arbeitsmarkt tendenziell zu einer Verlängerung der Dauer der individuellen Arbeitslosigkeit führt[135]. Mag kurzfristige Arbeitslosigkeit vor allem in materieller Hinsicht zu Schwierigkeiten führen, so kommt bei längerer Dauer der Arbeitslosigkeit auch noch eine psychologische Komponente hinzu: Oft stellt sich das Gefühl ein, ausgegrenzt zu sein und nicht gebraucht zu werden, so daß die Wertschätzung der eigenen Person abnimmt. Zudem gehen bei langanhaltender Arbeitslosigkeit und damit verbundener mangelnder beruflicher Praxis zuvor erworbene Qualifikationen wieder verloren, was die Einstellungschancen noch weiter senkt. *Zöllner*[136] hat in diesem Zusammenhang zutreffen darauf hingewiesen, daß Kündigungsschutz und das Prinzip der Chancengleichheit in Widerspruch treten können. Je stärker die Beendigung von Arbeitsverhältnissen beschränkt wird, desto fester wird die Verteilung

---

[131] Schellhaaß ZfA 1984, 163.

[132] Hardes JfS 1993, 78 (82).

[133] Reuter, FS für BAG (1979), 405 (410).

[134] Reuter ORDO 1982, 180; Rüthers, Beschäftigungskrise und Arbeitsrecht, S. 93; Franz ZfA 1994, 439 (446); von Hoyningen-Huene, FS für die Arbeitsgerichtsbarkeit des Landes Rheinland-Pfalz, 215 (220), Franz/Rüthers RdA 1999, 32 (35); Buttler/Walwei MittAB 1990, 386 (393); Zöllner, Gutachten für den 52. DJT, D 16.

[135] Hardes JfS 1993, 78 (84); Reuter, FS für BAG (1979), 405 (420).

[136] Zöllner, Gutachten für den 52. DJT, D 67, D 114.

49

der Arbeitsplätze zugunsten der bereits in Arbeit Stehenden zementiert. Je größer die Beendigungsfreiheit, um so größer ist von daher gesehen die Chance Arbeitsloser, einen Arbeitsplatz zu erlangen, und um so größer ist auch die Chance derjenigen, die zwar einen Arbeitsplatz haben, sich aber verbessern möchten[137].

Werden besondere Arbeitnehmergruppen in besonderer Weise geschützt, so kann dies zu sogenannten „Bumerangeffekten"[138] führen: Arbeitnehmer, die nach dem KSchG und der vom BAG praktizierten Auslegung desselben über das normale Maß hinausgehend geschützt werden sollen, erleiden am Arbeitsmarkt oft die Rache dieses gutgemeinten besonderen Schutzes. Als Beispiel seien hier die älteren Arbeitnehmer angeführt. Das Lebensalter spielt bei der Überprüfung von verhaltens- und personenbedingten Kündigungen im Rahmen der Interessenabwägung nach der Rechtsprechung des BAG häufig eine große Rolle[139]. Auch bei betriebsbedingten Kündigungen muß bei der Sozialauswahl das Lebensalter berücksichtigt werden[140]. Ein älterer Arbeitnehmer genießt demnach einen tendenziell höheren Bestandsschutz als ein jüngerer. Dies mag zur Bewahrung seines Arbeitsplatzes beitragen. Ist er aber einmal gekündigt, verschlechtern sich seine Einstellungschancen am Arbeitsmarkt, da zu seiner oftmals geringeren Produktivität und höheren Krankheitsanfälligkeit nun auch noch die Kosten des höheren sozialen Schutzes hinzukommen[141].

Genauso wird ein Arbeitgeber, der einmal erfahren hat, wie schwer es ist, einem Arbeitnehmer wegen lang andauernder Krankheit, wegen häufiger Kurzerkrankung oder wegen krankheitsbedingter Leistungsminderung zu kündigen, bei künftigen Einstellungen der Erforschung des Krankheitsrisikos erhöhte Aufmerksamkeit widmen[142], um es zu vermeiden, krankheitsanfällige Arbeitnehmer einzustellen[143]. Der individuelle soziale Vorteil von in Beschäftigung stehenden älteren

[137] Ichino RdA 1998, 271 geht noch einen Schritt weiter und vertritt die Auffassung, daß ein weit ausgebautes Arbeitsrecht Ausdruck des Egoismus der regulär beschäftigten Arbeitnehmer ist, welche danach trachten, sich bestmöglich gegen die Konkurrenz der Arbeitslosen und der prekär Beschäftigten abzuschotten.
[138] Reuter, FS für BAG (1979), 405 (419).
[139] Vgl. nur BAG v. 6.9.1989 EzA § 1 KSchG Krankheit Nr. 26; BAG v. 5.7.1990 NZA 1991, 185.
[140] Vgl. nur BAG v.18.10.1984 EzA § 1 KSchG Betriebsbedingte Kündigung Nr. 34.
[141] Hardes JfS 1993, 78 (83); Schellhaaß ZfA 1984, 139 (161).
[142] Es ist dem Arbeitgeber gestattet, sich im Rahmen des Einstellungsgesprächs nach dem Gesundheitszustand des Arbeitnehmers zu erkundigen, vgl. BAG v. 28.3.1974 AP Nr. 3 zu § 119 BGB; ErfK/Preis § 611 BGB Rn. 480; Hromadka/Maschmann, Arbeitsrecht, Bd. 1, § 5 Rn. 47.
[143] Rüthers, Grauzone Arbeitsrechtspolitik, S. 102.

oder krankheitsanfälligen Arbeitnehmern wird somit erkauft mit einer hohen Einstellungsbarriere für diese Arbeitnehmergruppen[144].

Derselbe Effekt ergibt sich aufgrund des Sonderkündigungsschutzes für Schwerbehinderte in §§ 15 ff. SchwbG und für Schwangere in § 9 MuSchG[145]. Allerdings wird hier versucht, die Einstellungschancen dieser Arbeitnehmergruppen durch verschiedene Instrumente wieder zu verbessern: Für Schwerbehinderte besteht durch die Pflicht zur Entrichtung einer Ausgleichsabgabe bei Nichtbeschäftigung der vorgeschriebenen Zahl Schwerbehinderter (§ 11 SchwbG) ein gewisser Anreiz zur Einstellung. Nach einer Schwangerschaft darf der Arbeitgeber Bewerberinnen nicht fragen[146], so daß er Einstellungen von Schwangeren nicht ausschließen kann. Will er das Risiko umgehen, indem er prinzipiell keine Frauen einstellt, so setzt er sich dem Risiko einer Entschädigungspflicht nach § 611a BGB aus. Auf diese Art wird die einstellungshemmende Wirkung des Sonderkündigungsschutzes zumindest gemildert. Für ältere und krankheitsanfällige Arbeitsuchende bestehen derartige Hilfsmaßnahmen jedoch nicht. Auch aus diesem Grunde ist es bedenklich, daß das BAG diesen Arbeitnehmergruppen einen besonders intensiven Kündigungsschutz gewährleistet.

Somit läßt sich festhalten, daß der Kündigungsschutz die Arbeitsplatzbesitzer als „beati possidentes" privilegiert und die Position der Arbeitsuchenden verschlechtert. Dieser Effekt tritt in verstärkter Form bei Arbeitnehmern auf, die einen besonders intensiven Kündigungsschutz genießen - wie etwa ältere oder krankheitsanfällige Arbeitnehmer. Insgesamt wird der Arbeitsmarkt segmentiert in gut gesicherte Beschäftigungsverhältnisse einerseits und soziale Problemfälle andererseits, die gerade wegen des Kündigungsschutzes geringe Beschäftigungschancen haben[147].

9. Weitgehende Befristungsmöglichkeiten als Lösung?

Da der Kündigungsschutz die Entlassungskosten erhöht und so die Flexibilität der Unternehmen hemmt, liegt es nahe, daß Unternehmen versuchen, den Kündi-

---

[144] Soltwedel et al., Regulierungen, S. 181; Reuter ORDO 1985, 51 (65); Schellhaaß, in: Mehr Arbeit durch weniger Recht, 87 (100); Rüthers NJW 1998, 1433 (1436).

[145] Preis NZA 1997, 1256 (1260); Rieble, Arbeitsmarkt und Wettbewerb, Rn. 1082 ff.

[146] BAG v. 15.10.1992 AP Nr. 8 zu § 611a BGB.

[147] Soltwedel et al., Regulierungen, S. 181.

gungsschutz zu umgehen. Dies geschieht auf legale Weise beispielsweise durch Leiharbeit, zunehmend auch auf illegale Weise durch die Beschäftigung von Scheinselbständigen, die zwar rechtlich als Arbeitnehmer einzustufen sind, denen aber die Rechte eines Arbeitnehmers vorenthalten werden[148]. Die Flucht in die Beschäftigung Scheinselbständiger ist freilich nicht nur auf das Bestreben zurückzuführen, den Kündigungsschutz zu umgehen. Andere kostenintensive Arbeitnehmerrechte wie etwa der Anspruch auf Entgeltfortzahlung im Krankheitsfall oder Urlaubsansprüche sowie die Sozialabgaben tragen ebenfalls dazu bei. Dennoch ist dem Kündigungsschutz hier herausragende Bedeutung beizumessen, weil er in besonderer Weise Kalkulationsunsicherheit schafft.

Der Gesetzgeber hat nun durch das BeschFG eine weitere legale Möglichkeit zur Vermeidung des Kündigungsschutzes geschaffen[149]. Sicherlich wird hierdurch die beschäftigungshemmende Wirkung des Kündigungsschutzes gemildert. Es läßt sich aber fragen, ob es der richtige Weg ist, Möglichkeiten zur Vermeidung des Kündigungsschutzes zu schaffen, anstatt an der Wurzel des Problems anzupacken und den Kündigungsschutz einzuschränken oder ihn zumindest so auszugestalten, daß die Rechtssicherheit in bezug auf Kündigungsschutzklagen verbessert wird. Die Konsequenzen der derzeitigen Regelung sind bedenklich: Auf der einen Seite genießt eine große Zahl von Arbeitnehmern nach wie vor einen äußerst intensiven Bestandsschutz, die befristet Beschäftigten hingegen erhalten überhaupt keinen Bestandsschutz. Es wird also nach dem Prinzip „alles oder nichts" verfahren. Noch bedenklicher wird dies, wenn betrachtet wird, welche Arbeitnehmergruppen vorwiegend befristet beschäftigt werden. Un- oder Angelernte erhalten bei Neueinstellungen in rund der Hälfte der Fälle nur einen befristeten Arbeitsvertrag, während Fachkräfte in der privaten Wirtschaft immer noch meist unbefristet eingestellt werden[150]. Geringqualifizierte, die in der Regel auch gering entlohnt wer-

---

[148] Kissel, Standortfaktor Arbeitsrecht, S. 134; Lieb, Arbeitsrecht, Rn. 27.

[149] Durch die Schaffung legaler Möglichkeiten zur Vermeidung des KSchG hat der Gesetzgeber meines Erachtens eingestanden, daß der intensive Kündigungsschutz des KSchG nicht streng durchgehalten werden kann, also nicht generalisierbar oder universalisierbar ist. Somit läßt sich sagen, daß der intensive Kündigungsschutz des KSchG im Widerspruch zum kategorischen Imperativ Immanuel Kants steht, nach dem jedes Argument und jede Handlungsregel auf die Fähigkeit zur Verallgemeinerung (Universalisierbarkeit) zu überprüfen ist. Die Fähigkeit zur Verallgemeinerung wird gemeinhin als notwendige, wenn auch nicht als hinreichende Bedingung dafür angesehen, daß ein Urteil oder eine Regel moralisch richtig und praktisch vernünftig ist; vgl. zum Generalisierbarkeitspostulat als einer Grundvoraussetzung für Gerechtigkeit: Rebhahn, Staatshaftung wegen mangelnder Gefahrenabwehr, S. 120, mit weiteren Nachweisen.

[150] Büchtemann in: Flexibilisierung des Arbeitsrechts, 135 (149); Hardes JfS 1993, 78 (98); Walwei, Ökonomisch-rechtliche Analyse befristeter Arbeitsverhältnisse, S. 77.

den, stehen somit gänzlich ohne Kündigungsschutz da. Fachkräfte hingegen, die über höheres Einkommen verfügen und die aufgrund betriebsspezifischer Qualifikationen ein höheres Humankapital aufweisen und daher ohnehin seltener gekündigt werden, erhalten zusätzlich auch noch den intensiven Kündigungsschutz nach dem KSchG. Ebenfalls muß bedacht werden, daß bei befristeten Arbeitsverhältnissen die Vertragsdurchsetzung nicht gewährleistet ist. Ohne Kündigungsschutz sind die Arbeitnehmer eher gezwungen, übervertragliche Leistungen zu erbringen und auf bestehende Rechte zu verzichten, weil sie andernfalls befürchten müssen, daß ihr Vertrag nicht verlängert wird[151]. Nicht einmal dieser Minimal-Schutz in Gestalt eines Flankenschutzes für Rechte aus dem Arbeitsverhältnis ist folglich sichergestellt. Insgesamt kommt es infolge dieser auseinanderklaffenden Schutzgewähr zu einer Segmentierung des Arbeitsmarktes: Gut bezahlte und bestandsgeschützte Arbeitsverhältnisse stehen einer wachsenden Zahl von schlecht bezahlten Arbeitsverhältnissen ohne Kündigungsschutz gegenüber. Der beschäftigungshemmenden Wirkung des derzeitigen Kündigungsschutzniveaus Rechnung zu tragen, indem Möglichkeiten zur völligen Ausschaltung des Kündigungsschutzes geschaffen werden, heißt also, das Kind mit dem Bade auszuschütten. Sozial verträglicher wäre eine Regelung, die den Kündigungsschutz für alle Arbeitnehmer aufrecht erhält und gleichzeitig reduziert - etwa durch eine Beschränkung auf die Funktion der Vertragsdurchsetzung. Prognose-Prinzip, Ultima-Ratio-Kontrolle und Interessenabwägung im Einzelfall könnten dann aufgegeben werden. Wird die Kalkulationssicherheit für die Unternehmen auf diese Art gesteigert, so werden sich die einstellungshemmenden Effekte des Kündigungsschutzes vermindern. Im Gegenzug könnten dann auch die Möglichkeiten zur Befristung wieder eingeschränkt werden. Denkbar ist, daß der zeitliche Umfang der zulässigen Befristung gemindert wird oder daß wieder für jede Befristung ein sachlicher Grund verlangt wird, eventuell bei großzügigerer Handhabung der Kontrolle auf sachliche Gründe. So würde der soziale Schutz gewissermaßen gleichmäßiger verteilt. Die derzeitige Regelung hingegen spaltet den Arbeitsmarkt in Über- und Unterprivilegierte.

---

[151] Denkbar ist zwar, die Nichtverlängerung eines befristeten Arbeitsvertrages als Maßnahme im Sinne des § 612a BGB anzusehen. Der Arbeitnehmer bleibt aber darlegungs- und beweisbelastet dafür, daß die Nichtverlängerung des Vertrages gerade eine Reaktion auf die Rechtsausübung durch den Arbeitnehmer ist. In vielen Fällen wird es dem Arbeitnehmer nicht gelingen, diesen Zusammenhang zu beweisen.

II. Der Kündigungsschutz aus der Perspektive der ökonomischen Analyse des Rechts

1. Die ökonomische Analyse des Rechts

Im vorigen Kapitel wurden die Auswirkungen des Kündigungsschutzes auf den Arbeitsmarkt, also vor allen dessen verteilungspolitischen Effekte behandelt. Die ökonomische Analyse des Rechts läßt Verteilungsaspekte unberücksichtigt und widmet sich primär der Frage, wie das einzelne Vertragsverhältnis ausgestaltet werden muß, um den Nutzen der Beteiligten zu maximieren, nimmt also eine mikroökonomische Betrachtung vor.

a) Grundlagen

Die ökonomische Analyse des Rechts („economic analysis of law") wurde vor allem von den amerikanischen Ökonomen Coase und Posner entwickelt[152]. Im Rahmen dieser Arbeit kann die ökonomische Analyse des Rechts nicht umfassend, vor allen Dingen nicht in ihren unterschiedlichen Schattierungen, dargelegt werden[153]. Aus diesem Grunde sollen nachfolgend lediglich die für das Verständnis der ökonomischen Analyse des Kündigungsschutzes erforderlichen Grundannahmen dieser Theorie kurz dargelegt werden:

Wie alle Wirtschaftstheorien geht die ökonomische Analyse des Rechts davon aus, daß der Mensch zwischen alternativen Verwendungen knapper Ressourcen nach dem Prinzip der Nutzenmaximierung entscheidet. Der Nutzen, den die Menschen dabei zu maximieren suchen, ist stets ihr eigener individueller Nutzen[154]. Wie bereits erwähnt, richtet die ökonomische Analyse des Rechts den Blick primär auf

---

[152] Vgl. dazu Posner, Economic Analysis of Law, 4. Aufl. 1992; Coase, The Problem of the Social Costs, 1960, deutsch in: Assmann/Kirchner/Schanze, S. 129 ff.

[153] Vgl. dazu: Schäfer/Ott, Lehrbuch der ökonomischen Analyse des Zivilrechts; Ott/Schäfer, Die ökonomische Analyse des Rechts - Irrweg oder Chance wissenschaftlicher Rechtserkenntnis?, JZ 1988, 213 ff.; Eidenmüller, Rechtsanwendung, Gesetzgebung und ökonomische Analyse, AcP 1997, 80 ff. Einen guten Überblick über die ökonomische Analyse des Arbeitsrechts bietet Behrens ZfA 1989, 211 ff.; kritisch zur ökonomischen Analyse des Rechts: Fezer, Aspekte einer Rechtskritik an der economic analysis of law und am property rights approach, JZ 1986, 817 ff. und Fezer, Nochmals: Kritik an der ökonomischen Analyse des Rechts, JZ 1988, 223 ff.

[154] Richter, Institutionen ökonomisch analysiert, S. 12; Ott/Schäfer JZ 1988, 213 (218); Behrens ZfA 1989, 209 (213).

das einzelne Vertragsverhältnis, nimmt also eine mikroökonomische Betrachtung vor. Aspekte der gesamtgesellschaftlichen Wohlfahrt bleiben jedoch nicht unberücksichtigt, vielmehr wird davon ausgegangen, daß eine Steigerung des Nutzens der Individuen auch eine Steigerung der gesamtgesellschaftlichen Wohlfahrt mit sich bringt. Grundlage des gesamtgesellschaftlichen Nutzens ist also der Einzelnutzen der Gesellschaftsmitglieder. Zur Klärung der Frage, wann von einer gesamtgesellschaftlichen Nutzensteigerung ausgegangen werden kann, werden zwei Kriterien herangezogen:

- Pareto-Kriterium[155]: Ein gesellschaftlicher Zustand ist einem anderen Zustand dann vorzuziehen, wenn zumindest ein Individuum eine Erhöhung seines Nutzens erfährt, ohne daß ein anderes Individuum einen Nachteil erleidet[156].

- Kaldor-Hicks-Kriterium[157]: Ein gesellschaftlicher Zustand ist einem anderen Zustand dann vorzuziehen, wenn die durch die Veränderung Begünstigten die Benachteiligten entschädigen können und trotzdem immer noch besser stehen als vorher[158]. Dabei wird nicht vorausgesetzt, daß diese Entschädigung tatsächlich stattfindet, es kommt lediglich auf die rechnerische Differenz an.

Entscheidungen, die eines dieser beiden Kriterien erfüllen, steigern den gesamtgesellschaftlichen Nutzen und sind somit *effizient*.

Nun stellt sich die Frage, wie gesellschaftliche Effizienz am besten zu erreichen ist. Die ökonomische Analyse des Rechts baut dabei auf der neoklassischen Wirtschaftstheorie auf. Die Neoklassik geht davon aus, daß unregulierte Lösungen bei vollkommenen Märkten zu einem optimalen Ergebnis führen. Auf einem vollkommenen Markt ist kein Anbieter auf einen einzigen Nachfrager, kein Nachfrager auf einen einzigen Anbieter angewiesen; niemand erzeugt Kosten bei Dritten, die nicht auf ihn selbst zurückfallen; die Wirtschaftssubjekte können ihr Verhalten sehr schnell an Änderungen der Marktlage anpassen; Anbieter und Nachfrager sind über die Angebote der potentiellen Vertragspartner gut informiert; die Kosten des Abschlusses von Verträgen sowie der Überwachung von Verträgen sind ver-

---

[155] Erklärung nach Schäfer/Ott, Lehrbuch, S. 22 ff.

[156] Das Paradebeispiel für die Erfüllung eines Pareto-Kriteriums ist ein Vertrag, der unter Verhandlungsgleichgewicht zustandekommt. Er stellt die vertragsschließenden Parteien im Verhältnis zum Zustand ohne Vertrag besser und niemanden schlechter.

[157] Erklärung nach Schäfer/Ott, Lehrbuch, S. 30 ff.

[158] Typische Anwendungsfälle des Kaldor-Hicks-Kriteriums sind vertragliche Haftungsregeln, die einem Geschädigten den Ersatz seines Schadens verweigern, weil die Kosten, die der Schädiger hätte aufwenden müßte, um einen Schadenseintritt zu verhindern, in keinem vernünftigen Verhältnis zu Wahrscheinlichkeit des Schadenseintritts und Schwere des Schadens stehen.

nachlässibar[159]. Sind diese Bedingungen gegeben, so führen private Vereinbarungen stets zu einem optimalen Ergebnis und jegliche Intervention und Regulierung von Seiten des Staates ist nicht nur überflüssig, sondern sogar schädlich.

Die ökonomische Analyse des Rechts verweist nun darauf, daß diese Bedingungen auf den realen Märkten in der Regel nicht gegeben sind und daß daher private Vereinbarungen oftmals nicht zu einer optimalen Lösung führen. Es besteht also die Möglichkeit, daß Ressourcen in unreguliertem Zustand nicht effizient eingesetzt werden und der Markt daher als alleiniges Steuerungsinstrument keine optimalen Ergebnisse erzielt, also gewissermaßen versagt. Hier soll das Recht eingesetzt werden, um die gesamtgesellschaftliche Effizienz zu steigern.

b) Gründe für Marktversagen

Da es hier um die ökonomische Analyse des Kündigungsschutzes geht, kann die Darstellung der Gründe für ein etwaiges Marktversagen auf diejenigen Phänomene beschränkt werden, die bei der Diskussion um die Effizienz des Kündigungsschutzes eine Rolle spielen. Es handelt sich hierbei um Transaktionskosten, externe Effekte und Informationsasymmetrien[160]:

Unter Transaktionskosten sind die Kosten zu verstehen, die durch den Transfer von Rechten entstehen. Darunter fallen vor allem die Kosten der Informationsbeschaffung, der Aushandlung der Vertragsbedingungen und der Durchführung der ausgehandelten Verträge[161]. Dem Recht schreibt die ökonomische Analyse des Rechts die Aufgabe zu, Transaktionskosten zu mindern. So kann die Rechtsordnung beispielsweise die Parteien der Notwendigkeit entbinden, sämtliche Vertragsbedingungen auszuhandeln, indem sie ein subsidiär geltendes Vertragsrecht bereitstellt[162].

Bei externen Effekten handelt es sich um negative Auswirkungen einer Transaktion, die nicht unmittelbar den Vertragspartnern zur Last fallen, sondern einem

---

[159] Beschreibung des vollkommenen Marktes nach: Deregulierungskommission, Marktöffnung und Wettbewerb, 1991, Rn. 7.

[160] Weitere Gründe für ein Marktversagen wie etwa die Bildung eines Monopols können außer Betracht bleiben.

[161] Behrens ZfA 1989, 209 (215).

[162] Behrens ZfA 1989, 209 (216).

Dritten. Prominentes Beispiel hierfür ist eine Fabrik der chemischen Industrie. Die schädlichen Emissionen der Fabrik fallen in einem unregulierten Zustand weder dem Produzenten noch dem Abnehmer zur Last, sondern der am Vertragsverhältnis nicht beteiligten Nachbarschaft der Fabrik[163]. Dieser Zustand ist ineffizient, weil die Vertragspartner die negativen Folgen ihrer Transaktion nicht in ihr Kosten-Nutzen-Kalkül einbeziehen. Aufgabe des Rechts ist es hier, diese negativen Folgen auf Dritte zu internalisieren, das heißt dafür Sorge zu tragen, daß die Vertragsparteien diese Drittwirkungen bei ihren Entscheidungen berücksichtigen[164].

Schließlich zu den Informationsasymmetrien: Verträge haben aus der Sicht der ökonomischen Analyse des Rechts die wichtige Funktion, Ressourcen in jeweils nützlichere Verwendungen zu leiten. Sie können diese Funktion aber nur dann wirklich perfekt erfüllen, wenn Leistung und Gegenleistung feststehen, von den Vertragsparteien eindeutig bewertet werden können und die Erfüllung der Vertragspflichten sicher ist, der Vertrag also vollständig ist in dem Sinne, daß er alle Bedingungen des Austausches lückenlos enthält. Diese Voraussetzung ist nur in den seltenen Fällen gegeben, in denen - wie beim Kauf einer Zeitung - die gesamte Transaktion in einem bestimmten Zeitpunkt sofort und vollständig - „on the spot" - abgewickelt wird. In der Realität entsprechen die meisten Verträge nicht diesem Bild. Vielmehr sind Leistung und Gegenleistung oftmals zeitlich gestreckt. Der Arbeitsvertrag ist das Paradebeispiel eines unvollständigen, sogenannten relationalen Vertrages. Leistung und Gegenleistung stehen keineswegs von Anfang an fest, sondern müssen im Verlauf der Vertragsverhältnisses immer wieder neu konkretisiert werden[165]. Für den Arbeitgeber ist dies von Vorteil, da er aufgrund der unvollständigen Spezifizierung des Arbeitsvertrages die Möglichkeit hat, die Arbeitskräfte flexibel einzusetzen. Instrument dieser Konkretisierung ist in erster Linie das Direktionsrecht des Arbeitgebers, unter Umständen beschränkt durch die Mitbestimmungsrechte des Betriebsrates, sowie das Tarifvertragssystem.

Da beim unvollständigen Vertrag Leistung und Gegenleistung nicht von vornherein feststehen, kann es zu sogenannten Informationsasymmetrien kommen. Eine Informationsasymmetrie ist gegeben, wenn eine oder beide Vertragsparteien über einen spezifischen Informationsvorsprung verfügen. Dieser Informationsvorsprung kann ausgenutzt werden, indem sich eine Partei opportunistisch verhält, das heißt indem jede Partei ihr Eigeninteresse durch Täuschung oder Hinterlist

[163] Coase, in: Assmann/Kirchner/Schanze, 129 (131).

[164] Richter, Institutionen ökonomisch analysiert, S. 14.

[165] Walwei, Ökonomisch-rechtliche Analyse befristeter Arbeitsverhältnisse, S. 101.

verfolgt[166]. Das Recht hat hier die Aufgabe, die Informationsasymmetrie zu beseitigen oder zumindest zu minimieren und opportunistisches Verhalten einzudämmen.

2. Durchführung der Analyse

Nun ist zu untersuchen, ob in unreguliertem Zustand bei Arbeitsverhältnissen aufgrund von Transaktionskosten, externen Effekten und Informationsasymmetrien suboptimale Ergebnisse erzielt werden und inwiefern ein gesetzlicher Kündigungsschutz eine Effizienzsteigerung bewirken kann.

a) Transaktionskosten

Will der Arbeitgeber einen Arbeitnehmer einstellen, so fallen in unreguliertem Zustand für ihn folgende Transaktionskosten an: Er muß in der Regel ein Inserat aufgeben, um mit geeigneten Bewerbern in Kontakt zu kommen (Suchkosten), er muß mit den Bewerbern über die Vertragsbedingungen verhandeln (Verhandlungskosten), eventuell auch darüber, ob ein Kündigungsschutz vereinbart werden soll und wie dieser auszugestalten ist. Des weiteren muß er Kosten für die Einarbeitung des Arbeitnehmers aufwenden[167]. Sucht ein entlassener Arbeitnehmer eine neue Stelle, so fallen für ihn ebenfalls Such- und Verhandlungskosten, eventuell auch Umzugskosten an. Ein Kündigungsschutz, der Entlassungen verhindert, kann somit die Kosten des Vertragspartnerwechsels reduzieren.

Ob es nun effizient ist, eine Kündigung zu verhindern, hängt von der Situation im Einzelfall ab: Will der Arbeitgeber seinen Personalbestand verringern - also betriebsbedingt kündigen - und keine Neueinstellung vornehmen, so fallen für ihn infolge einer Kündigung auch keine Transaktionskosten an. Der entlassene Arbeitnehmer hingegen muß die Kosten für die Suche nach einer neuen Stelle aufwenden. Die Ersparnisse des Arbeitgebers in Gestalt verminderter Personalkosten dürften hier aber auf lange Sicht die Transaktionskosten des Arbeitnehmers überwiegen. Ebenso verhält es sich, wenn der Arbeitgeber einen leistungsschwachen Arbeitnehmer gegen einen leistungsstärkeren austauschen will: Zwar fallen

---

[166] Behrens ZfA 1989, 209 (223).
[167] Walwei WSI-Mitteilungen 1990, 392 (396).

hier auf Arbeitgeberseite Transaktionskosten für die Neueinstellung eines Arbeitnehmers und auf Seiten des Arbeitnehmerseite Kosten für die Suche nach einer neuen Stelle an, jedoch dürften auch hier die Vorteile des Arbeitgebers infolge der höheren Produktivität des neu eingestellten Arbeitnehmers die anfallenden Transaktionskosten auf Arbeitgeber- und Arbeitnehmerseite überwiegen.

Anders mag es sich bei einer Kündigung verhalten, für die kein sachlicher Grund vorliegt, die also weder verhaltens-, noch personen noch betriebsbedingt ist und damit betriebswirtschaftlich nicht geboten ist. Hier werden die auf Seiten des Arbeitgebers anfallenden Transaktionskosten für die Neueinstellung eines anderen Arbeitnehmers nicht durch wirtschaftliche Ersparnisse im Betrieb ausgeglichen. Der Arbeitgeber schädigt sich durch eine solche Kündigung selbst. Da die ökonomische Analyse des Rechts jedoch davon ausgeht, daß sich Individuen rational verhalten und ihren eigenen Nutzen zu optimieren versuchen, muß ein derartiges Verhalten im Rahmen der Analyse auch ausgeklammert bleiben.

Des weiteren darf nicht übersehen werden, daß ein gesetzlich vorgeschriebener Kündigungsschutz auch Transaktionskosten erhöht: Greift der Arbeitnehmer eine Kündigung an und muß der Arbeitgeber nachweisen, daß die Kündigung durch einen sachlichen Grund gerechtfertigt ist, so hat der Arbeitgeber zusätzliche Entlassungskosten zu tragen, die in unreguliertem Zustand nicht anfallen[168]. Der Arbeitgeber muß auf die Kündigungsschutzklage reagieren und eventuell Anwaltskosten tragen. Auch wenn der Arbeitgeber einen sachlichen Grund für die Kündigung nachweisen kann und im Prozeß letztendlich obsiegt, fällt der mit einem Prozeß verbundene Aufwand ins Gewicht.

Ein gesetzlicher Kündigungsschutz kann somit transaktionskostenmindernd wirken, weil er dem Arbeitnehmer und dem Arbeitgeber - sofern er einen neuen Arbeitnehmer einstellen - die Kosten für die Suche nach einem neuen Vertragspartner erspart. Damit ist jedoch noch nicht gesagt, daß der Kündigungsschutz effizienzsteigernd wirkt. Vielmehr ist davon auszugehen, daß die ökonomischen Vorteile, die sich der Arbeitgeber von einer Kündigung verspricht, in der Regel die anfallenden Transaktionskosten überwiegen. Zudem wirkt der Kündigungsschutz auch transaktionskostensteigernd, weil aufwendige Prozesse geführt werden müssen.

---

[168] Franke, Effizienz, S. 43.

Teilweise wird auch vertreten, der gesetzliche Kündigungsschutz mindere Verhandlungskosten, weil er regele, unter welchen Voraussetzungen gekündigt werden dürfe, so daß für Arbeitgeber und Arbeitnehmer die Notwendigkeit entfalle, über den Kündigungsschutz zu verhandeln[169]. Die Notwendigkeit, über den Kündigungsschutz zu verhandeln, kann jedoch nur dann entfallen, wenn sie in unreguliertem Zustand überhaupt besteht. Selbstverständlich hat der Arbeitnehmer ein Interesse daran, daß ein Kündigungsschutz vereinbart wird. Für den Arbeitgeber gilt dies im Hinblick auf die motivationsfördernde Wirkung des Kündigungsschutzes ebenfalls[170], jedoch bedeutet ein Kündigungsschutz für ihn gleichzeitig eine erhebliche wirtschafliche Belastung. Es steht somit nicht fest, ob es in unreguliertem Zustand in der Regel zu einer Vereinbarung eines Kündigungsschutzes kommt, so daß auch offen bleiben muß, ob ein gesetzlicher Kündigungsschutz Verhandlungskosten erspart. Zusätzlich ist zu bedenken, daß etwaige Verhandlungskosten auch durch standardisierte Verträge oder durch ein abdingbares Kündigungsschutzrecht gemindert werden können. Im Ergebnis ist es daher nicht überzeugend, einen zwingenden gesetzlichen Kündigungsschutz als Instrument zur Reduzierung von Verhandlungskosten auszugeben.

b) Externe Effekte

Bei der Kündigung eines Arbeitnehmers kommen auf die Gemeinschaft der Sozialversicherten und die Steuerzahler Kosten in Form von Zahlung von Arbeitslosengeld, später Arbeitslosenhilfe und schließlich unter Umständen Sozialhilfe zu, falls der gekündigte Arbeitnehmer keine neue Anstellung findet. Der Arbeitgeber bezieht diese Kosten in seine Entlassungsentscheidung nicht ein, da er sie nicht selbst tragen muß. Teilweise werden in den genannten Folgekosten einer Entlassung externe Effekte gesehen[171]. Wenn der Kündigungsschutz nun die Unternehmen dazu veranlasse, weniger Entlassungen vorzunehmen, so könnten derartige negative externe Effekte vermieden werden[172].

Es muß jedoch bezweifelt werden, ob die genannten gesamtwirtschaftlichen Folgekosten einer Entlassung tatsächlich als externe Effekte anzusehen sind. Der Gedanke der Internalisierung externer Effekte wurde im Umweltrecht entwickelt und

---

[169] Dörsam ZWS 1997, 54 (66); Brandes u.a., in: Flexibilisierung des Arbeitsmarktes, 111 (126).

[170] Siehe dazu ausführlich Abschnitt c) Informationsasymmetrien.

[171] Dörsam ZWS 1997, 55 (68); Franke, Effizienz, S. 19.

[172] Franke, Effizienz, S. 91.

besagt, daß der Verursacher von Kosten diese auch tragen soll. In bezug auf Kündigungen läßt sich fragen, ob diese tatsächlich dem kündigenden Unternehmen als Verursacher zugerechnet werden können. Ist beispielsweise das Unternehmen infolge überhöhter Lohnabschlüsse durch die Tarifvertragsparteien gezwungen, Entlassungen vorzunehmen oder gar den Betrieb stillzulegen, so kann das Unternehmen schwerlich als Verursacher der Entlassungen angesehen werden. Bevorzugen die Kunden Produkte, die infolge automatisierter Herstellungsverfahren billiger sind, und bricht daher die Nachfrage nach personalintensiv produzierten Produkten ein, dann liegt die Verantwortung für den dadurch verursachten Beschäftigungsabbau ebenfalls nicht bei den Unternehmen[173]. Hat der Arbeitnehmer durch sein Verhalten selbst Anlaß für die Kündigung gegeben, so scheidet eine Verursachung durch das Unternehmen ebenfalls aus.

Das Unternehmen könnte allenfalls dann als Verursacher angesehen werden, wenn die Entlassungen auf krasse Managementfehler zurückzuführen sind[174]. Ob eine derartige Konstellation vorliegt, dürfte aber kaum justiziabel sein.

Zudem setzten externe Effekte den Eintritt eines natürlichen Schadens voraus, wie etwa Verschmutzung der Umwelt oder Beeinträchtigung der Gesundheit durch schädliche Emissionen. Die bei einer Kündigung anfallenden sozialstaatlichen Kosten stellen jedoch keinen natürlichen Schaden dar, sondern diese Kosten entstehen erst aufgrund der politischen Entscheidung, daß gekündigte Arbeitnehmer Unterstützungszahlungen erhalten sollen. Wird diese wohlfahrtsstaatliche Versorgung abgeschafft oder reduziert, so entfallen bzw. mindern sich auch die damit verbundenen gesellschaftlichen Kosten. Die Folgekosten in Gestalt von Arbeitslosengeld, Arbeitslosenhilfe oder Sozialhilfe können daher nicht als externe Effekte angesehen werden.

Vereinzelt wird auch in den Kosten, die einem gekündigten Arbeitnehmer infolge seiner Entlassung entstehen (Verlust betriebsspezifischen Humankapitals, Einkommensverlust, Suchkosten, evtl. Umzugskosten) ein einzelwirtschaftlicher externer Effekt gesehen[175]. Indem der Kündigungsschutz die Kosten des Belegschaftsaustausches erhöhe, veranlasse er die Betriebe, ihrer Personalpolitik einen längeren Zeithorizont zu geben und biete so einen Anreiz, bei technologischen Erneuerungen rechtzeitig Fortbildungen durchzuführen. In Analogie zum Um-

---

[173] Meyer, Jahrbücher für Nationalökonomie und Statistik, Bd. 206 (1989), 208 (220).

[174] Franz ZfA 1994, 439 (451).

[175] Dörsam ZWS 1997, 55 (68); Franke S. 46, 88.

weltrecht werde „dumping" und „Neukauf" im Vergleich zum „recycling" verteuert und so „social pollution" in Form einer Abgabe qualifizierter Arbeitskräfte in die Arbeitslosigkeit reduziert[176]. Diese Sichtweise ist jedoch nicht überzeugend: Kennzeichnend für externe Effekte ist, daß außenstehende Dritte von einer Transaktion negativ betroffen werden. Der Arbeitgeber als „Schädiger" und der Arbeitnehmer als „Geschädigter" stehen aber vor der Entlassung bereits in einer Tauschbeziehung, so daß der entlassene Arbeitnehmer schwerlich als unbeteiligter Dritter angesehen werden kann[177]. Sähe man in den Nachteilen, die der Arbeitnehmer aufgrund seiner Entlassung erleidet, einen externen Effekt, so müßte dies für jedwede Beendigung einer Leistungsbeziehung gelten. So erzeugte beispielsweise ein Mieter, der den Mietvertrag kündigt, externe Effekte, falls der Vermieter für längere Zeit keinen Nachmieter findet. Das Modell der externen Effekte würde auf diese Weise weit über seinen ursprünglichen Anwendungsbereich hinaus ausgedehnt und letztlich seiner Aussagekraft beraubt. Insgesamt ist es daher verfehlt, den Kündigungsschutz als Instrument zur Internalisierung externer Effekte anzusehen[178].

c) Informationsasymmetrien und opportunistisches Verhalten

Bei Arbeitsverhältnissen spielen die Informationsvorsprünge des Arbeitgebers wie des Arbeitnehmers eine wichtige Rolle. Es besteht die Gefahr, daß die Informationsvorsprünge opportunistisch ausgenutzt werden:

Der Arbeitgeber verfügt über bessere Informationen hinsichtlich der allgemeinen Marktlage und der Ertragslage des Unternehmens. Der Arbeitgeber kann dies ausnutzen und die wirtschaftliche Lage gegenüber seinen Arbeitnehmern schlechter darstellen, als sie ist. So erhält er unter Umständen Lohnzugeständnisse oder höhere Leistungen der Arbeitnehmer[179], wenn diese ihre Arbeitsplätze durch den Lohnverzicht sichern wollen[180]. Des weiteren kann der Arbeitgeber durch Vortäuschen einer schlechten Ertragslage Beförderungen, die bei Profitabilität des Betriebes angebracht wären, verzögern und so einen Anstieg der Personalkosten

---

[176] Dörsam ZWS 1997, 55 (68).

[177] Soltwedel et al., Regulierungen, S. 174.

[178] Osbild ZfW 1991, 261 (262); Zöllner ZfA 1994, 423 (429).

[179] Lohnzugeständnisse kommen freilich nicht in Betracht, wenn auf die Arbeitsverhältnisse ein Tarifvertrag kraft beiderseitiger Tarifbindung Anwendung findet. Da dies jedoch häufig nicht der Fall ist, kommt dem Aspekt durchaus praktische Bedeutung zu.

[180] Franke, Effizienz, S. 20.

verhindern, ohne daß dies zu Unmut in der Belegschaft führt. In beiden Fällen „lohnt" sich das opportunistische Verhalten des Arbeitgebers freilich nur, wenn keine Gefahr besteht, daß die Arbeitnehmer zu anderen Unternehmen abwandern, sei es, weil in andern Unternehmen keine Beschäftigungsmöglichkeiten gegeben sind, oder sei es, weil der dort gezahlte Lohn immer noch unter dem Lohnniveau beim derzeitigen Arbeitgeber liegt[181].

Umgekehrt ist es auch möglich, daß der Arbeitgeber die Lage des Unternehmens beschönigt. So kann er unter Umständen verhindern, daß die Arbeitsmoral infolge mangelnder Perspektiven im Unternehmen sinkt oder daß die Arbeitnehmer keine betriebsspezifischen Qualifikationen mehr erwerben, weil sie davon ausgehen, daß sie ohnehin bald entlassen werden.

Der Arbeitnehmer verfügt in Abhängigkeit von der zu verrichtenden Tätigkeit über einen Informationsvorsprung hinsichtlich der von ihm erbrachten Leistungs-intensität. Bei einfachen Tätigkeiten kann der Arbeitgeber die Leistungen des Ar-beitnehmers in der Regel leicht messen, so daß hier der Informationsvorsprung des Arbeitnehmers gering ausfällt. Mit zunehmender Komplexität der Arbeiten wird es jedoch für den Arbeitgeber meist schwieriger, sich ein genaues Bild über die Leistungen des Arbeitnehmers zu machen. Auch bei der Teamarbeit läßt sich die Leistung des einzelnen schwer beurteilen. Sind die Kontrollmöglichkeiten des Arbeitgebers eingeschränkt, so verfügt der Arbeitnehmer über einen Informations-vorsprung und es besteht die Gefahr, daß der Arbeitnehmer hohe Leistungsbereit-schaft vortäuscht, in Wirklichkeit aber bei der Arbeit „bummelt"[182].

In unreguliertem Zustand bestehen also für Arbeitgeber wie für Arbeitnehmer, deren Leistungen sich schwer kontrollieren lassen, erhebliche Anreize, sich op-portunistisch zu verhalten[183]. Nun ist zu fragen, ob der Kündigungsschutz ein ge-eignetes Mittel ist, um derartiges opportunistisches Verhalten einzudämmen.

Bezüglich des Vorspiegelns einer schlechten wirtschaftlichen Lage des Unterneh-mens läßt sich sagen, daß der Kündigungsschutz nicht verhindert, daß Arbeitgeber und Arbeitnehmer einvernehmlich einen Lohnverzicht vereinbaren. Er verwehrt es dem Arbeitgeber aber, Lohnsenkungen einseitig im Wege einer Änderungskündi-

---

[181] Franke, Effizienz, S. 20.

[182] Franke, Effizienz, S. 22.

[183] Walwei, WSI-Mitteilungen 1990, 392 (397); Brandes u.a., in: Flexibilisierung des Arbeitsmark-tes, 111 (117); Sesselmeier Wirtschaftsdienst 1994, 136 (141).

gung durchzusetzen, wenn für den Arbeitnehmer die Möglichkeit besteht, gerichtlich kontrollieren zu lassen, ob sich das Unternehmen tatsächlich in einer schwierigen Lage befindet und daher eine Absenkung des Lohnniveaus geboten ist. Hat der Arbeitnehmer diese Möglichkeit, so wird er sich auch nicht auf eine einvernehmliche Absenkung des Lohnes einlassen, sondern darauf beharren, daß die Rechtfertigung der Entgeltsenkung gerichtlich überprüft wird. Insofern werden die Möglichkeiten des Arbeitgebers, sich opportunistisch zu verhalten, gemindert. Der Kündigungsschutz verhindert jedoch nicht, daß der Arbeitgeber Beförderungen unter Berufung auf eine schlechte Ertragslage hinauszögert. Ebensowenig bietet der Kündigungsschutz gegen die Vorspiegelung einer guten Lage des Unternehmens eine Handhabe[184].

Hinsichtlich der Leistungsbereitschaft des Arbeitnehmers besteht die Gefahr opportunistischen Verhaltens - wie bereits dargelegt - vor allem dann, wenn der Arbeitgeber die Leistungen des Arbeitnehmers schwer kontrollieren kann. Nun stellt sich die Frage, ob der Kündigungsschutz hier opportunistisches Verhalten des Arbeitnehmers einzudämmen vermag. Zunächst kann davon ausgegangen werden, daß dort, wo die Möglichkeiten des Arbeitgebers zu opportunistischem Verhalten kündigungsschutzbedingt eingeschränkt sind, auch der Arbeitnehmer weniger Neigung verspüren wird, Informationsvorsprünge auszunutzen. Des weiteren wurde unter Kapitel B V bereits ausgeführt, daß es sich positiv auf die Leistungsbereitschaft des Arbeitnehmers auswirkt, wenn er davon ausgehen kann, fair behandelt zu werden und nur aus sachlichen Gründen gekündigt zu werden. Der Kündigungsschutz kann also die Motivation des Arbeitnehmers fördern und somit dazu beitragen, daß er sich kooperativ verhält.
Sind hingegen die Informationsvorsprünge des Arbeitnehmers aufgrund guter Kontrollmöglichkeiten des Arbeitgebers gering, so hat der Arbeitnehmer weniger Möglichkeiten, sich opportunistisch zu verhalten. Die Gefahr, beim „Bummeln" ertappt und daraufhin entlassen zu werden, dürfte hier einen ausreichenden Leistungsanreiz darstellen. Der Kündigungsschutz kann also vor allem bei Arbeitnehmern, die komplexe und schwer zu kontrollierende Arbeiten ausführen, eine leistungssteigernde Wirkung haben. Insofern zeigt die ökonomische Analyse des Rechts, daß der unter B V beschriebene leistungsfördernde Effekt auf bestimmte

---

[184] In den beiden Fällen (Hinauszögern von Beförderungen unter Berufung auf eine schwierige wirtschaftliche Lage und Vorspiegelung einer guten Ertragslage des Unternehmens) kommen Informationsrechte der Arbeitnehmervertretung im Betrieb in Betracht, um opportunistisches Verhalten des Arbeitgebers zu verhindern (vgl. etwa §§ 106 ff. BetrVG).

Arbeitsverhältnisse beschränkt ist. Insgesamt darf daher der Kündigungsschutz als Mittel zur Motivationsförderung nicht überbewertet werden.

Des weiteren sei auch hier nochmals darauf hingewiesen, daß ein etwaiger vertrauensfördernder und damit leistungssteigernder Effekt des Kündigungsschutzes von dessen Intensität abhängig ist: Ist der Kündigungsschutz - wie in Deutschland - derart intensiv ausgestaltet, daß der Arbeitnehmer nur bei extremen und dauerhaften Leistungsdefiziten mit einer Kündigung zu rechnen hat, so muß bezweifelt werden, ob die Kooperationsbereitschaft durch den Kündigungsschutz gestärkt wird. Es ist vielmehr zu befürchten, daß die Einsatzbereitschaft der Arbeitnehmer negativ beeinträchtigt wird, wenn sie sehr weitgehend gesichert sind und daher die abschreckende Wirkung drohender Arbeitslosigkeit eingeschränkt wird[185].

d) Privat vereinbarter Kündigungsschutz und adverse Selektion

Wie dargelegt wurde, kann dem Kündigungsschutz - in Abhängigkeit von seiner Intensität und von der Art der zu verrichtenden Tätigkeit - durchaus eine gewisse motivationsfördernde Wirkung beigemessen werden. Anerkennt man dies, so müßten die Unternehmen eigentlich ein eigenwirtschaftliches Interesse daran haben, zumindest für komplexe Tätigkeiten freiwillig einen Kündigungsschutz zu gewährleisten. Eine gesetzliche Regulierung wäre dann überflüssig. Dieser Einwand wird vielfach unter Berufung auf das Phänomen der sogenannten „adversen Selektion" zurückgewiesen[186]: Bietet ein einzelnes Unternehmen freiwillig Kündigungsschutz an, so bestehe die Gefahr, daß sich sogenannte „talentierte Bummler"[187] in besonderer Weise zu diesem Unternehmen hingezogen fühlten. Die talentierten Bummler seien für eine Motivationsförderung durch Kündigungsschutz nicht empfänglich, sondern stets wenig leistungsbereit, wüßten dies aber geschickt zu verbergen. Dem Arbeitgeber gelinge im Kündigungsschutzprozeß daher selten der Beweis für die Bummelei dieser Arbeitnehmer. Für ein einzelnes Unternehmen lohne es sich daher nicht, vertraglich Kündigungsschutz zu gewährleisten, da man ansonsten überdurchschnittlich viele talentierte Bummelanten in den Bewerberpool anziehe. Die allgemeinen vertrauensfördernden und effizienzsteigernden Effekte des Kündigungsschutzes würden so durch die Bummelanten wieder zu-

---

[185] Dörsam ZWS 1997, 55 (65).
[186] Brandes u.a., in: Flexibilisierung des Arbeitsmarktes, 111 (127); Dörsam ZWS 1997, 55 (67); Franke, Effizienz, S. 40.
[187] Franke, Effizienz, S. 40.

nichte gemacht. Seien die Kündigungsschutzregelungen hingegen gesetzlich vorgeschrieben, so würden sich die Bummelanten gleichmäßig über alle Unternehmen verteilen, so daß unter dem Strich in jedem einzelnen Unternehmen die effi-
zienzsteigernde Wirkung des Kündigungsschutzes zum Zuge kommen könne.

Dagegen läßt sich einwenden, daß es wohl wenige Arbeitnehmer gibt, die in der
Lage sind, ihre Leistungen so zu justieren, daß sie einerseits hinter dem vertraglich
geschuldeten Einsatz zurückbleiben, andererseits aber der Nachweis der Verletzung arbeitsvertraglicher Pflichten nicht gelingen wird. Daß Unternehmen in der
Regel freiwillig keinen Kündigungsschutz gewährleisten werden, dürfte eher
damit zusammenhängen, daß der Kündigungsschutz eben nicht nur die beschriebene motivationsfördernde Wirkung hat, sondern auch die Entlassung solcher Arbeitnehmer erschwert. Demnach kann nicht davon ausgegangen werden, daß es
auch im Interesse der Unternehmen liegt, Kündigungsschutz gesetzlich vorzu-
schreiben.

3. Ergebnis

Insgesamt liefert die ökonomische Analyse des Rechts keine definitiven Aussagen
darüber, ob ein gesetzlicher Kündigungsschutz per saldo effizienzsteigernd oder
effizienzmindernd wirkt. Viel hängt auch hier von der Einschätzung des Gewichts
einzelner effizienzsteigernder oder effizienzmindernder Aspekte ab. Da der derzeitige Kündigungsschutz in Deutschland aufgrund der richterrechtlichen Institute
der Prognose, ultima ratio und Interessenabwägung im Einzelfall gravierende
Rechtsunsicherheit erzeugt, muß meines Erachtens befürchtet werden, daß er insgesamt eher zu einer Minderung der Effizienz gegenüber unregulierten Vereinbarungen führt.

III. Zusammenfassung

Der in Deutschland praktizierte ausgedehnte und Rechtsunsicherheit produzieren-
de Kündigungsschutz stellt für die Unternehmen eine enorme wirtschaftliche Belastung dar und beeinträchtigt deren Bereitschaft, Neueinstellungen vorzunehmen.
Es ist davon auszugehen, daß der Kündigungsschutz zu einer Senkung des allgemeinen Beschäftigungsniveaus führt. Zudem zementiert der Kündigungsschutz
bestehende Arbeitsverhältnisse und mindert so die allgemeine Fluktuation auf
dem Arbeitsmarkt. Auch in dieser Hinsicht werden die Einstellungschancen der

Arbeitsuchenden gemindert. In verstärkter Form gilt dies für Arbeitnehmergruppen, die kündigungsschutzrechtlich besonders intensiv geschützt werden, wie etwa ältere oder krankheitsanfällige Arbeitnehmer.

Den Kündigungsschutz durch das BeschFG sehr weitgehend auszuhebeln, stellt meines Erachtens keine überzeugende Lösung dar, da hierdurch der Arbeitsmarkt in über- und unterprivilegierte Arbeitsverhältnisse gespalten wird. Überzeugender ist es, das Niveau des Kündigungsschutzes zu reduzieren, ihn dafür aber grundsätzlich allen Arbeitnehmern zugute kommen zu lassen. Es liegt daher nahe, den Kündigungsschutz auf die Funktion der Vertragsdurchsetzung und des Grundrechtsschutzes zu beschränken. Dieser Schutz läßt sich bereits sehr weitreichend verwirklichen, indem man für jede Kündigung eine sachliche Rechtfertigung fordert, dem Arbeitgeber die Darlegungs- und Beweislast für das Vorliegen eines sachlichen Grundes auferlegt und etwaige Auswahlentscheidungen des Arbeitgebers an objektive Kriterien bindet. Das Prognoseprinzip, die Ultima-Ratio-Kontrolle und die Interessenabwägung im Einzelfall sind hingegen nicht notwendig.

Die ökonomische Analyse des Rechts liefert keine definitiven Aussagen darüber, ob ein gesetzlicher Kündigungsschutz gegenüber einem unregulierten Zustand eine Effizienzsteigerung oder Effizienzminderung bewirkt. Ihr Verdienst liegt vor allen Dingen darin, den Blick für spezifische Probleme des Arbeitsvertrages als unvollständigem Vertrag zu schärfen.

D. Generalklauseln, Kündigungsschutz und Verfassung

Nachfolgend soll erörtert werden, inwiefern außerhalb des KSchG aus den zivil-rechtlichen Generalklauseln ein Kündigungsschutz hergeleitet werden kann. Dabei gilt es zunächst zu klären, ob das KSchG den Kündigungsschutz bei einfachrecht-licher Betrachtung grundsätzlich abschließend geregelt hat, oder ob in den Fällen, in denen das KSchG nicht anwendbar ist, auf die Generalklauseln zurückgegriffen werden kann. Die einzelnen Generalklauseln (§§ 138 Abs. 1 BGB, 612a BGB, 242 BGB) sind getrennt zu untersuchen. So dann ist zu klären, ob es die Verfas-sung gebietet, über die Generalklauseln auch außerhalb des Geltungsbereichs des KSchG ein gewisses Mindestmaß an Kündigungsschutz zu gewährleisten.

I. Verhältnis von § 138 Abs. 1 BGB zum KSchG

Die Frage nach dem Verhältnis zwischen KSchG und § 138 Abs. 1 BGB beant-wortet das Gesetz in § 13 Abs. 2 KSchG selbst. Verstößt eine Kündigung gegen die guten Sitten, so kann danach der Arbeitnehmer ihre Nichtigkeit unabhängig von den Vorschriften des KSchG geltend machen. Der Arbeitnehmer kann somit eine Kündigung innerhalb wie außerhalb des Geltungsbereichs des KSchG über § 138 Abs. 1 BGB angreifen. Weder innerhalb noch außerhalb des KSchG gilt für sittenwidrige Kündigungen die materiellrechtliche Ausschlußfrist der §§ 4, 7 KSchG.

Damit ist allerdings noch nichts darüber gesagt, unter welchen Umständen eine Kündigung als sittenwidrig anzusehen ist. Da der Gesetzgeber zwischen der sozi-alwidrigen und der sittenwidrigen Kündigung differenziert, ist davon auszugehen, daß eine Kündigung, die sich als bloß sozialwidrig darstellt, also lediglich das Interesse des Arbeitnehmers an der Erhaltung seines Arbeitsplatzes nicht ausrei-chend berücksichtigt, noch nicht zur Sittenwidrigkeit führt. Andernfalls würden die Grenzen zwischen Sozialwidrigkeit und Sittenwidrigkeit verwischt. Daher ist beispielsweise eine Kündigung ohne sachlichen Grund noch nicht sittenwidrig[188]. Gleiches gilt für die unverhältnismäßige Kündigung. Kündigungen ohne sachli-

---

[188] BAG v. 29.5.1956 AP Nr. 2 zu § 184 BGB; BAG v. 28.12.1956 AP Nr. 1 zu § 22 KSchG 1951; BAG v. 25.6.1964 EzA § 138 BGB Nr. 4; BAG v. 2.11.1983 AP BetrVG 1972 § 102 Nr. 29 aE; BAG v. 16.2.1989 AP Nr. 46 zu § 138 BGB; ErfK/Ascheid § 13 KSchG Rn. 24; Stahlhak-ke/Preis/Vossen Rn. 177; KR/Pfeiffer § 13 KSchG Rn. 118; Hueck/v. Hoyningen-Huene § 13 KSchG Rn. 61.

chen Grund und unverhältnismäßige Kündigungen sind vielmehr typische Fälle der bloßen Sozialwidrigkeit, die nicht mit der Sittenwidrigkeit vermengt werden darf.

Eine Vermengung von Sittenwidrigkeit und Sozialwidrigkeit ist jedoch ausgeschlossen, wenn über § 138 Abs. 1 BGB nur solche Einwände geltend gemacht werden können, die bei der Sozialwidrigkeitskontrolle keine Rolle spielen. Im Rahmen des § 1 KSchG ist rein objektiv zu bestimmen, ob die Kündigung sozial gerechtfertigt ist. Das Kündigungsmotiv findet hingegen keine Berücksichtigung. Daher ist davon auszugehen, daß das KSchG bezüglich des Kündigungsmotivs keine abschließende Regelung trifft[189]. Kontrolliert man die Kündigungsmotive über § 138 Abs. 1 BGB, so besteht also keine Gefahr, daß die Grenzen zwischen Sittenwidrigkeit und Sozialwidrigkeit verwischt werden. Unter § 138 Abs. 1 BGB können daher Kündigungen subsumiert werden, die auf einem verwerflichen Motiv beruhen[190]. Als verwerfliche Motive kommen dabei insbesondere solche in Betracht, die im Widerspruch zur Wertordnung des Grundgesetzes stehen. Derartige Kündigungen sollen hier als grundrechtswidrige Kündigungen bezeichnet werden[191]. Auf Einzelheiten wird in Kapitel E näher eingegangen.

Diese Abgrenzung zwischen KSchG und § 138 Abs. 1 BGB wird auch bestätigt, wenn man sich den vorrangigen Zweck des KSchG vergegenwärtigt. In Kapitel B wurde dargelegt, daß es vorrangiges Ziel des KSchG ist, das Interesse des Arbeitnehmers an der Erhaltung seines Arbeitsplatzes als eigenständiges Rechtsgut zu schützen. Zwar bewirkt auch das KSchG eine Absicherung von Grundrechten wie der Glaubens- und Weltanschauungsfreiheit, Meinungsfreiheit usw. sowie einen Schutz vor Diskriminierung, jedoch handelt es sich hierbei eher um einen Nebeneffekt[192]. Es ist daher nicht davon auszugehen, daß das KSchG den Schutz vor grundrechtswidrigen Kündigungen abschließend regelt. Auch wenn § 13 Abs. 2 KSchG bezüglich des Verhältnisses von KSchG und § 138 Abs. 1 BGB keinen Hinweis enthielte, wäre es dennoch zulässig, grundrechtswidrige Kündigungen innerhalb wie außerhalb des KSchG über § 138 Abs. 1 BGB anzugreifen. § 13 Abs. 2 KSchG hat insofern nur klarstellende Funktion.

---

[189] Preis, Prinzipien, S. 397.

[190] Siehe Fußnote 188.

[191] Denkbar ist natürlich, daß auch das Interesse des Arbeitnehmers an der Erhaltung des Arbeitsplatzes durch Art. 12 Abs. 1 GG geschützt ist. Dies soll hier jedoch zunächst außen vor bleiben, so daß unter grundrechtswidrigen Kündigungen nur solche zu verstehen sind, die im Widerspruch zu nicht arbeitsplatzbezogenen Grundrechten stehen.

[192] Siehe dazu Kapitel B VII.

II. Verhältnis von § 612a BGB zum KSchG

Eine Kündigung kann innerhalb wie außerhalb des Geltungsbereichs des KSchG über § 612a BGB angegriffen werden. Dies ergibt sich aus drei Überlegungen: Zunächst wurde § 612a BGB nach dem KSchG erlassen und ist auf alle Arbeitsverhältnisse anwendbar. Es ist daher nicht davon auszugehen, daß der Gesetzgeber die Anwendbarkeit des § 612a BGB in irgendeiner Weise einschränken wollte. Diese Sichtweise wird bestätigt, wenn man den Zweck des § 612a BGB betrachtet und ihn mit dem Zweck des KSchG vergleicht: Das Maßregelungsverbot in § 612a BGB schützt den Arbeitnehmer vor Kündigungen, die wegen einer zulässigen Rechtsausübung durch den Arbeitnehmer erfolgen, schützt ihn also vor Sanktionen oder Vergeltungsakten des Arbeitgebers. § 612a BGB bezweckt somit nicht in erster Linie die Aufrechterhaltung des Arbeitsverhältnisses, sondern sichert die Rechtsausübung durch den Arbeitnehmer ab. Zwar gewährleistet auch das KSchG Schutz vor Maßregelungskündigungen, da eine Kündigung wegen einer zulässigen Rechtsausübung weder verhaltens-, personen- noch betriebsbedingt ist, jedoch handelt es sich auch hier wiederum lediglich um einen Nebeneffekt des vorrangigen Ziels, das Interesse des Arbeitnehmers an der Erhaltung seines Arbeitsplatzes als eigenständiges Gut zu schützen. Da der Schutz vor Maßregelung also nicht im Zentrum des KSchG steht, ist auch nicht davon auszugehen, daß das KSchG diese Problemlage abschließend regelt. Schließlich kommt es bei § 612a BGB ebenfalls auf das Kündigungsmotiv des Arbeitgebers an[193]. Das KSchG trifft aber - wie bereits erwähnt - gerade keine Regelung bezüglich des Kündigungsmotivs. Insgesamt bildet § 612a BGB somit innerhalb wie außerhalb des KSchG eine Schranke für das Kündigungsrecht des Arbeitgebers.

III. Verhältnis von § 242 BGB zum KSchG

Als problematisch stellt sich das Verhältnis von § 242 BGB zum KSchG dar. Die Frage, ob es außerhalb des Kündigungsschutzgesetzes Kündigungsschranken aus § 242 BGB gibt, ist so alt wie das Kündigungsschutzgesetz selbst, genau genommen sogar noch älter. Schon bei der Auseinandersetzung mit dem Kündigungs-

---

[193] Vgl. nur BAG v. 2.4.1987 AP Nr. 1 zu § 612a BGB; ErfK/Preis § 612a BGB Rn. 13.

schutzgesetz des Wirtschaftsrates[194] sowie mit dem späteren Hattenheimer Entwurf zum KSchG[195] tauchte diese Frage auf.

Einigkeit besteht zunächst darüber, daß über § 242 BGB solche Kündigungen angegriffen werden können, die ihrer *äußeren Form* nach oder wegen ihrer *Begleitumstände* als treuwidrig erscheinen. Kündigungen können also über § 242 BGB daraufhin kontrolliert werden, ob sie gegen die althergebrachten Grundsätze von Treu und Glauben verstoßen, wie etwa das Verbot widersprüchlichen Verhaltens (venire contra factum proprium), die Verwirkung oder die Rechtsausübung zur Unzeit. Bezüglich der äußeren Form oder der Begleitumstände der Kündigung enthält das KSchG keine Regelung. Demnach spricht nichts dagegen, daß sich der Arbeitnehmer innerhalb wie außerhalb des KSchG über § 242 BGB auf die genannten klassischen Grundsätze von Treu und Glauben berufen kann[196].

Des weiteren ist es einhellige Auffassung, daß eine etwaige Sozialwidrigkeit einer Kündigung *innerhalb* des Geltungsbereichs des KSchG nicht noch einmal über § 242 BGB geltend gemacht werden kann[197]. Dies ergibt sich gesetzessystematisch schon daraus, daß der Arbeitnehmer für die Geltendmachung einer Sozialwidrigkeit an die Frist des § 4 KSchG gebunden ist. Würde man nun auch die Sozialwidrigkeit unter § 242 BGB subsumieren, so könnte der Arbeitnehmer die Klagefrist umgehen, indem er die Kündigung über § 242 BGB angreift und hierbei gemäß § 13 Abs. 3 KSchG nicht an die Frist des § 4 KSchG gebunden wäre. Das Interesse an der Erhaltung des Arbeitsplatzes kann demnach innerhalb des Geltungsbereichs des KSchG nicht über § 242 BGB geltend gemacht werden.

Höchst umstritten ist jedoch die Frage, ob der Arbeitnehmer *außerhalb* des KSchG über § 242 BGB auch das Interesse an der Erhaltung seines Arbeitsplatzes geltend machen kann, das heißt ob hier eine sozialwidrige Kündigung gegen § 242

---

[194] Hueck RdA 1949, 335 f.

[195] Hueck RdA 1950, 65 ff., zum Kündigungsschutzgesetz 1951: Hueck RdA 1951, 281 ff.; Ritzmann RdA 1953, 14 ff; Siebert BB 1960, 1029 ff.

[196] Ständige Rechtsprechung BAG v. 24.4.1997 EzA § 611 BGB Kirchliche Arbeitnehmer Nr. 43; BAG v. 23.6.1994 AP Nr. 9 zu § 242 BGB; BAG v. 12.7.1990 DB 1991, 341; BAG v. 16.2.1989 EzA § 138 BGB Nr. 28; BAG 2.4.1987 EzA § 626 BGB n. F. Nr. 108; BAG v. 2.11.1983 EzA § 102 BetrVG 1972 Nr. 53; BAG v. 23.9.1976 EzA § 1 KSchG Nr. 35; BAG v. 13.7.1978 EzA § 102 BetrVG 1972 Nr. 36; BAG v. 28.9.1972 EzA § 1 KSchG Nr. 25; zustimmend: KR/Pfeiffer § 13 KSchG Rn. 232; Hueck/v. Hoyningen-Huene § 13 KSchG Rn. 86 ff.; Löwisch § 1 KSchG Rn. 80; Preis, Prinzipien, S. 398.

[197] Vgl. nur Preis, Prinzipien, S. 398.

BGB verstoßen kann. Die Schwierigkeit der Abgrenzung von § 242 BGB und KSchG ergibt sich daraus, daß man in § 242 BGB die allgemeine Forderung nach der Erzielung eines gerechten Interessenausgleichs sehen kann[198]. Es scheint demnach nicht ausgeschlossen, daß eine Kündigung nach § 242 BGB unwirksam ist, wenn der Arbeitgeber bei Kündigungsausspruch das Interesse des Arbeitnehmers an der Erhaltung des Arbeitsverhältnisses nicht ausreichend berücksichtigt hat. Zur Frage des Verhältnisses von § 242 BGB und KSchG sind drei Positionen denkbar:

Die erste besagt, daß aus § 242 BGB im Grunde derselbe Kündigungsschutz abzuleiten sei, wie er sich aus dem KSchG ergebe.

Die zweite geht davon aus, daß das KSchG die Voraussetzungen und Wirkungen des Gundsatzes von Treu und Glauben abschließend geregelt hat, soweit es ausschließlich um das Interesse des Arbeitnehmers an der Erhaltung seines Arbeitsplatzes geht.

Nach der dritten Auffassung gebietet es die freie Wahl des Arbeitsplatzes (Art. 12 Abs. 1 GG), über § 242 BGB ein gewisses Mindestmaß an Bestandsschutz, einen Kündigungsschutz „zweiter Klasse"[199], zu gewährleisten. Dabei müsse dieser Bestandsschutz aber aufgrund des eingeschränkten Geltungsbereichs des KSchG deutlich unter dem Niveau des KSchG liegen.

Innerhalb der Meinungsgruppen bestehen unterschiedlich Nuancierungen, die hier noch nicht dargestellt werden sollen. Detailfragen werden in Kapitel E behandelt. Im Folgenden soll es zunächst um eine grundsätzliche Klärung des Verhältnisses von KSchG zu § 242 BGB gehen.

1. Voller Kündigungsschutz durch § 242 BGB?

Kurz nach Erlaß des KSchG 1951 wurde vereinzelt ernsthaft vertreten, daß aus § 242 BGB derselbe Kündigungsschutz abzuleiten sei, wie er sich aus dem KSchG selbst ergebe[200]. Diese Ansicht ist jedoch unter keinen Umständen haltbar. Schon

---

[198] Vgl. nur Palandt/Heinrichs § 242 Rn. 5; MünchKomm/Roth § 242 Rn. 33.

[199] Der Begriff stammt von Hanau, ZRP 1996, 349 (353).

[200] Hessel DB 1952, 349 f. stützte seine Auffassung vor allem auf sozialpolitische Erwägungen. Das Kündigungsschutzgesetz des Landes Württemberg-Baden vom 18. August 1948 und die Betriebsräteverordnung von Rheinland-Pfalz vom 15. Mai 1947 sahen auch für alle Kleinbetriebe einen Kündigungsschutz vor. Für diese Länder bedeutete das KSchG 1951 also eine erhebliche Einschränkung des Kündigungsschutzes gegenüber dem bisherigen Rechtszustand. Ähnlich war es in den Ländern der britischen Zone, in denen der Kündigungsschutz nach den §§ 138, 242 BGB

während der Diskussion um die ersten Entwürfe zum KSchG wurde klar herausgearbeitet, welche Zwecke die Einschränkungen des Geltungsbereichs des KSchG verfolgen: Die sechsmonatige Wartezeit soll dem Arbeitgeber die Möglichkeit geben, den neu eingestellten Arbeitnehmer zu erproben[201]. Die Herausnahme von Kleinbetrieben aus dem KSchG trägt dem Umstand Rechnung, daß der Arbeitgeber in Kleinbetrieben besonders eng mit dem Arbeitnehmer zusammenarbeitet, so daß ihm eine Fortsetzung eines nicht mehr erwünschten Arbeitsverhältnisses nicht zugemutet werden soll. Daneben soll der wirtschaftlich weniger leistungsfähige Kleinbetrieb nicht den Strapazen eines Kündigungsschutzprozesses ausgesetzt werden und von der Last einer etwaigen zu zahlenden Abfindung freigestellt werden[202]. Diese Privilegierungen würden ausgehöhlt, wenn man über § 242 BGB denselben Kündigungsschutz konstruierte, wie er sich aus dem KSchG ergibt. Sofern durch § 242 BGB überhaupt Bestandsschutz gewährleistet wird, muß dieser daher deutlich unter dem Niveau des KSchG liegen.

2. Kein Bestandsschutz über § 242 BGB

Nach ständiger Rechtsprechung des BAG können über § 242 BGB keine Bestandsschutzaspekte geltend gemacht werden. Das BAG verwendet zur Abgrenzung stets zwei Formulierungen. Die erste besagt, daß das KSchG die Voraussetzungen und die Wirkungen des Grundsatzes von Treu und Glauben konkretisiert und abschließend geregelt hat, soweit es um den Bestandsschutz und das Interesse des Arbeitnehmers an der Erhaltung seines Arbeitsplatzes geht. Nach der zweiten verstößt eine Kündigung gegen § 242 BGB und ist nichtig, wenn sie aus Gründen, die von § 1 KSchG nicht erfaßt sind, Treu und Glauben verletzt[203].

---

ohne Rücksicht auf die Größe des Betriebes gewährt wurde. Hessel war der Ansicht, Sinn des KSchG 1951 sei es, den Kündigungsschutz zu verbessern, niemals aber ihn - und sei es auch nur für einzelne Gruppen von Arbeitnehmern - zu verschlechtern.

[201] Hueck RdA 1949, 331 (333).
[202] Hueck RdA 1951, 281 (283).
[203] Ständige Rechtsprechung BAG v. 24.4.1997 EzA § 611 BGB Kirchliche Arbeitnehmer Nr. 43; BAG v. 23.6.1994 AP Nr. 9 zu § 242 BGB; BAG v. 12.7.1990 DB 1991, 341; BAG v. 16.2.1989 EzA § 138 BGB Nr. 28; BAG v. 2.4.1987 EzA § 626 BGB n. F. Nr. 108; BAG v. 2.11.1983 EzA § 102 BetrVG 1972 Nr. 53; BAG v. 23.9.1976 EzA § 1 KSchG Nr. 35; BAG v. 13.7.1978, EzA § 102 BetrVG 1972 Nr. 36; BAG v. 28.9.1972 EzA § 1 KSchG Nr. 25; zustimmend: KR/Pfeiffer § 13 KSchG Rn. 232; Hueck/v. Hoyningen-Huene § 13 KSchG Rn. 86 ff.; Löwisch § 1 KSchG Rn. 80.

Als Anwendungsbereich für § 242 BGB bleiben dann solche Kündigungen, die ihrer äußeren Form nach oder wegen ihrer Begleitumstände gegen Treu und Glauben verstoßen, die also im Widerspruch zu den althergebrachten Grundsätzen von Treu und Glauben stehen. Auf dem Wege über § 242 BGB kann hingegen nicht geltend gemacht werden, der Arbeitgeber habe das Interesse des Arbeitnehmers an der Erhaltung seines Arbeitsplatzes nicht ausreichend berücksichtigt. Ob diese Rechtsprechung angesichts der neueren verfassungsgerichtlichen Judikatur[204] aufrechterhalten wird, bleibt abzuwarten.

Auf der Ebene des einfachen Gesetzesrechts ist diese Abgrenzung jedoch überzeugend. Da das KSchG vorrangig das Interesse des Arbeitnehmers an der Erhaltung seines Arbeitsplatzes im Blickpunkt hat, ist davon auszugehen, daß dieses Interesse außerhalb des Geltungsbereichs des KSchG keine Berücksichtigung finden darf. Das KSchG konkretisiert den Grundsatz von Treu und Glauben gerade dergestalt, daß während der Wartezeit und im Kleinbetrieb das Interesse des Arbeitgebers an der Kündigungsmöglichkeit stets gegenüber dem Interesse des Arbeitnehmers an der Erhaltung seines Arbeitsplatzes überwiegen soll. Indem das KSchG die Kündigung an besondere sachliche Gründe bindet, gibt es gleichzeitig zu erkennen, daß außerhalb seines Geltungsbereichs derartige sachliche Gründe nicht erforderlich sind. Indem das KSchG regelt, daß bestimmte Maßnahmen gegenüber einer Kündigung vorrangig sind, bringt es zum Ausdruck, daß dieses Rangverhältnis außerhalb des KSchG nicht besteht. Indem das KSchG eine Sozialauswahl verlangt, stellt es klar, daß außerhalb seines Geltungsbereichs keine Sozialauswahl vorzunehmen ist.

Die Auffassung, daß über § 242 BGB kein Bestandsschutz konstruiert werden darf, ist demnach zumindest bei einfachrechtlicher Betrachtung überzeugend. Es stellt sich allerdings die Frage, ob sie im Hinblick auf verfassungsrechtliche Überlegungen haltbar ist, was die Vertreter eines Kündigungsschutzes „zweiter Klasse" verneinen.

---

[204] Siehe dazu unter D III 3.

3. Kündigungsschutz „zweiter Klasse" über § 242 BGB

Durch mehrere Entscheidungen zur freien Wahl des Arbeitsplatzes hat das BVerfG neue Bewegung in die Debatte um den Kündigungsschutz durch zivilrechtliche Generalklauseln gebracht. Im Jahre 1991 setzte sich das BVerfG erstmalig eingehend mit der Frage auseinander, inwiefern Art. 12 Abs. 1 GG das Interesse des Arbeitnehmers an der Erhaltung seines Arbeitsplatzes schützt[205]. Nach Auffassung des BVerfG obliegt dem Staat eine Pflicht, den Arbeitnehmer vor Beendigung des Arbeitsverhältnisses durch private Disposition - also auch durch arbeitgeberseitige Kündigung - zu schützen. Das BVerfG bestätigte seine Rechtsprechung in mehreren Entscheidungen[206].

---

[205] BVerfG v. 24.4.1991 NJW 1991, 1667 ff. (Erstes Warteschleifenurteil): Die Verfassungsbeschwerde betraf eine Regelung in Anl. I Kapitel XIX Sachgebiet A Abschnitt II Nr. 1 des Einigungsvertrages, wonach Arbeitsverhältnisse von Beschäftigten im öffentlichen Dienst der DDR unter bestimmten Voraussetzungen ruhen und zu einem bestimmten Stichtag beendet werden, wenn nicht vorher eine Weiterverwendung angeboten wird. Der Arbeitsplatzverlust trat also unmittelbar durch die Regelung des Einigungsvertrages ein. Die Beschwerdeführer wollten erreichen, daß sie weiterbeschäftigt werden. Das BVerfG hielt die Verfassungsbeschwerden für unbegründet. Es stellte fest, daß die genannte Regelung aus dem Einigungsvertrag in das Grundrecht auf freie Wahl des Arbeitsplatzes (Art. 12 Abs. 1 GG) eingreift, jedoch gerechtfertigt ist, da die Regelung der Abwehr von Gefahren für ein überragend wichtiges Gemeinschaftsgut dient, nämlich dem Aufbau einer modernen, effektiven und finanzierbaren öffentlichen Verwaltung im Beitrittsgebiet. Das BVerfG hielt jedoch die Regelung insofern für mit Art. 12 Abs. 1 in Verbindung mit Art. 6 Abs. 4 GG unvereinbar, als dadurch die Kündigungsvorschriften im Bereich des Mutterschutzrechts durchbrochen werden.
Es gilt darauf hinzuweisen, daß in diesem Fall ein direkter staatlicher Eingriff in die freie Wahl des Arbeitsplatzes vorlag, weil die Beschwerdeführer ihren Arbeitsplatz unmittelbar durch die Regelung des Einigungsvertrages verloren. Auf die Frage, ob der Staat aus Art. 12 Abs. 1 GG aus verpflichtet ist, die Arbeitnehmer vor Kündigungen zu schützen, kam es in der Entscheidung daher gar nicht an. Dennoch stellte das BVerfG in einem obiter dictum fest, daß sich eine derartige Schutzpflicht aus Art. 12 Abs. 1 GG ergibt. Zustimmend zur Rechtsprechung bezüglich Art. 12 Abs. 1 GG: Dieterich RdA 1992, 330 (331).
[206] BVerfG v. 21.5.1995 NZA 1995, 619 ff.: Die Verfassungsbeschwerde betraf die ordentliche Kündigung eines im Polizeidienst des Landes Berlin tätigen Arbeitnehmers, der früher Hauptmann der Volkspolizei der DDR und zeitweilig hauptamtlicher Sekretär der SED war. Im Juli 1992 kündigte ihm das Land Berlin und stützte die Kündigung auf Anlage I Kapitel XIX Sachgebiet A Abschnitt III Ziffer 1 Abs. 4 Nr. 1 des Einigungsvertrages (Kündigung wegen mangelnder persönlicher Eignung). Die Arbeitsverhältnisse wurden hier also nicht unmittelbar kraft einer Regelung aus dem Einigungsvertrag beendet. Vielmehr wurde das Arbeitsverhältnis des Beschwerdeführers gekündigt. Demzufolge war die Frage nach einer Schutzpflicht aus Art. 12 Abs. 1 GG hier entscheidungserheblich. Das BVerfG nahm Bezug auf das obiter dictum aus dem ersten Warteschleifenurteil und stellte fest, daß die Arbeitsgerichte bei der Auslegung und Anwendung von arbeitsrechtlichen Kündigungsschutzvorschriften den Schutz zu beachten haben, den Art. 12 Abs. 1 GG insofern

Vorwiegend unter Berufung auf diese staatliche Schutzpflicht entwickelte die Literatur über § 242 BGB einen Kündigungsschutz „zweiter Klasse"[207]. Dies bedeutet grob gesagt, daß die mit der Wartezeit und der Kleinbetriebsklausel verbundenen gesetzgeberischen Wertungen insofern akzeptiert werden, als der Kündigungsschutz über § 242 BGB weniger stark ausgeprägt sein muß, als er es innerhalb des Geltungsbereichs des KSchG ist. Andererseits soll jedoch über § 242 BGB in Verbindung mit Art. 12 Abs. 1 GG ein gewisses Mindestmaß an Bestandsschutz gewährt werden.

Oetker[208] ist der Auffassung, daß eine Kündigung außerhalb des Geltungsbereichs des KSchG gegen die Gebote von Treu und Glauben verstößt, wenn sie nicht auf sachbezogenen, im Zusammenhang mit dem Arbeitsverhältnis stehenden Gründen beruht. Die grundrechtliche Schutzpflicht verlange des weiteren, daß eine offensichtlich unverhältnismäßige Kündigung keine Anerkennung findet. Das Ultima-Ratio-Prinzip sei jedoch nicht Inhalt der durch § 242 BGB gezogenen Schranken.

Lakies[209] geht davon aus, daß § 242 BGB die willkürliche Kündigung verbietet. Dies bedeute, daß der Arbeitnehmer seinen Arbeitsplatz nicht gegen seinen Willen ohne sachbezogene und anerkennenswerte Gründe verlieren dürfe. Schließlich seien auch bei betriebsbedingten Kündigungen außerhalb des KSchG soziale Gesichtspunkte zu berücksichtigen.

gewährt. Das Landesarbeitsgericht hatte nicht geprüft, ob sich der Beschwerdeführer bei seiner Tätigkeit im Polizeidienst der BRD illoyal oder loyal gegenüber dem Grundgesetz verhalten hat, sondern lediglich auf dessen politische Vorbelastung abgestellt und die Kündigung für wirksam erklärt. Nach Auffassung des BVerfG hat das Landesarbeitsgericht daher bei der Auslegung der genannten Regelung aus dem Einigungsvertrag die Bedeutung und Tragweite des Grundrechts auf freie Wahl des Arbeitsplatzes verkannt. Das BVerfG hielt die Verfassungsbeschwerde folglich für begründet.

BVerfG v. 8.7.1997 NZA 1997, 932 ff: Die Verfassungsbeschwerden betrafen die ordentliche Kündigung von Lehrern, die herausgehobene Funktionen im Schulverwaltungsdienst der DDR und in der SED innehatten. Die Kündigungen wurden auf Anlage I Kapitel XIX Sachgebiet A Abschnitt III Ziffer 1 Abs. 4 Nr. 1 des Einigungsvertrages gestützt (Kündigung wegen mangelnder persönlicher Eignung). Das BVerfG führte erneut aus, daß bei der Auslegung von arbeitsrechtlichen Kündigungsschutzvorschriften der Schutz des Art. 12 Abs. 1 GG zu beachten sei. Sofern die Arbeitsgerichte der Wahrnehmung einer Funktion als SED-Parteisekretär die Bedeutung einer widerlegbaren Vermutung für eine mangelnde persönliche Eignung beigemessen haben, liege darin eine Verkennung der Bedeutung und Tragweite des Grundrechts aus Art. 12 Abs. 1 GG. Das BVerfG erachtete daher die Verfassungsbeschwerden gegen diese Urteile als begründet.

[207] Hanau ZRP 1996, 349 (353).

[208] Oetker ArbuR 1997, 41 (53); zustimmend Geyr, Der Kündigungsschutz von Arbeitnehmern durch Willkür- und Diskriminierungsvorschriften, S. 130.

[209] Lakies DB 1997, 1078 (1081).

Otto[210] plädiert ebenfalls dafür, daß im Rahmen des § 242 BGB Bestandsschutzaspekte nicht ganz außer Betracht bleiben dürfen, ohne näher darzulegen, welches Niveau an Bestandsschutz durch Art. 12 Abs. 1 GG geboten sein soll.

Dorndorf[211] anerkennt zwar grundsätzlich die gesetzgeberische Wertung in §§ 1 Abs. 1, 23 Abs. 1 Satz 2 KSchG, wonach das Interesse des Arbeitnehmers an der Erhaltung seines Arbeitsplatzes außerhalb des Geltungsbereichs des KSchG keine Berücksichtigung finden soll. Er ist aber der Auffassung, daß diese Sichtweise, wenn man sie streng durchhält, zu pauschal ist. Es sei zumindest zu fordern, daß eine Kündigung auch außerhalb des KSchG auf sachbezogenen, im Zusammenhang mit dem Arbeitsverhältnis stehenden Gründen beruht und nicht offensichtlich unverhältnismäßig ist. Andernfalls verstoße sie gegen § 242 BGB[212].

Im Jahre 1998 entschied das BVerfG über die Verfassungsmäßigkeit der Kleinbetriebsklausel[213]. Das Arbeitsgericht Reutlingen hielt die Kleinbetriebsklausel für mit Art. 3 Abs. 1, 12 Abs. 1, 19 Abs. 4, 20 Abs. 1 und 103 Abs. 1 GG nicht vereinbar und legte daher dem BVerfG die Kleinbetriebsklausel vor, und zwar in der Fassung vor der Änderung durch das Gesetz zur Förderung von Wachstum und Beschäftigung vom 25.9.1996[214], durch das die Kleinbetriebsschwelle auf zehn Arbeitnehmer heraufgesetzt wurde. Das BVerfG entschied also über die Schwelle von fünf Arbeitnehmern, so daß die Entscheidung auch auf die heutige Rechtslage voll anwendbar ist[215].

Das BVerfG führt zunächst aus, das Interesse des Arbeitgebers, in seinem Unternehmen nur Mitarbeiter zu beschäftigen, die seinen Vorstellungen entsprechen, und ihre Zahl auf das von ihm bestimmte Maß zu beschränken, sei regelmäßig durch Art. 12 Abs. 1 GG, jedenfalls aber durch Art. 2 Abs. 1 GG geschützt. Aus Art. 12 Abs. 1 GG ergebe sich jedoch auch eine Verpflichtung des Staates, den

---

[210] Otto, FS für Wiese, 353 (366).

[211] Heidelberger Kommentar/Dorndorf § 13 KSchG Rn. 109 ff.

[212] Heidelberger Kommentar/Dorndorf § 13 KSchG Rn. 123.

[213] BVerfG v. 27.1.1998 NZA 1998, 470 ff.; zuvor hatte BAG v. 19.4.1990 NZA 1990, 724 ff. die Verfassungsmäßigkeit der Kleinbetriebsklausel bereits bejaht, ohne die Kleinbetriebsklausel einer Prüfung am Maßstab des Art. 12 Abs. 1 GG zu unterziehen.

[214] BGBl. 1996 I S. 1317.

[215] Denkbar ist, daß die Richter des BVerfG bei ihrer Entscheidung im Hinterkopf hatten, daß der Schwellenwert bereits auf 10 Arbeitnehmer angehoben worden war, und somit die Entscheidung vor allem als Leitlinie für die Kontrolle von Kündigungen nach Erhöhung des Schwellenwertes aufzufassen ist. Ein derartiger Hinweis ist jedoch in der Entscheidung nicht enthalten. Die Entscheidung des BVerfG kann daher nicht im Hinblick darauf relativiert werden, daß der Schwellenwert inzwischen wieder bei 5 Arbeitnehmern liegt.

Arbeitnehmer vor Verlust des Arbeitsplatzes durch private Disposition zu schützen.

Trotz dieser Schutzpflicht stelle die Herausnahme von Kleinbetrieben aus dem Geltungsbereich des KSchG einen verfassungsmäßigen Ausgleich der Interessen von Arbeitgeber und Arbeitnehmer dar, weil die Arbeitnehmer auch außerhalb des KSchG nicht völlig schutzlos gestellt seien. Wo die Bestimmungen des KSchG nicht greifen, seien die Arbeitnehmer durch die zivilrechtlichen Generalklauseln vor einer sitten- oder treuwidrigen Ausübung des Kündigungsrechts des Arbeitgebers geschützt. Im Rahmen dieser Generalklauseln sei auch der objektive Gehalt der Grundrechte zu beachten. Hier ergäben sich die maßgeblichen Gesichtspunkte vor allem aus Art. 12 Abs. 1 GG. Der durch die Generalklauseln vermittelte Schutz dürfe jedoch nicht dazu führen, daß dem Kleinunternehmer praktisch die im Kündigungsschutzgesetz vorgesehenen Maßstäbe der Sozialwidrigkeit auferlegt würden. Sodann spezifiziert das BVerfG seinen Kündigungsschutz:

„(1) In sachlicher Hinsicht geht es vor allem darum, Arbeitnehmer vor willkürlichen oder auf sachfremden Motiven beruhenden Kündigungen zu schützen. Zutreffend werden in der Literatur als Beispiele dafür Diskriminierungen im Sinne von Art. 3 Abs. 3 GG genannt.

(2) Soweit unter mehreren Arbeitnehmern eine Auswahl zu treffen ist, gebietet der verfassungsrechtliche Schutz des Arbeitsplatzes in Verbindung mit dem Sozialstaatsprinzip ein gewisses Maß an sozialer Rücksichtnahme.

(3) Schließlich darf auch ein durch langjährige Mitarbeit erdientes Vertrauen in den Fortbestand des Arbeitsverhältnisses nicht unberücksichtigt bleiben."[216]

Im übrigen sei von den Arbeitsgerichten zu entscheiden, wie weit dieser aus der Verfassung abgeleitete Kündigungsschutz im einzelnen reiche.[217]

Im Hinblick auf Art. 3 Abs. 1 GG bedürfe die Kleinbetriebsklausel der verfassungskonformen Auslegung. Der Begriff des Betriebes müsse so ausgelegt werden, daß er sich auf Einheiten beschränke, für deren Schutz die Kleinbetriebsklausel allein bestimmt sei. Welche Konsequenzen dies im einzelnen hat, kann hier offenbleiben[218], da das Problem des Kündigungsschutzes durch Generalklauseln

---

[216] BVerfG v. 27.1.1998 NZA 1998, 470 (472).

[217] BVerfG v. 27.1.1998 NZA 1998, 470 (472).

[218] Siehe dazu Gragert/Kreutzfeld NZA 1998, 567 (569); Kittner NZA 1998, 731 (732); Kühling, FS für Dieterich, 325 (332); Wank, FS für Hanau, 295 (303); Geyr, Der Schutz von Arbeitnehmern vor willkürlichen und diskriminierenden Kündigungen im deutschen und amerikanischen Arbeitsrecht, S. 142: In der Sache laufe diese Maßgabe darauf hinaus, anstatt von Betrieb besser von Unternehmen zu sprechen; aA Falder NZA 1998, 1254 (1257); vgl. auch die jüngste Entscheidung des

dadurch nicht berührt wird, sondern nur die Frage, wann das KSchG anwendbar ist.

Diese Entscheidung des BVerfG wurde in der Literatur überwiegend freundlich aufgenommen[219]. *Kittner*[220] und *Hanau*[221] übernehmen im wesentlichen die Anforderungen des BVerfG, ohne daß es ihnen gelingt, deutlich zu bestimmen, welche Auswirkungen damit konkret verbunden sind. *Däubler*[222] und *Schaub*[223] gehen davon aus, mit der Entscheidung des BVerfG sei ein generelles Verbot grundloser Kündigungen verbunden.

IV. Kündigungsschutz aus Art. 12 Abs. 1 GG?

Maßgeblicher Ausgangspunkt der neueren Beiträge sowie der Entscheidung des BVerfG zum Kündigungsschutz aus Art. 12 Abs. 1 GG ist die Überzeugung, aus Art. 12 GG ergebe sich eine Pflicht des Staates, den Arbeitnehmer vor Beendigung des Arbeitsverhältnisses durch private Disposition zu schützen. Der Kündigungsschutz „zweiter Klasse" wird ja gerade damit begründet, daß das Grundrecht des Arbeitnehmers aus Art. 12 Abs. 1 GG nicht unberücksichtigt bleiben dürfe und einfachrechtlich, durch Einschränkung des Geltungsbereichs des KSchG, nicht völlig ausgeschlossen werden könne.

Dieser einheitliche Ausgangspunkt bedarf der eingehenden Prüfung:
Aus Art. 12 GG in Verbindung mit den Generalklauseln kann nur dann ein Kündigungsschutz hergeleitet werden, wenn

---

BAG zum Betriebsbegriff in § 23 Abs. 1 Satz 2 KSchG (BAG v. 15.3.2001 NZA 2001, 831); eine ausführliche Erörterung zum Betriebsbegriff in § 23 Abs. 1 Satz 2 KSchG enthält auch Urban, Der Kündigungsschutz außerhalb des Kündigungsschutzgesetzes, S. 85 ff.

[219] Däubler, FS für die Arbeitsgerichtsbarkeit des Landes Rheinland-Pfalz, 271 (281); Kittner NZA 1998, 731 (732); Hanau, FS für Dieterich, 201 (209); Buschmann ArbuR 1998, 210 (211); Schaub, Arbeitsrechtshandbuch, § 127 Rn. 4; ablehnend lediglich Gragert/Kreutzfeld NZA 1998, 567 (570); Schwerdtner, in: Brennpunkte des Arbeitsrechts 1999, 243 (248).

[220] Kittner NZA 1998, 731 (733).

[221] Hanau, FS für Dieterich, 323 (331 ff.).

[222] Däubler, FS für die Arbeitsgerichtsbarkeit des Landes Rheinland-Pfalz, 271 (281); KSchR/Däubler § 242 BGB Rn. 27.

[223] Schaub, Arbeitsrechts-Handbuch, § 127 Rn. 4.

1. der Staat aus Art. 12 Abs. 1 GG verpflichtet ist, das Interesse des Arbeitnehmers an der Erhaltung seines Arbeitsplatzes gegen Beeinträchtigung durch Private zu schützen (Schutzpflicht) und

2. die Wartezeitregelung in § 1 Abs. 1 KSchG und die Kleinbetriebsklausel in § 23 Abs. 1 Satz 2 KSchG diese Schutzpflicht verletzen bzw. nur dann nicht verletzen, wenn über die Generalklauseln ein Mindestmaß an Bestandsschutz gewährleistet wird.

1. Ist der Staat aus Art. 12 Abs. 1 GG verpflichtet, den Arbeitnehmer vor Verlust des Arbeitsplatzes durch private Disposition - insbesondere durch Kündigung - zu schützen?

Wie bereits erwähnt hat sich das BVerfG im sogenannten ersten Warteschleifenurteil[224] erstmals mit dieser Frage beschäftigt. Zunächst erklärt das BVerfG, warum der Schutzbereich des Art. 12 Abs. 1 GG nicht nur die Wahl, sondern auch die Beibehaltung eines Arbeitsplatzes umfaßt, um sodann auf die Schutzpflicht einzugehen:

„Bei der Wahl des Arbeitsplatzes geht es um die Entscheidung für eine konkrete Betätigungsmöglichkeit oder ein bestimmtes Arbeitsverhältnis. Gegenstand des Grundrechts auf freie Wahl des Arbeitsplatzes ist dementsprechend zunächst der Entschluß des einzelnen, eine konkrete Beschäftigungsmöglichkeit in dem gewählten Beruf zu ergreifen. Dazu zählt namentlich bei abhängig Beschäftigten auch die Wahl des Vertragspartners samt den dazu notwendigen Voraussetzungen, insbesondere der Zutritt zum Arbeitsmarkt. Ebenso wie die freie Berufswahl sich nicht in der Entscheidung zur Aufnahme eines Berufs erschöpft, sondern auch die Fortsetzung und Beendigung eines Berufs umfaßt, bezieht sich die freie Arbeitsplatzwahl neben der Entscheidung für eine konkrete Beschäftigung auch auf den Willen des einzelnen, diese beizubehalten oder aufzugeben. Das Grundrecht entfaltet seinen Schutz gegen alle staatlichen Maßnahmen, die diese Wahlfreiheit beschränken. Das ist vor allem dann der Fall, wenn der Staat den einzelnen am Erwerb eines zur Verfügung stehenden Arbeitsplatzes hindert, ihn zur Annahme eines bestimmten Arbeitsplatzes zwingt oder die Aufgabe eines Arbeitsplatzes verlangt. Dagegen ist mit der Wahlfreiheit weder ein Anspruch auf Bereitstellung eines Arbeitsplatzes eigener Wahl noch eine Bestandsgarantie für den einmal ge-

---

[224] BVerfG v. 24.4.1991, 1667 ff.

wählten Arbeitsplatz verbunden. Ebensowenig verleiht das Grundrecht unmittelbaren Schutz gegen den Verlust eines Arbeitsplatzes aufgrund privater Dispositionen. Insoweit obliegt dem Staat lediglich eine Schutzpflicht, der die geltenden
Kündigungsvorschriften hinreichend Rechnung tragen."

Es überzeugt, daß das BVerfG den Schutzbereich der freien Arbeitsplatzwahl
nicht auf die Wahl des Arbeitsplatzes beschränkt, sondern auch die Beibehaltung
eines Arbeitsplatzes als mitumfaßt ansieht. So wie sich nach ständiger Rechtsprechung des BVerfG in der Berufsausübung die Berufswahl immer wieder neu manifestiert, so manifestiert sich auch in der Tätigkeit an einem Arbeitsplatz die
Wahl dieses Arbeitsplatzes immer wieder neu. Indem der Arbeitnehmer fortlau-
fend an einem bestimmten Arbeitsplatz tätig ist, gibt er zu erkennen, daß er eben
diesen Arbeitsplatz gewissermaßen jeden Tag neu wählt. Die Freiheit der Wahl
des Arbeitsplatzes wäre ein wertloses Recht, wenn umgekehrt die Freiheit, einen
gewählten Arbeitsplatz auch zu behalten, nicht geschützt wäre. Nur so wird die
privatautonome Entscheidung des einzelnen für einen bestimmten Arbeitsplatz vor
staatlichen Eingriffen umfassend geschützt.

Daraus ergibt sich jedoch keineswegs zwingend der Schluß, daß dem Gesetzgeber
auch eine Schutzpflicht obliegt, den Arbeitnehmer vor privatautonomer Beendigung eines Arbeitsverhältnisses durch den Arbeitgeber zu schützen.

Zu beachten ist primär, daß die Beschwerdeführer im zitiertem Fall ihre Arbeitsplätze durch die Regelung des Einigungsvertrages verloren hatten. Es lag also keine privatrechtliche Kündigung vor, sondern ein direkter staatlicher Eingriff in bestehende Arbeitsverhältnisse. Daß dieser Eingriff an der durch Art. 12 Abs. 1 GG
gewährleisteten Arbeitsplatzwahlfreiheit zu messen ist, ist nicht zu bezweifeln.
Auf eine staatliche Schutzpflicht kam es in der Entscheidung daher gar nicht an.
Die ohnehin spärlichen Ausführungen zur staatlichen Schutzpflicht stellen somit
nur ein obiter dictum dar[225]. In der Entscheidung zur Verfassungsmäßigkeit der
Kleinbetriebsklausel hingegen kam es maßgeblich auf das Bestehen einer Schutzpflicht an. Hier begnügte sich das BVerfG jedoch mit einem Verweis auf die obige
Entscheidung[226], ohne weitere Ausführungen zu machen. Bislang ist diese Rechtsprechung des BVerfG keiner umfassenden kritischen Überprüfung unterzogen
worden. Sie soll jetzt hier vorgenommen werden:

---

[225] Siehe dazu bereits Fußnote 205.
[226] BVerfG v. 27.1.1998 NZA 1998, 470 (471).

a) Bedenken gegen die Konstruktion einer staatlichen Pflicht zum Schutz vor Entlassung

Es würde den Rahmen dieser Arbeit sprengen, sich umfassend mit der allgemeinen Konstruktion von Schutzpflichten auseinanderzusetzen[227]. Es sollen hier lediglich überblicksartig einige Bedenken gegen die allgemeine Schutzpflichtkonstruktion vorgetragen werden, um sodann auf spezielle Einwände gegen eine staatliche Pflicht zum Schutz gegen Kündigung einzugehen.

Eine staatliche Schutzpflicht normiert das Grundgesetz zunächst nur in Art. 1 Abs. 1 Satz 2 GG, Art. 6 Abs. 1 GG und Art. 6 Abs. 4 GG. Im ersten Abtreibungsurteil hat das BVerfG die Schutzpflichten des Staates auf Art. 2 Abs. 2 GG ausgedehnt[228], später auch auf andere Grundrechte[229]. Dem Gesetzgeber kann es demnach nicht nur verwehrt sein, bestimmte Grundrechte durch staatliches Handeln zu beeinträchtigen, er kann umgekehrt auch verpflichtet sein, bestimmte Grundrechte durch staatliches Handeln gegen Beeinträchtigung durch Private zu schützen. Das BVerfG beaufsichtigt nunmehr nicht nur staatliches Handeln, sondern auch staatliches Unterlassen, verlangt also vom Gesetzgeber ein positives Tun, um bestimmte Grundrechtspositionen abzusichern. Es gibt fortan nicht mehr nur ein Übermaßverbot, das heißt Schranken für staatliche Eingriffe, sondern auch ein Untermaßverbot, also ein bestimmtes Schutzniveau, das vom Gesetzgeber zu gewährleisten ist[230]. Die Schutzpflicht richtet sich des weiteren nicht nur an den Gesetzgeber, sondern auch an den streitentscheidenden Richter, der dafür Sorge zu tragen hat, daß bei der Auslegung von Rechtsnormen das grundrechtlich gebotene Schutzniveau nicht unterschritten wird[231].

Klassischerweise stehen sich in den Schutzpflichtkonstellationen zwei Bürger mit grundrechtlich geschützten Belangen gegenüber. Da der Staat verpflichtet sein

---

[227] Ausführlich dazu: Hermes, Das Grundrecht auf Schutz von Leben und Gesundheit; Dietlein, Die Lehre von den grundrechtlichen Schutzpflichten; Wahl/Masing JZ 1990, 553 ff.; Hesse/Kauffmann JZ 1995, 219 ff.

[228] BVerfG v. 25.2.1975 E 39, 1 (42).

[229] So zum Beispiel BVerfG v. 8.4.1987 E 75, 40 (61): Schutzpflicht zugunsten privater Ersatzschulen; BVerfG v. 7.2.1990 E 81, 242, (256) („Handelsvertreter"): Schutzpflicht zugunsten der in Art. 12 Abs. 1 GG verbürgten Berufsfreiheit.

[230] Letztlich beruht diese Ausdehnung der Bedeutung der Grundrechte auf einem Verständnis der Grundrechte als Prinzipien mit Optimierungstendenz (Alexy, Theorie der Grundrechte, S. 71 ff.). Die Grundrechte trachten gewissermaßen stets danach, ihren Einflußbereich zu erweitern; ein „Sättigungszustand" wird niemals erreicht.

[231] Oetker RdA 1997, 9 (19); Dieterich, RdA 1995, 129 (134).

soll, beide Grundrechte möglichst weitgehend zu schützen, muß er eine Vermitt-
lungslösung suchen und zwischen den geschützten Belangen abwägen. Das
BVerfG überprüft dann, ob der Gesetzgeber seinen Schutzpflichten Genüge getan
hat. Im Falle einer „Schlechterfüllung" der staatlichen Schutzpflicht zögert das
BVerfG dann oftmals nicht, dem Gesetzgeber Vorgaben zu machen, wie er die
Rechtsordnung auszugestalten hat, damit die betroffenen Grundrechte ausreichend
geschützt sind[232]. Es setzt somit dem Parlament nicht nur Grenzen, sondern wirkt
auch auf die Ausgestaltung der Rechtsordnung hin, was klassischerweise die politisch zu verantwortende Aufgabe des Staates war[233]. Die Konstruktion von
Schutzpflichten trägt somit die Gefahr in sich, daß wesentliche politische Entscheidungen nicht mehr durch den einfachen Gesetzgeber getroffen werden, sondern durch das die Grundrechte interpretierende BVerfG[234]. Auf diese Gefahren
verwiesen schon von *Rupp-v. Brünneck und Simon*[235] in ihrem Sondervotum zum
ersten Abtreibungsurteil, in dem das BVerfG erstmalig eine staatliche Schutzpflicht konstruierte. Nach ihrer Auffassung haben die Grundrechte lediglich als
Abwehrrechte einen verhältnismäßig deutlich erkennbaren Inhalt. Demgegenüber
ist es regelmäßig eine höchst komplexe Frage, wie eine Wertentscheidung durch
aktive Maßnahmen des Gesetzgebers zu verwirklichen ist[236]. Es droht die Gefahr,
daß der Gedanke der objektiven Wertordnung zum Vehikel wird, um spezifisch
gesetzgeberische Funktionen in der Gestaltung der Sozialordnung auf das BVerfG
zu verlagern.

Der ehemalige Verfassungsrichter *Böckenförde* hat diese Entwicklung in die Frage
gekleidet, ob künftig Verfassungsrichterwahlen für die Gestaltung der Rechtsordnung gleich wichtig oder gar wichtiger werden könnten als Bundes- oder Land-
tagswahlen[237].

Selbst wenn man grundsätzlich eine Pflicht des Staates zum Schutz von Grundrechten nicht ausschließt, ist damit noch keineswegs gesagt, daß in bezug auf alle
Grundrechte eine staatliche Schutzpflicht bestehen muß. So kommt es beispielsweise in Betracht, eine Schutzpflicht nur dort anzunehmen, wo sie ausdrücklich
normiert ist (Artt. 1 Abs. 1, Art. Art. 6 Abs. 1 und Abs. 4 GG) oder wo es um

---

[232] Vgl. etwa BVerfG v. 29.05.1993 E 88, 203 (270 ff.) (2. Abtreibungsurteil). Hier macht das
BVerfG zahlreiche Vorgaben für die Ausgestaltung des Beratungsverfahrens.
[233] Wahl/Masing JZ 1990, 553 (557); Hesse/Kauffmann JZ 1995, 219 (222).
[234] Medicus AcP 1992, 35 (55).
[235] BVerfG v. 25.2.1975 E 39, 68 (71, 72).
[236] Ähnlich auch Preis RdA 1995, 333 (341).
[237] Böckenförde, Zur Lage der Grundrechtsdogmatik, S. 62.

elementare Güter wie Leben, körperliche Unversehrtheit und Freiheit der Person (Art. 2 Abs. 2 GG) geht.

In bezug auf ein etwaiges verfassungsrechtlich geschütztes Interesse des Arbeitnehmers an der Erhaltung seines Arbeitsplatzes erscheint eine staatliche Schutzpflicht äußerst bedenklich. Wie bereits in Kapitel C dargelegt, hat der Kündigungsschutz einen Januskopf: Einerseits verbessert er die Arbeitsbedingungen derjenigen, die einen Arbeitsplatz haben. Andererseits bringt er eine zusätzliche wirtschaftliche Belastung für den Arbeitgeber mit sich, so daß dessen Einstellungsbereitschaft gemindert wird und die Chancen der Arbeitsuchenden sinken. Es sprechen viele Gründe dafür, daß sich der Kündigungsschutz negativ auf das allgemeine Beschäftigungsniveau auswirkt. Das Problem kann auf die Formel gebracht werden, daß es wenig nützt, aus der Verfassung hehre Verpflichtungen zum Schutz vor Verlust des Arbeitsplatzes herzuleiten, wenn die Schutzmaßnahmen zu einem Beschäftigungsrückgang führen, so daß letztlich immer weniger Menschen in den Genuß dieses Schutzes kommen.

Gewiß ist die These, der Kündigungsschutz wirke beschäftigungshemmend, nicht empirisch bewiesen oder wissenschaftlich unangreifbar. Es ist aber nicht Aufgabe der Verfassungsjurisprudenz, sondern Aufgabe des Gesetzgebers, die Wirkungen des Kündigungsschutzes zu beurteilen und dementsprechend den Kündigungsschutz zu regeln. Zwar betont das BVerfG selbst immer wieder, daß es nur um einen Mindestschutz gehe und dem Gesetzgeber ein Gestaltungsspielraum verbleiben müsse. Die Gretchenfrage lautet jedoch, wo genau das verfassungsrechtlich gebotene Untermaß, das Mindesschutzniveau liegen soll und wo der Gestaltungsspielraum des Gesetzgebers beginnt. Diesbezüglich liefert das BVerfG keine Kriterien, die eine rationale Grenzziehung ermöglichen. Da es der subjektiven Einschätzung des BVerfG obliegt, zu bestimmen, wo dieses Mindestmaß liegt, kann schon die Statuierung von sogenannten Minimalanforderungen die Handlungsmöglichkeiten des Gesetzgebers erheblich einschränken. Im Urteil zur Verfassungsmäßigkeit der Kleinbetriebsklausel trägt das BVerfG vor, im Kleinbetrieb sei ein relativ geringes Niveau an Bestandsschutz verfassungskonform, da hier die Belange des Arbeitgebers besonders schutzwürdig seien[238]. Daraus ergibt sich im Umkehrschluß, daß in größeren Betrieben auch ein höheres Maß an Bestandsschutz verfassungsrechtlich geboten ist. Die Möglichkeiten des Gesetzgebers, im Interesse einer Anhebung des Beschäftigungsniveaus den Kündigungsschutz zu

---

[238] BVerfG v. 27.1.1998 NZA 1998, 470 (472).

reduzieren, werden somit drastisch eingeschränkt[239]. Daher ist die Konstruktion einer Pflicht des Staates, den Arbeitnehmer vor Kündigungen zu schützen, abzulehnen.

Zu bedenken ist auch, daß die Rechtsprechung des BVerfG nicht nur Auswirkungen auf die Kündigungsfreiheit hat, sondern auch für das Einstellungsverhalten des Arbeitgebers von Bedeutung ist.

Das BVerfG geht davon aus, daß Art. 12 Abs. 1 nicht nur den Willen des einzelnen, eine konkrete Beschäftigungsmöglichkeit zu ergreifen schützt, sondern auch den Willen, eine konkrete Beschäftigung beizubehalten. Wenn nun hinsichtlich der Beibehaltung einer Beschäftigungsmöglichkeit eine Schutzpflicht besteht, muß dies auch bezüglich der ursprünglichen Wahl der Fall sein, da die Beibehaltung ja nur eine täglich neu manifestierte Wahl darstellt[240]. Es ist daher davon auszugehen, daß die vom BVerfG für Kündigungen aufgestellten Bindungen auch für Einstellungen von Bedeutung sind. So fordert das BVerfG beispielsweise, daß der Arbeitgeber bei Auswahlkündigungen ein gewisses Maß an sozialer Rücksichtnahme walten lassen muß. Da das BVerfG betont, daß die Belange des Arbeitgebers im Kleinbetrieb besonders schutzwürdig sind, dürfte in größeren Betrieben nicht nur ein gewisses Maß an Rücksichtnahme geboten sein, sondern eine umfassende Berücksichtigung der sozialen Belange der Arbeitnehmer.

Dies muß dann gleichermaßen für Einstellungen gelten. Der Arbeitgeber müßte also bei mehreren Bewerbern zumindest bei gleicher Qualifikation prüfen, welcher der Bewerber den Arbeitsplatz in sozialer Hinsicht besonders dringend benötigt.

Auch im Hinblick auf diese weitreichenden Konsequenzen ist die Konstruktion einer Schutzpflicht bezüglich der freien Wahl des Arbeitsplatzes abzulehnen.

---

[239] So ist es dem deutschen Gesetzgeber etwa verwehrt, dem Beispiel der Schweiz zu folgen, wo lediglich maßregelnde und diskriminierende Kündigungen untersagt sind (vgl. dazu Nordmann, Die missbräuchliche Kündigung im schweizerischen Arbeitsvertragsrecht unter besonderer Berücksichtigung des Gleichstellungsgesetzes). Die Arbeitslosenquote lag im April 2000 bei 2,1 % (vgl. FAZ vom 9.5.2000, S. 17). Natürlich hängt das Beschäftigungsniveau nicht allein vom Kündigungsschutzniveau ab, jedoch kommt ihm hinsichtlich der Einstellungsbereitschaft der Unternehmen durchaus Bedeutung zu. Man wird schwerlich davon ausgehen können, daß die Position der Arbeitnehmer infolge des geringeren Kündigungsschutzes in der Schweiz schlechter ist, als dies in Deutschland der Fall ist.

[240] So auch Hanau, FS für Dieterich, 201 (211).

b) Einwände gegen die Herleitung aus Art. 12 Abs. 1 GG

Abgesehen von den allgemeinen Einwänden gegen eine staatliche Pflicht zum Schutz gegen Kündigungen bestehen auch Zweifel, ob eine derartige Schutzpflicht überhaupt aus Art. 12 Abs. 1 GG hergeleitet werden kann.

Zur Verdeutlichung der Problematik sollen zunächst die allgemeine Situation des staatlichen Eingriffs in ein Grundrecht und die der sogenannten Schutzpflicht einander gegenübergestellt werden:

Beim staatlichen Eingriff sind drei Akteure beteiligt: Ein Arbeitgeber, der einem bestimmten Arbeitnehmer einen Arbeitsplatz zur Verfügung stellt, ein Arbeitnehmer, der bei eben diesem Arbeitgeber arbeiten möchte, und der Staat, der es dem Arbeitnehmer verwehrt, den konkreten Arbeitsplatz anzunehmen oder der den Arbeitnehmer dazu zwingt, den konkreten Arbeitsplatz aufzugeben.
In der vom BVerfG konstruierten Schutzpflicht-Konstellation sind ebenfalls drei Akteure beteiligt: Ein Arbeitgeber, der einem Arbeitnehmer kündigen möchte, ein Arbeitnehmer, der den Arbeitsplatz beibehalten will und der Staat, der verpflichtet sein soll, den Arbeitnehmer vor der Kündigung zu schützen.

Hier deutet sich schon an, daß sich die Situation bei der freien Wahl des Arbeitsplatzes von anderen klassischen Schutzpflicht-Konstellationen unterscheidet:

In der Ausgangssituation des staatlichen Eingriffs sind in der Regel nur zwei Akteure beteiligt, der Staat und ein Privater, dessen Rechtsgüter durch staatliches Handeln beeinträchtigt werden. In der Schutzpflicht-Konstellation kommt ein weiterer Beteiligter hinzu: Die Beeinträchtigung der Rechtsgüter des Privaten A geht vom Privaten B aus, wobei der Staat A vor B schützen soll (Dreieckskonstellation).

Bei der freien Wahl des Arbeitsplatzes sind bereits in der Ausgangskonstellation (staatlicher Eingriff) drei Akteure beteiligt, weil der Arbeitnehmer das Grundrecht der freien Wahl des Arbeitsplatzes nicht alleine ausüben kann. Er kann einen Arbeitsplatz nur dann wählen oder beibehalten, wenn dieser Arbeitsplatz angeboten wird. Das BVerfG betont selbst, daß die freie Wahl des Arbeitsplatzes nur das Recht schützt, einen zur Verfügung stehenden Arbeitsplatz, eine konkrete Beschäftigungsmöglichkeit zu ergreifen oder beizubehalten[241]. Voraussetzung ist also, daß ein konkreter Arbeitsplatz zur Verfügung gestellt wird.

Wenn der Arbeitgeber einen bestimmten Arbeitnehmer nicht einstellen will oder einen Arbeitnehmer entlassen möchte, stellt der Arbeitgeber diesen Arbeitsplatz für den betroffenen Arbeitnehmer nicht mehr zur Verfügung. Wo aber keine Beschäftigung mehr angeboten wird, ist der Schutzbereich der freien Wahl des Arbeitsplatzes nicht einschlägig. Wo aber der Schutzbereich nicht betroffen ist, kann weder ein Abwehrrecht gegen staatliche Beeinträchtigungen noch eine Schutzpflicht bestehen. Will der Arbeitgeber also einen Arbeitnehmer entlassen, so liegt darin keine Beeinträchtigung der freien Wahl des Arbeitsplatzes, sondern es entfällt bereits die Voraussetzung dafür, daß sich der Arbeitnehmer überhaupt auf die freie Arbeitsplatzwahl berufen kann. Über dieses Problem geht das BVerfG hinweg, indem es einfach begründungslos statuiert, den Staat treffe eine Pflicht, den Arbeitnehmer vor Beendigung des Arbeitsverhältnisses durch private Disposition, also durch arbeitgeberseitige Kündigung, zu schützen.

Um den Denkfehler zu verdeutlichen sei folgender Parallelfall zur Vereinigungsfreiheit gebildet:

Die Vereinigungsfreiheit ist nur einschlägig, wenn sich mehrere Personen auf privatrechtlicher Basis zu einem gemeinsamen Zweck zusammenschließen. Art. 9 Abs. 1 GG schützt die Gründung eines Vereins, den Beitritt zu einem bestehenden Verein, die Betätigung in einem Verein wie auch den Verbleib in einem Verein[242]. Genauso wie bei der Arbeitsplatzwahlfreiheit kann hier der einzelne das Grundrecht nicht isoliert ausüben, sondern er ist darauf angewiesen, daß andere sein Ansinnen mit ihm gemeinsam verwirklichen wollen. Der Staat darf hier nun keinen der Beteiligten an einer vereinsspezifischen Betätigung hindern genauso wie er die Begründung oder Aufrechterhaltung eines Arbeitsverhältnisses nicht unterbinden darf. Das ist die Dimension des Grundrechtes als Abwehrrecht. Konstruiert man nun eine Schutzpflicht, so folgt aus der Vereinigungsfreiheit jedoch nicht, daß der Staat verpflichtet wäre, die Vereinsmitglieder davon abzuhalten, den Verein zu verlassen, aufzulösen bzw. ein Vereinsmitglied aus dem Verein auszuschließen. Wo keine Bereitschaft mehr vorhanden ist, den Verein mit einem bestimmten Mitglied fortzuführen, kann diese Einzelperson auch keine Vereini-

---

[241] BVerfG v. 24.4.1991 NJW 1991, 1667.
[242] Pieroth/Schlink, Grundrechte, Rn. 727.

gungsfreiheit mehr ausüben. Der Schutzbereich des Grundrechtes ist demnach nicht mehr einschlägig. Wo aber der Schutzbereich nicht mehr einschlägig ist, kann weder ein Abwehrrecht noch eine Schutzpflicht bestehen. Daher wird zutreffend davon ausgegangen, daß aus Art. 9 Abs. 1 GG kein grundrechtlicher Anspruch gegen bestehende Vereinigungen auf Aufnahme bzw. grundrechtlicher Schutz gegen Ausschluß oder Auflösung hergeleitet werden kann[243]. Das Recht der Vereinigungsfreiheit enthält vielmehr auch das Recht der Vereinigung selbst bzw. der in ihr zusammengeschlossenen Individuen, über Aufnahme, Ausschluß und Auflösung autonom zu entscheiden. Ein grundrechtlicher Anspruch auf Aufnahme oder Verbleib in einer Vereinigung kommt allenfalls bei Monopolverbänden oder bei solchen Verbänden in Betracht, die im wirtschaftlichen oder sozialen Bereich eine überragende Machtstellung innehaben[244]. Von einer derartigen überragenden Machtstellung kann ausgegangen werden, wenn die Macht dieser Verbände in ihrer Bedeutung für den einzelnen weitgehend staatlicher Macht gleich kommt. Dies sind jedoch Ausnahmekonstellationen. Ansonsten kann eine Schutzpflicht hier lediglich bedeuten, daß der Staat gehalten ist, Beeinträchtigungen der Vereinigungsfreiheit durch außerhalb des Vereins stehende Dritte zu verhindern.

Genauso verhält es sich auch mit der freien Wahl des Arbeitsplatzes: Als Abwehrrecht des Bürgers gegen den Staat schützt die freie Wahl des Arbeitsplatzes zunächst den Entschluß, eine konkrete Beschäftigungsmöglichkeit, das heißt einen zur Verfügung gestellten Arbeitsplatz zu ergreifen oder beizubehalten[245]. Will ein Arbeitgeber einen Arbeitnehmer nicht mehr beschäftigen, so ist das Grundrecht der freien Arbeitsplatzwahl nicht mehr einschlägig, so daß auch keine Schutzpflicht bestehen kann. Demnach kann aus Art. 12 Abs. 1 GG keine Pflicht des Staates hergeleitet werden, den Arbeitnehmer vor Kündigungen zu schützen.
Die für die Vereinigungsfreiheit entwickelten Ausnahmekonstellationen für Monopolverbände oder Verbände mit außerordentlicher wirtschaftlicher und sozialer Machtstellung können auf die freie Arbeitsplatzwahl nicht übertragen werden, weil ein einzelner Arbeitgeber als solcher niemals Monopolist ist.
Will man bezüglich der freien Wahl des Arbeitsplatzes unbedingt eine Schutzpflicht konstruieren, so kann dies allenfalls heißen, daß der Staat verpflichtet ist, einen Arbeitnehmer, der von einem Arbeitgeber beschäftigt wird, vor Beeinträchtigung durch außerhalb des Beschäftigungsverhältnisses stehende Private zu schützen.

---

[243] Maunz/Dürig/Scholz Art. 9 GG Rn. 98; Murswiek JuS 1992, 116 (121).
[244] BGH v. 2.12.1974 Z 63, 282 (284).
[245] BVerfG v. 24.4.1991 NJW 1991, 1667.

Da eine staatliche Pflicht zum Schutz vor Entlassung den gesetzgeberischen Gestaltungsspielraum erheblich einschränken würde und auch konstruktiv nicht aus Art. 12 Abs. 1 GG hergeleitet werden kann, ist eine derartige Schutzpflicht zu verneinen.

2. Gebietet die Schutzpflicht einen Minimalkündigungsschutz über die Generalklauseln?

Selbst wenn man entgegen der hier vertretenen Auffassung davon ausgeht, daß aus Art. 12 GG eine Schutzpflicht des Staates herzuleiten ist, nach der der Arbeitnehmer gegen privatautonome Beendigung des Arbeitsverhältnisses geschützt werden muß, ist damit noch keineswegs gesagt, daß über die Generalklauseln ein Mindestkündigungsschutz zu gewährleisten ist. Es ist ebenso denkbar, daß der Gesetzgeber die widerstreitenden Interessen in einen verfassungsmäßigen Ausgleich gebracht hat, so daß kein Bedürfnis besteht bzw. der Respekt vor der gesetzgeberischen Entscheidung es sogar verbietet, über Art. 12 GG in Verbindung mit § 242 BGB einen Minimalkündigungsschutz zu etablieren.

Bevor die Frage beantwortet werden kann, ob der Gesetzgeber durch §§ 1 Abs. 1, 23 Abs. 1 Satz 2 KSchG einen abschließenden verfassungsmäßigen Ausgleich herbeigeführt hat, muß geklärt werden, welche Belange verfassungsrechtlich relevant und daher in die Abwägung miteinzubeziehen sind. Neben dem bereits erörterten Interesse des Arbeitnehmers an der Erhaltung des Arbeitsverhältnisses kommt dabei das Interesse des Arbeitgebers an der Kündigungsfreiheit sowie das Interesse der Arbeitsuchenden an möglichst weitreichenden Marktzutrittschancen in Betracht.

a) Interessen des Arbeitgebers an der Kündigungsmöglichkeit

Nach Auffassung des BVerfG ist die Möglichkeit des Arbeitgebers, eigenständig zu entscheiden, mit wem er zusammenarbeiten will und wen er entlassen möchte, regelmäßig durch Art. 12 Abs. 1 GG oder zumindest durch die wirtschaftliche Betätigungsfreiheit aus Art. 2 Abs. 1 GG geschützt[246].

---

[246] BVerfG v. 27.1.1998 NZA 1998, 470 (471).

Es spricht vieles dafür, das Kündigungsrecht des Arbeitgebers in den Schutzbereich der Berufsfreiheit aus Art. 12 Abs. 1 GG und nicht nur in den der allgemeinen Handlungsfreiheit aus Art. 2 Abs. 1 GG miteinzubeziehen. Wie viele und welche Arbeitnehmer der Arbeitgeber beschäftigt, ist von herausragender Bedeutung für die berufliche Tätigkeit. So kann er beispielsweise nur frei entscheiden, ob er ein kleines, ein mittleres oder ein großes Unternehmen führt, wenn er die Möglichkeit hat, über die Zahl der beschäftigten Mitarbeiter grundsätzlich selbst zu bestimmen. Des weiteren ist es auch erforderlich, daß der Arbeitgeber selbst festlegen kann, welche Fertigkeiten und Qualifikationen die von ihm beschäftigten Arbeitnehmer mitbringen sollen. Nur so ist gewährleistet, daß er sein unternehmerisches Konzept verwirklichen kann. Will der Arbeitgeber von seiner negativen Berufsfreiheit Gebrauch machen und sein Unternehmen stillegen, so muß es ihm auch möglich sein, in diesem Fall das gesamte Personal zu entlassen.

Das Interesse des Arbeitgebers, eigenständig über Einstellungen und Entlassungen zu entscheiden, ist somit durch die Berufsfreiheit in Art. 12 Abs. 1 GG geschützt[247].

b) Interessen der Arbeitsuchenden

Es ist denkbar, daß die Verfassung auch die Interessen der Arbeitsuchenden schützt und der Gesetzgeber daher auch deren Belange bei der Ausgestaltung des Kündigungsschutzes berücksichtigen muß.

Ein Recht auf Arbeit kann aus Art. 12 Abs. 1 GG nicht hergeleitet werden[248]. Auch aus dem Sozialstaatsprinzip (Art. 20 Abs. 1 GG) ergibt sich kein subjektiver Anspruch des einzelnen gegen den Staat auf Bereitstellung eines Arbeitsplatzes, da Art. 20 Abs. 1 GG nur das Staatsziel einer gerechten Sozialordnung festlegt, dem Gesetzgeber für die Erreichung dieses Zieles aber keine Vorgaben macht[249]. Gegen ein subjektives Recht des einzelnen auf Verschaffung eines Arbeitsplatzes oder auf eine entsprechende Bestandsgarantie spricht vor allen Dingen der erhebliche finanzielle Aufwand, mit dem ein derartiges Recht verbunden wäre. Letztlich würde die Erfüllung der in Art. 109 Abs. 2 GG verankerten Pflicht zur Rück-

---

[247] Scholz ZfA 1981, 265 (281); Papier DVBl. 1984, 801 (813); Wendt DÖV 1984, 601 (603); Oetker RdA 1997, 9 (11); Rütten, Institutionelle Arbeitslosigkeit und Grundgesetz, S. 135.
[248] BVerfG v. 24.4.1991 NJW 1991, 1667; Papier DVBl. 1984, 801 (810); Papier RdA 2000, 1 (2); Pietzcker NVwZ 1984, 550 (556); Scholz ZfA 1981, 265 (283); ErfK/Dieterich Art. 12 Rn. 5.
[249] BVerfG v. 18.7.1967 E 22, 180 (204); BVerfG v. 13.1. 1982 NJW 1982, 1447 (1449).

sichtnahme auf das gesamtwirtschaftliche Gleichgewicht erheblich gefährdet. Auch ließe sich ein subjektives Recht auf Arbeit nur dann verwirklichen, wenn der Staat selbst über Arbeitsplätze verfügen würde, also private Arbeitgeber dazu zwingen würde, Arbeitskräfte zu beschäftigen. Dies wäre mit den wirtschaftlichen Grundrechten der Arbeitgeber nicht vereinbar.

Zu diskutieren ist jedoch, ob Art. 12 GG den Arbeitsuchenden vor staatlichen Maßnahmen schützt, die seine Marktzutrittschancen beeinträchtigen. Im Urteil zur Verfassungsmäßigkeit der Kleinbetriebsklausel hat das BVerfG dazu keine Stellung genommen. Eine ansatzweise Auseinandersetzung mit dieser Frage findet sich jedoch in einer Entscheidung des BVerfG aus dem Jahre 1982 zu Arbeitsverhältnissen freier Mitarbeiter von Rundfunkanstalten[250]: Die Kläger waren für eine Rundfunkanstalt vorwiegend als Redakteure, Regisseure und Reporter tätig und wurden dort als freie Mitarbeiter beschäftigt. Sie begehrten vor den Arbeitsgerichten die Feststellung, daß sie sich zu der Rundfunkanstalt in einem unbefristeten Arbeitsverhältnis befänden. Mit diesem Begehren waren sie vor den Arbeitsgerichten erfolgreich. Das BVerfG hob die Entscheidungen der Arbeitsgerichte auf. Die Rundfunkfreiheit aus Art. 5 Abs. 1 Satz 2 GG erstrecke sich auch auf das Recht der Rundfunkanstalten, dem Gebot der Vielfalt der zu vermittelnden Programminhalte auch bei der Auswahl, Einstellung und Beschäftigung der programmgestaltenden Rundfunkmitarbeiter Rechnung zu tragen. Den Rundfunkanstalten müsse also zur Verwirklichung ihres Auftrages personelle Flexibilität zugestanden werden. Des weiteren führt das BVerfG - für unsere Fragestellung interessant - aus[251]:

„Der arbeitsrechtliche Bestandsschutz, der das Grundrecht der Rundfunkfreiheit nach Art. 5 Abs. 2 beschränkt, dient zwar der Verwirklichung des Sozialstaatsprinzips als eines Verfassungsprinzips; er sichert diejenigen Mitarbeiter, die diesen Bestandsschutz genießen, in ihrer beruflichen Position und damit in ihrer verfassungsrechtlich gewährleisteten Berufsfreiheit (Art. 12 Abs. 1 GG). Es ist aber zu berücksichtigen, daß der arbeitsrechtliche Bestandsschutz nur festangestellten Mitarbeitern zugute kommt; da den Anstalten in dem Maße, in dem sie Mitarbeiter in einem unbefristeten Arbeitsverhältnis zu beschäftigen haben, die Möglichkeit eines Wechsels weitgehend genommen ist, entfaltet er eine Sperrwirkung und verschlechtert damit die Chancen derjenigen, welche sich die Mitarbeit

---

[250] BVerfG v. 13.1.1982 NJW 1982, 1447.
[251] BVerfG v. 13.1.1982 NJW 1982, 1447 (1449).

im Rundfunk zur Aufgabe machen wollen, insbesondere der Nachwuchskräfte, die im anderen Falle, wenn auch ohne feste Anstellung, Arbeit und Verdienst finden würden. Diese Auswirkung kann schwerlich im Sinne des Sozialstaatsprinzips liegen, das die Verwirklichung einer sozial gerechten Ordnung für alle gebietet, also gerade auch zur Sorge für diejenigen verpflichtet, die keinen Arbeitsplatz haben und einen solchen suchen. Zugleich wird es den zu diesem Kreis Gehörenden wesentlich erschwert, von ihrem *Grundrecht auf freie Berufswahl* Gebrauch zu machen."

Bestandsschutz für beschäftigte Rundfunkmitarbeiter entfaltet nach Auffassung des BVerfG also eine Sperrwirkung zulasten der Arbeitsuchenden. Dies entspricht dem unter C I 8 bereits dargelegten Gedankengang. Ob darin wirklich eine Beeinträchtigung der Berufsfreiheit liegt, kann offenbleiben. Der vom BVerfG entwickelte Gedanke der Sperrwirkung des Kündigungsschutzes hat jedenfalls Bedeutung für die *freie Arbeitsplatzwahl*. Anders als die Berufswahl schützt die Arbeitsplatzwahlfreiheit auch die Entscheidung für eine konkrete Beschäftigungsmöglichkeit, also auch die Wahl eines bestimmten Vertragspartners. Der Kündigungsschutz macht es nun dem Arbeitgeber häufig unmöglich, einen Arbeitnehmer, den er eigentlich gerne beschäftigen würde, einzustellen. Zwar kann der Arbeitgeber theoretisch eine neue Stelle für einen Bewerber schaffen, jedoch wird aufgrund begrenzter Kapazitäten die Einstellung eines Bewerbers häufig nur dann in Betracht kommen, wenn zuvor ein anderer Arbeitnehmer entlassen werden kann. Der Kündigungsschutz verhindert nun regelmäßig den Austausch von betriebsangehörigen Arbeitnehmern gegen externe Bewerber, vereitelt also, daß der Bewerber eingestellt wird. In der Literatur wird daher zurecht davon ausgegangen, daß der Kündigungsschutz die freie Arbeitsplatzwahl der Arbeitsuchenden beeinträchtigt[252].

Auch unter dem Gesichtspunkt sonstiger Verfassungsprinzipien sind die Interessen der Arbeitsuchenden zu berücksichtigen. An erster Stelle ist hier das Sozialstaatsprinzip aus Art. 20 Abs. 1 GG zu nennen. Das Sozialstaatsprinzip gebietet - so das BVerfG in der zitierten Rundfunkentscheidung - die Verwirklichung einer sozial gerechten Ordnung für alle, verpflichtet also auch zur Sorge für diejenigen,

---

[252] Oetker RdA 1997, 9 (20); Papier DVBl. 1984, 801 (813); Scholz ZfA 1981, 265 (281); von Hoyningen-Huene, FS für die Arbeitsgerichtsbarkeit des Landes Rheinland-Pfalz, 215 (220); Neuhausen, Verzicht auf Kündigungsschutz, S. 56; mit gewissen Einschränkungen auch Rütten, Institutionelle Arbeitslosigkeit und Grundgesetz, S. 256 ff.

die keinen Arbeitsplatz haben und einen solchen suchen[253]. Wie unter C I 6 bereits
dargelegt, kann der Kündigungsschutz neben der Sperrwirkung auch dazu führen,
daß die Bereitschaft der Arbeitgeber, Einstellungen vorzunehmen, sinkt, sich also
die Zahl der angebotenen Arbeitsplätze verringert. Es kann daher durchaus im
Sinne des Sozialstaatsprinzips sein, das Kündigungsschutzniveau zu reduzieren.

Aus alledem ergibt sich, daß bei der Frage, ob der Gesetzgeber bei der Ausgestaltung des Kündigungsschutzes einen verfassungsmäßigen Ausgleich der widerstreitenden Interessen herbeigeführt hat, die Belange der Arbeitsuchenden nicht außer
Betracht bleiben dürfen.

Nachdem nun dargelegt wurde, welche Verfassungsgüter bei der Materie des
Kündigungsschutzes ein Rolle spielen, gilt es zu prüfen, ob der Gesetzgeber be-
züglich der im Rahmen dieser Arbeit interessierenden §§ 23 Abs. 1 Satz 2 und 1
Abs. 1 KSchG einen verfassungsmäßigen Ausgleich gefunden hat.

c) Verfassungskonformer Ausgleich bezüglich der Kleinbetriebsklausel

Wie das BVerfG aus Art. 12 GG den Schutz des Fortbestandes des Arbeitsverhältnisses herleitet, wurde unter D IV 1 bereits dargelegt. In einem Kleinbetrieb
sind nun, wie das BVerfG selbst anerkennt, auch die Interessen des Arbeitgebers
besonders schutzwürdig:

„In einem Betrieb mit weniger Arbeitskräften hängt der Geschäftserfolg mehr als
bei Großbetrieben von jedem einzelnen Arbeitnehmer ab. Auf seine Leistungsfähigkeit kommt es ebenso an, wie auf Persönlichkeitsmerkmale, die für die Zu-
sammenarbeit, die Außenwirkung und das Betriebsklima von Bedeutung sind.
Kleine Teams sind anfällig für Mißstimmungen und Querelen. Störungen des Be-
triebsklimas können zu Leistungsminderung führen, die bei geringem Geschäfts-
volumen spürbar auf das Ergebnis durchschlagen. Ausfälle lassen sich mit dem
niedrigen Personalbestand nur schwer ausgleichen. Typischerweise arbeitet in
einem Kleinbetrieb der Unternehmer selbst als Chef vor Ort mit. Damit bekommt
das Vertrauensverhältnis zu jedem seiner Mitarbeiter einen besonderen Stellen-
wert. Auch die regelmäßig geringere Finanzausstattung fällt ins Gewicht. Ein
Kleinbetrieb ist häufig nicht in der Lage, Abfindungen bei Auflösung eines Ar-

---

[253] BVerfG v. 13.1.1982 NJW 1982, 1447 (1449); Papier RdA 2000, 1 (3).

beitsverhältnisses zu zahlen oder weniger leistungsfähiges, weniger benötigtes oder auch nur weniger genehmes Personal mitzutragen. Schließlich belastet auch der Verwaltungsaufwand, den ein Kündigungsschutzprozeß mit sich bringt, den Kleinbetrieb stärker als ein größeres Unternehmen."[254]

Dem muß hinzugefügt werden, daß der Kleinunternehmer, auch aufgrund seiner minderen ökonomischen Potenz, in besonderem Maße der Rechtssicherheit bezüglich der auszusprechenden Kündigungen bedarf, weil ihn Unwägbarkeiten sehr hart treffen.

Der vom BVerfG entwickelte Kündigungsschutz ist der Rechtssicherheit jedoch alles andere als zuträglich. Es sei noch einmal daran erinnert, welchen Kündigungsschutz das BVerfG als durch Art. 12 GG auch in Kleinbetrieben als gewährleistet ansieht:

„(1) Arbeitnehmer müssen vor willkürlichen oder auf sachfremden Motiven beruhenden Kündigungen geschützt werden.
(2) Soweit unter mehreren Arbeitnehmern eine Auswahl zu treffen ist, gebietet der verfassungsrechtliche Schutz des Arbeitsplatzes in Verbindung mit dem Sozialstaatsprinzip ein gewisses Maß an sozialer Rücksichtnahme.
(3) Schließlich darf ein durch langjährige Mitarbeit erdientes Vertrauen in den Fortbestand des Arbeitsverhältnisses nicht unberücksichtigt bleiben."

Die genannten Kriterien sind äußerst unbestimmt. Das BVerfG geht davon aus, daß der durch die Generalklauseln vermittelte Grundrechtschutz um so schwächer wirkt, je stärker die mit der Kleinbetriebsklausel geschützten Grundrechtspositionen im Einzelfall betroffen sind. Bei allen Kündigungssachverhalten soll somit eine Interessenabwägung vorgenommen werden, und zwar eine Interessenabwägung - das BVerfG nennt das Stichwort selbst - „im Einzelfall". Für die geforderte Interessenabwägung ist es geradezu typisch, daß kaum prognostiziert werden kann, welche Interessen das Arbeitsgericht als höherwertig einstufen wird. Gleiches gilt für die Sozialauswahl. Damit wird aber der von § 23 Abs. 1 Satz 2 KSchG verfolgte Zweck, dem Kleinunternehmer Rechtssicherheit zu verschaffen, ihn von den Unwägbarkeiten einer Sozialauswahl oder einer Interessenabwägung im Einzelfall zu befreien, konterkariert[255]. Die im Kleinbetrieb überwiegenden

---

[254] BVerfG v. 27.1.1998 NZA 1998, 470 (472).
[255] Löwisch BB 1997, 782 (787).

Interessen des Arbeitgebers rechtfertigen es meines Erachtens, ihm weitgehende Kündigungsfreiheit zuzugestehen. Sofern darauf verwiesen wird, die Kündigung sei an § 242 BGB zu messen, wenn die Pauschalität der Interessenwertung des Gesetzgebers in § 23 Abs. 1 Satz 2 KSchG unverhältnismäßig erscheine[256], muß dem entgegengehalten werden, daß abstrakte und generelle Regelungen immer eine pauschale Interessenwertung vornehmen. Wenn diese Pauschalität im Einzelfall ungerecht erscheint, so muß dies in der Regel hingenommen werden, weil sonst die mit der Rechtsnorm ebenfalls bezweckte Rechtssicherheit ausgehöhlt wird. Schließlich ist die Rechtssicherheit ebenfalls ein Verfassungsprinzip (Art. 20 Abs. 3 GG)[257]. In diesem Spannungsverhältnis zwischen Rechtssicherheit und Gerechtigkeit im Einzelfall darf der Gesetzgeber ersterer den Vorrang einräumen[258], gerade wenn die Rechtssicherheit von so großer Bedeutung, auch wirtschaftlicher Bedeutung ist, wie im Kleinbetrieb.

Es wurde bereits dargelegt, daß die Interessen der Arbeitsuchenden durch Art. 12 Abs. 1 GG und durch das Sozialstaatsprinzip in Art. 20 Abs. 1 GG ebenfalls verfassungsrechtlich geschützt sind. Der Kündigungsschutz steht den Interessen der Arbeitsuchenden entgegen, weil er die Einstellungsbereitschaft der Arbeitgeber mindert und die Fluktuation auf dem Arbeitsmarkt einschränkt. Nun sind Beschäftigungsimpulse in erster Linie von kleineren und mittleren Unternehmen, insbesondere im Handwerks- und Dienstleistungsbereich zu erwarten[259]. Des weiteren handelt es sich bei Kleinunternehmen vielfach um Unternehmen in der Existenzgründungsphase, die neue Arbeitsplätze schaffen können. Auch dies rechtfertigt es, Kleinbetriebe von jedweder Form einer Interessenabwägung im Einzelfall oder einer Sozialauswahl freizustellen.

Es kann auch nicht davon ausgegangen werden, daß die vom BVerfG neu statuierten Kündigungsschranken die Kündigungsfreiheit des Kleinunternehmers nur in geringem Umfang einschränken und daß daher auch nicht mit einem beschäftigungshemmenden Effekt zu rechnen ist. Muß ein Arbeitgeber, der vier Arbeitnehmer beschäftigt, nur einen seiner Arbeitnehmer wegen der vom BVerfG neu statuierten Kündigungsschranken weiterbeschäftigen, so kann er über 25 % seines Personalbestandes nicht frei disponieren. Die Belastung wiegt also in diesem Fall genauso schwer wie bei einem Arbeitgeber, der 100 Arbeitnehmer beschäftigt und

---

[256] Heidelberger Kommentar zum KSchG/Dorndorf § 13 Rn. 122.

[257] Degenhart, Staatszielbestimmungen, Staatsorgane, Staatsfunktionen, Rn. 300.

[258] BAG v. 19.4.1990 NZA 1990, 724 (727).

[259] BT-Drs. 13 /4612, S. 9.

infolge kündigungsschutzrechtlicher Vorschriften 25 seiner Arbeitnehmer nicht entlassen kann, die er eigentlich nicht weiterbeschäftigen möchte. Von einer geringfügigen Beeinträchtigung der Kündigungsfreiheit kann also keine Rede sein. Des weiteren ist der vom BVerfG entwickelte Kündigungsschutz äußerst unbestimmt und gebietet eine gesonderte Beurteilung jedes Einzelfalls. Wo aber jeder Einzelfall gesondert beurteilt werden muß, entstehen Rechtsunsicherheit, erhöhter Rechtsberatungsbedarf, erhöhter Kostenaufwand und damit erhöhte Einstellungsbarrieren. Weitreichende Sicherheit, die gerade für den Kleinunternehmer von großer Bedeutung ist, kann hier eben nur durch eine pauschale Regelung hergestellt werden. Daher muß durchaus befürchtet werden, daß die vom BVerfG entwickelten Kündigungsschranken die Einstellungsbereitschaft der Kleinunternehmer beeinträchtigen.

Ferner ist zu berücksichtigen, daß auch für Arbeitnehmer im Kleinbetrieb durch die Kündigungsfristen sichergestellt ist, daß sie nicht von einem Tag auf den anderen auf der Straße stehen, sondern rechtzeitig nach einer neuen Stelle Ausschau halten können. Maßregelnde Kündigungen sind durch § 612a BGB auch im Kleinbetrieb unzulässig. Über § 138 Abs. 1 BGB in Verbindung mit Art. 3 Abs. 3 GG ist der Arbeitnehmer vor diskriminierenden Kündigungen geschützt. Darüber hinaus bestehen keine Bedenken, die allgemeinen Grundsätze von Treu und Glauben auch im Kleinbetrieb anzuwenden.

Berücksichtigt man alle drei Umstände, die besondere Schutzwürdigkeit des Kleinunternehmers, die Interessen der Arbeitsuchenden, sowie den ohnehin gewährleisteten Schutz der Arbeitnehmer im Kleinbetrieb, so führt dies zu dem Ergebnis, daß der Gesetzgeber durch § 23 Abs. 1 Satz 2 KSchG einen abschließenden, verfassungskonformen Ausgleich der widerstreitenden Interessen herbeigeführt hat. Der Respekt vor der gesetzgeberischen Entscheidung verbietet es somit, über § 242 BGB in Verbindung mit Art. 12 Abs. 1 GG neue Kündigungsschranken für den Kleinbetrieb zu entwickeln.

d) Verfassungskonformer Ausgleich bezüglich der Wartezeit

Das Urteil des BVerfG zur Verfassungsmäßigkeit der Kleinbetriebsklausel kann für Kündigungen während der Wartezeit nicht direkt herangezogen werden. Die dortigen Ausführungen beziehen sich ausschließlich auf den Kündigungsschutz in Kleinbetrieben.

Was das Interesse des Arbeitnehmers an der Erhaltung seines Arbeitsplatzes anbelangt, geht das BVerfG selbst davon aus, daß sich das Bestandsschutzinteresse des Arbeitnehmers um so mehr verstärkt, je länger er im Betrieb beschäftigt ist. Daher kann davon ausgegangen werden, daß das Bestandsschutzinteresse des Arbeitnehmers während der Wartezeit eher gering zu veranschlagen ist. Sofern man durch Art. 12 Abs. 1 GG auch die Zugehörigkeit zur Betriebsfamilie als geschützt ansieht, wird man sagen müssen, daß ein Arbeitnehmer, der erst seit kurzer Zeit beschäftigt ist, mit dieser „Familie" in der Regel noch nicht fest verwachsen ist. Ein etwaiges durch Art. 12 Abs. 1 GG geschütztes Interesse des Arbeitnehmers an der Erhaltung seines Arbeitsplatzes fällt daher während der Wartezeit weniger stark ins Gewicht. Zudem muß hier ebenfalls berücksichtigt werden, daß auch während der Wartezeit die Kündigungsfristen gelten, diskriminierende und maßregelnde Kündigungen über § 138 Abs. 1 BGB beziehungsweise § 612a BGB angreifbar sind und der Arbeitgeber die althergebrachten Grundsätze von Treu und Glauben zu beachten hat, so daß ein gewisser Schutz sichergestellt ist.

Die Belange des Arbeitgebers sind während der Wartezeit besonders schutzwürdig. Der Arbeitgeber soll in der Wartezeit die Möglichkeit haben, zu erkunden, ob der Arbeitnehmer der ihm übertragenen Aufgabe gewachsen ist, ob er den an ihn gestellten Anforderungen genügt und in der Lage ist, mit den übrigen Arbeitnehmern und mit dem Arbeitgeber, falls dieser vor Ort selbst tätig ist, produktiv zusammenzuarbeiten. Um seinen unternehmerischen Zweck verwirklichen zu können, ist es für den Arbeitgeber von besonderer Bedeutung, daß er neu eingestellte Arbeitnehmer zunächst unproblematisch erproben kann. Die durch Art. 12 Abs. 1 GG geschützte Kündigungsmöglichkeit des Arbeitgebers schlägt daher in der Erprobungsphase besonders stark zu Buche.

Auch die verfassungsrechtlich geschützten Interessen der Arbeitsuchenden sprechen für weitgehende Kündigungsfreiheit in der Erprobungsphase. Wäre das Kündigungsrecht des Arbeitgebers bereits mit Beginn des Arbeitsverhältnisses stark beschränkt, so würde er nur solche Arbeitnehmer einstellen, bei denen er sich absolut sicher ist, daß sie sich bewähren. Hat er hingegen Zweifel, ob ein Bewerber seinen Anforderungen genügt, wird er vor einer Einstellung zurückschrecken. Vielen Arbeitnehmern, die beispielsweise nicht über einen einwandfreien Lebenslauf verfügen oder die die verlangten Qualifikationen nicht hundertprozentig erfüllen, würde somit die Chance auf eine Einstellung genommen.

Im Ergebnis gilt daher auch hier, daß es angesichts der Einschätzungsprärogative des Gesetzgebers nicht zu beanstanden ist, wenn das Bestandsinteresse des Arbeitnehmers während der ersten sechs Monate des Arbeitsverhältnisses keine Berücksichtigung findet, sondern der Arbeitgeber in dieser Hinsicht frei kündigen kann. Der Gesetzgeber hat somit in § 1 Abs. 1 KSchG einen abschließenden, verfassungskonformen Ausgleich der widerstreitenden Interessen herbeigeführt.

V. Ergebnis

Somit bleibt festzuhalten, daß eine verfassungshohe Pflicht des Gesetzgebers, den Arbeitnehmer vor Kündigung zu schützen, abzulehnen ist, da ansonsten die Gestaltungsspielräume des Gesetzgebers im Bereich des Arbeitsrechtes zu weitgehend beeinträchtigt würden. Eine derartige Schutzpflicht kann auch konstruktiv nicht aus Art. 12 Abs. 1 GG hergeleitet werden.

Bejaht man gleichwohl eine solche Schutzpflicht, so folgt daraus noch nicht das Postulat eines Kündigungsschutzes zweiter Klasse. Vielmehr hat der Gesetzgeber in §§ 1 Abs. 1, 23 Abs. 1 Satz 2 KSchG grundsätzlich einen verfassungskonformen, abschließenden Ausgleich der widerstreitenden Interessen von Arbeitgebern, Arbeitnehmern und Arbeitsuchenden herbeigeführt. Es ist somit ausgeschlossen, über § 242 BGB in Verbindung mit Art. 12 Abs. 1 GG auch außerhalb des Geltungsbereichs des KSchG ein gewisses Maß an Bestandsschutz herzuleiten. Außerhalb des KSchG bestehen Kündigungsschranken lediglich in Gestalt des § 138 Abs. 1 BGB in Verbindung mit den Grundrechten[260], § 612a BGB sowie durch die althergebrachten Grundsätze von Treu und Glauben.

Hier sei noch kurz bemerkt, daß umgekehrt auch nicht davon ausgegangen werden kann, das geltende Kündigungsschutzrecht verletze die Berufsfreiheit des Arbeitgebers oder die ebenfalls durch Art. 12 Abs. 1 GG geschützten Interessen der Arbeitsuchenden. Zwar werden diese Interessen durch das geltende Kündigungsschutzrecht massiv beeinträchtigt, jedoch ist davon auszugehen, daß der Gesetzgeber befugt ist, im Interesse des Schutzes der Arbeitsplatzbesitzer einen weitgehenden Kündigungsschutz zu schaffen. Auch wenn gewichtige Gründe dafür sprechen, daß das geltende Kündigungsschutzrecht die Aussichten von Arbeitsuchen-

---

[260] Art. 12 Abs. 1 GG natürlich ausgenommen, weil ein etwaiges durch Art. 12 Abs. 1 GG geschütztes Interesse des Arbeitnehmers an der Erhaltung seines Arbeitsplatzes nach der Wertung des Gesetzgebers außerhalb des Geltungsbereichs des KSchG vollständig zurückzutreten hat.

den auf dem Arbeitsmarkt mindert, muß hier ebenfalls der gesetzgeberische Gestaltungsspielraum respektiert werden.

VI. Ausblick: Kündigungsschutz und die EU-Grundrechtscharta

Der Europäische Rat von Köln hatte im Juni 1999 beschlossen, eine Charta der Grundrechte der Europäischen Union zu erstellen[261]. Zur Ausarbeitung eines Entwurfs wurde ein Konvent einberufen, der aus Vertretern der Staats- und Regierungschefs, des Präsidenten der Europäischen Kommission sowie aus Abgeordneten des Europäischen Parlaments und der nationalen Parlamente bestand[262]. Die endgültige Charta wurde dann am 18.12.2000 auf der Konferenz von Nizza verabschiedet. Die Charta enthält sowohl politische und bürgerliche, als auch wirtschaftliche und soziale Grundrechte.

Artikel 30 der Grundrechtscharta enthält ein Grundrecht auf Schutz bei ungerechtfertigter Entlassung:

„Artikel 30. Schutz bei ungerechtfertigter Entlassung

Jede Arbeitnehmerin und jeder Arbeitnehmer hat nach dem Gemeinschaftsrecht und den einzelstaatlichen Rechtsvorschriften und Gepflogenheiten Anspruch auf Schutz vor ungerechtfertigter Entlassung."[263]

Da die Vorschrift auf das Gemeinschaftsrecht und die einzelstaatlichen Rechtsvorschriften und Gepflogenheiten verweist, ist bereits fraglich, ob aus Art. 30 der Grundrechtscharta überhaupt ein eigenständiges Recht auf Kündigungsschutz folgt. Möglicherweise weist die Vorschrift lediglich darauf hin, daß Kündigungs-

---

[261] Erklärungen des Europäischen Rates in Köln v. 4.6.1999, EuGRZ 1999, 364; vgl. zum Projekt einer EU-Grundrechtscharta: Hirsch NJW 2000, 46 f.; Weber NJW 2000, 537 ff.; Knöll NJW 2000, 1845 ff.

[262] Vgl. zum Verfahren der Erarbeitung des Entwurfs Weber NJW 2000, 537 (538 ff.).

[263] Die englische Fassung lautet:

„Article 30. Protection in the event of unjustified dismissal

Every worker has the right to protection against unjustified dismissal, in accordance with Community law and national laws and practices."

Die französische Fassung lautet:

„Article 30. Protection en cas de licenciement injustifié

Tout travailleur a droit à une protection contre tout licenciement injustifié, conformément au droit communautaire et aux législations et pratiques nationales."

schutz für Arbeitnehmer ein fester Bestandteil der europäischen Rechtstradition ist, ohne dabei ein bestimmtes Niveau an Kündigungsschutz festzuschreiben oder zu garantieren[264].

Selbst wenn man in Art. 30 der Grundrechtcharta ein eigenständiges Grundrecht sieht, ergibt sich daraus nicht, daß sich ein Arbeitnehmer in einem Kündigungsschutzprozeß unmittelbar auf Art. 30 berufen kann. Vielmehr bestimmt Artikel 51 der Grundrechtscharta, daß sich die Grundrechte der Charta primär an die Institutionen der EU richten, an die Mitgliedstaaten nur insoweit, als es um die Anwendung von Gemeinschatsrecht geht. Des weiteren sollen die Grundrechte keine neuen Kompetenzen oder Aufgfaben für die EU konstituieren. Art. 51 der Charta lautet:

„Artikel 51. Anwendungsbereich
(1) Diese Charta gilt für die Organe und Einrichtungen der Union unter Einhaltung des Subsidiaritätsprinzips und für die Mitgliedstaaten ausschließlich bei der Durchführung des Rechts der Union. Dementsprechend achten sie die Rechte, halten sie sich an die Grundsätze und fördern sie deren Anwendung gemäß ihren Zuständigkeiten.
(2) Diese Charta begründet weder neue Zuständigkeiten noch neue Aufgaben für die Gemeinschaft und für die Union, noch ändert sie die in den Verträgen festgelegten Zuständigkeiten und Aufgaben."

Ein Arbeitnehmer kann sich also gegenüber Entscheidungen der nationalen Gerichte, bei denen kein Gemeinschaftsrecht anzuwenden war, nicht auf Art. 30 der Grundrechtscharta berufen. Aufgrund des in Art. 30 enthaltenen Verweises auf das Gemeinschaftsrecht und die einzelstaatlichen Rechtsvorschriften und Gepflogenheiten muß auch bezweifelt werden, ob Art. 30 eine Verpflichtung der EU begründet, die Arbeitnehmer gemeinschaftsweit vor ungerechtfertigter Entlassung zu schützen. Soll dennoch gemeinschaftsweit ein gewisser Mindestkündigungsschutz eingeführt werden, so muß sich die EU dabei gemäß Art. 51 Abs. 2 auf eine Kompetenz aus den Verträgen berufen können. Art. 137 Abs. 2 EGV in Verbindung

---

[264] Die endgültige Fassung des Rechts auf Schutz vor ungerechtfertigter Entlassung bleibt auch hinter vorigen Entwürfen zurück. Im Entwurf vom 16. Mai 2000 hieß es noch:
„Article 38. Right to protection in cases of termination of employment
All workers have a right to protection against unjustified or abusive termination of employment."
Ein Verweis auf das Gemeinschaftsrecht oder die einzelstaatlichen Rechtsvorschriften und Gepflogenheiten war hier also noch nicht enthalten.

mit Art. 137 Abs. 3 EGV ermächtigt den Rat, durch Richtlinien Mindestvorschriften zum Schutz der Arbeitnehmer bei Beendigung des Arbeitsvertrages zu erlassen.

Wird eine derartige Richtlinie verabschiedet so muß der darin enthaltene Kündigungsschutz keineswegs für alle Arbeitsverhältnisse gelten. Gemäß Art. 137 Abs. 2 Satz 2 EGV sollen die Richtlinien zu sozialen Fragen im Sinne des Art. 137 EGV keine verwaltungsmäßigen, finanziellen oder rechtlichen Auflagen vorschreiben, die der Gründung und Entwicklung von kleinen und mittleren Unternehmen entgegenstehen. Auch nach Auffassung des EuGH belegt ex-Art. 118a Abs. 2 Satz 2 EGV, die Vorläuferregelung zu Art. 137 Abs. 2 Satz 2 EGV, daß für Klein- und Mittelbetriebe besondere wirtschaftliche Regelungen getroffen werden können[265]. Gerade für kleine und mittlere Unternehmen stellt der Kündigungsschutz eine erhebliche Belastung dar, da er die personelle Flexibilität mindert und zusätzliche Kosten verursacht. Es ist also möglich, daß eine künftige Richtlinie zum allgemeinen Kündigungsschutz Klein- und Mittelbetriebe vom Geltungsbereich des Kündigungsschutzes ausnimmt.

Des weiteren bestimmt Art. 52 der Charta, daß die Grundrechte der Charta eingeschränkt werden können:

---

[265] EuGH Rs. C-189/91, Kirsammer-Hack, Slg. 1993, I-6215 Rn. 34. Das Arbeitsgericht Reutlingen hatte hier dem EuGH im Rahmen eines Vorabentscheidungsverfahrens die Kleinbetriebsklausel des § 23 Abs. 1 Satz 2 KSchG vorgelegt. Es ging im wesentlichen um die Frage, ob die Kleinbetriebsklausel mit dem Grundsatz der Gleichbehandlung (Art. 2 und 5 Rili 76/207/EWG) vereinbar ist, oder ob sie eine mittelbare Diskriminierung von Frauen mit sich bringt. Der EuGH führte aus (Rn. 30 ff.): „Eine solche (mittelbare) Diskriminierung läge nur dann vor, wenn erwiesen wäre, daß die Kleinunternehmen einen erheblich höheren Prozentsatz Frauen als Männer beschäftigten. Im vorliegenden Fall ist festzustellen, daß die dem Gerichtshof vorgelegten Angaben kein derartiges Mißverhältnis belegen. Selbst wenn aber ein solches Mißverhältnis nachgewiesen wäre, wäre noch zu prüfen, ob die beanstandete Regelung durch objektive Faktoren gerechtfertigt wäre, die nichts mit einer Diskriminierung aufgrund des Geschlechts zu tun hätten. Wie die Bundesregierung und die Kommission zu Recht ausführen, liegen solche Faktoren bei einer Regelung der vorliegenden Art vor, die zu einem Bündel von Maßnahmen gehört, die den Kleinunternehmen, die eine wesentliche Rolle bei der wirtschaftlichen Entwicklung und der Schaffung von Arbeitsplätzen in der Gemeinschaft spielen, die ihnen auferlegten Lasten erleichtern sollen. Artikel 118a, der durch die Einheitliche Europäische Akte in das Kapitel Sozialvorschriften des EWG-Vertrags eingeführt worden ist, sieht vor, daß Richtlinien, die auf dem Gebiet der Sicherheit und der Gesundheit der Arbeitnehmer erlassen werden, keine verwaltungsmäßigen, finanziellen oder rechtlichen Auflagen vorschreiben, die der Gründung und Entwicklung von Klein- und Mittelbetrieben entgegenstehen. Das belegt, daß für diese Unternehmen besondere wirtschaftliche Regelungen getroffen werden können."

„Artikel 52. Tragweite der garantierten Rechte

(1) Jede Einschränkung der Ausübung der in dieser Charta anerkannten Rechte und Freiheiten muss gesetzlich vorgeschrieben sein und den Wesensgehalt dieser Rechte und Freiheiten achten. Unter Wahrung des Grundsatzes der Verhältnismäßigkeit dürfen Einschränkungen nur vorgenommen werden, wenn sie notwendig sind und den von der Union anerkannten dem Gemeinwohl dienenden Zielsetzungen oder den Erfordernissen des Schutzes der Rechte und Freiheiten anderer tatsächlich entsprechen.

(2) Die Ausübung der durch diese Charta anerkannten Rechte, die in den Gemeinschaftsverträgen oder im Vertrag über die Europäische Union begründet sind, erfolgt im Rahmen der darin festgelegten Bedingungen und Grenzen.

(3) So weit diese Charta Rechte enthält, die den durch die Euopäische Konvention zum Schutze der Menschenrechte und Grundfreiheiten garantierten Rechten entsprechen, haben sie die gleiche Bedeutung und Tragweite, wie sie ihnen in der genannten Konvention verliehen wird. Diese Bestimmung steht dem nich entgegen, dass das Recht der Union einen weiter gehenden Schutz gewährt."

Nach diesem Artikel können also die Grundrechte der Charta eingeschränkt werden, sofern dies dem Gemeinwohl oder den Rechten und Freiheiten anderer dient. Eine Einschränkung des Geltungsbereichs des Kündigungsschutzes, etwa in Gestalt einer Kündigungsfreiheit während der Anfangsphase eines Arbeitsverältnisses oder in Gestalt einer Herausnahme von Kleinbetrieben, ließe sich danach auf vielfältige Weise rechtfertigen. Die wirtschaftlichen Freiheitsrechte des Arbeitgebers (die Berufsfreiheit in Art. 15 der Charta und die unternehmerische Freiheit in Art. 16 der Charta), insbesondere das Interesse an einer unproblematischen Erprobung von Arbeitnehmern, könnten eine Kündigungsfreiheit während der Anfangsphase eines Arbeitsverhältnisses rechtfertigen. Das auch im EGV festgeschriebene Ziel der Förderung von Klein- und Mittelbetrieben (Art. 137 Abs. 2 Satz 2 EGV) könnte zur Rechtfertigung einer weitgehenden Kündigungsfreiheit in derartigen Betrieben angeführt werden. Darüber hinaus muß berücksichtigt werden, daß der Kündigungsschutz gerade für kleinere Betriebe eine erhebliche Belastung darstellt und damit in einem Spannungsverhältnis zu den wirtschaftlichen Freiheitsrechten von Kleinunternehmern steht.

Insgesamt ergibt sich also aus der Grundrechtscharta weder eine Verpflichtung der Gemeinschaftsorgane noch der Mitgliedstaaten, auch im Kleinbetrieb oder während der Erprobungsphase Kündigungsschutz zu gewährleisten.

E. Konkretisierung des Kündigungsschutzes durch Generalklauseln

I. Fälle

Nachfolgend soll der sich aus den Generalklauseln ergebende Kündigungsschutz dargestellt werden. Dabei ist unstreitig, daß der Arbeitnehmer grundsätzlich über §§ 612a, 138 Abs. 1 BGB vor maßregelnden beziehungsweise grundrechtswidrigen Kündigungen[266] zu schützen ist und daß der Arbeitgeber bei der Ausübung des Kündigungsrechts an die althergebrachten Grundsätze von Treu und Glauben gebunden ist. Nach der hier vertretenen Auffassung kann jedoch aus den Generalklauseln in Verbindung mit Art. 12 Abs. 1 GG kein Kündigungsschutz hergeleitet werden. Bei dieser Auffassung handelt es sich zweifelsohne um eine Mindermeinung. Die Praxis wird daher vor dem Problem stehen, wie der Kündigungsschutz aus Art. 12 Abs. 1 GG konkret aussehen soll. Der Literatur ist es bislang nicht gelungen, zu veranschaulichen, welche konkreten Auswirkungen ein Kündigungsschutz aus Art. 12 Abs. 1 GG hat, sondern beschränkt sich meist auf allgemeine Leerformeln und blutleere Postulate[267]. Daher soll hier der Versuch unternommen werden, die Vorgaben des BVerfG - gewissermaßen hilfsgutachtlich - zu konkretisieren. Dabei wird deutlich werden, wo im Einzelfall die Unterschiede zwischen der hier vertretenen Auffassung und der des BVerfG liegen.

Zur Veranschaulichung des Kündigungsschutzes durch zivilrechtliche Generalklauseln sollen zunächst einige Fälle vorangestellt werden, auf die dann im Verlauf der nachfolgenden Erörterungen eingegangen wird:

Fall 1 (Maßregelung): Arbeitnehmer N ist im Kleinbetrieb des Arbeitgebers G seit zwei Jahren beschäftigt. Der Arbeitgeber weist N im Rahmen billigen Ermessens an, Überstunden zu leisten. Nach Ableistung der Überstunden erhält N diese jedoch nicht vergütet. Der Arbeitsvertrag enthält keine Regelung, daß etwaige Mehr- beziehungsweise Überarbeit bereits durch die Grundvergütung mit abgegolten ist. N wendet sich an G und verlangt wahlweise Vergütung oder Freizeitaus-

---

[266] Gemeint sind hier nur nicht arbeitsplatzbezogene Grundrechte, also sozusagen alle Grundrechte außer Art. 12 Abs. 1 GG.

[267] Nach Fertigstellung des Manuskriptes erschien die Monographie von Urban zum Thema 'Der Kündigungsschutz außerhalb des Kündigungsschutzgesetzes'. Die Arbeit enthält durchaus konkrete Ausführungen zum Kündigungsschutz durch Generalklauseln. Soweit relevant, wird auf Urbans Ausführungen in Fußnoten verwiesen.

gleich für die Überstunden. Vier Tage später erhält N eine Kündigung, die nicht begründet wird.

Fall 2 (Diskriminierung): Der chinesische Arbeitgeber G betreibt ein kleines chinesisches Restaurant. Neben drei chinesischen Arbeitnehmern beschäftigt er auch den deutschen Arbeitnehmer N, der nicht asiatischer Abstammung ist. G kündigt dem N und stellt statt dessen einen weiteren Chinesen ein. Er möchte nur noch asiatische Arbeitnehmer beschäftigen, um in seinem Restaurant asiatisches Flair zu verbreiten.

Fall 3 (Homosexualität)[268]: Arbeitgeber G beschäftigt drei Arbeitnehmer und stellt den Arbeitnehmer N als Außendienstmitarbeiter ein. Noch während der ersten sechs Monate der Beschäftigung kündigt G dem N. Zwei Tage vor Ausspruch der Kündigung hatte der Mitarbeiter M den N gefragt, ob er homosexuell sei. N bejahte dies wahrheitsgemäß. N greift die Kündigung mit der Begründung an, ihm sei allein wegen seiner sexuellen Ausrichtung gekündigt worden. G bestreitet dies, ohne jedoch andere Kündigungsgründe darzulegen.

Fall 4 (Diskriminierung wegen des Geschlechts)[269]: Die 25-jährige Arbeitnehmerin N ist seit zwei Jahren bei dem Zahnarzt G als Zahnarzthelferin beschäftigt. N teilt dem G mit, daß sie sich künstlich befruchten lassen wolle. Zur Vornahme der künstlichen Befruchtung seien mehrere Krankenhausaufenthalte notwendig. G kündigt der N wegen der zu erwartenden Fehlzeiten.

Fall 5 (Interessenabwägung): a) Der deutsche Arbeitnehmer N ist in einem Handwerksbetrieb mit vier Arbeitnehmern beschäftigt. N ist 45 Jahre alt und seit 22 Jahren beim Arbeitgeber G beschäftigt. N bricht sich im Skiurlaub das Bein und ist für sechs Wochen arbeitsunfähig. G kündigt dem N.
b) N ist Italiener.
c) N ist Türke.

Fall 6 (Sozialauswahl): Der Arbeitgeber G führt ein Schreibwarengeschäft mit fünf beschäftigten Arbeitnehmern, die alle ausschließlich als Verkäufer tätig sind. Aufgrund rückläufiger Umsätze sieht sich G gezwungen, einem Arbeitnehmer zu

[268] BAG v. 23.6.1994 AP Nr. 9 zu § 242 BGB Kündigung = EzA Nr. 39 zu § 242 BGB mit Anmerkung v. Hoyningen-Huene = SAE 1995, 103 mit Anmerkung Sandmann.
[269] 1. Instanz: ArbG Elmshorn v. 29.1.1997 EzA § 242 BGB Nr. 40; 2. Instanz: LAG Schleswig-Holstein v. 17.11.1997 LAGE § 242 BGB Nr. 3.

kündigen. Die Arbeitnehmer A, B, C und D sind seit etwa drei Jahren beschäftigt, zwischen 25 und 30 Jahren alt und allesamt kinderlos. Der 55-jährige Arbeitnehmer E hingegen ist in dem Betrieb bereits seit 15 Jahren beschäftigt und hat drei Kinder, denen er zum Unterhalt verpflichtet ist. G kündigt dem E, ohne seine Auswahlentscheidung näher zu begründen.

Fall 7 (Althergebrachte Grundsätze von Treu und Glauben): Arbeitnehmer N ist im Kleinbetrieb des G beschäftigt. N möchte kündigen, da er eine besser bezahlte Stelle in Aussicht hat. G möchte N nicht verlieren und teilt ihm mit, wie dringend er ihn in seinem Betrieb benötige. Er bietet N einen Lohnerhöhung an, woraufhin dieser sich entscheidet, zu bleiben. Drei Monate später kündigt G dem N.

II. Pflicht zur Begründung von Kündigungen?

Wird einem Arbeitnehmer ohne Begründung gekündigt, so weiß er oftmals nicht, worauf der Arbeitgeber seine Kündigung stützt. Ist der Arbeitgeber hingegen verpflichtet, die Kündigungsgründe mitzuteilen, so kann der Arbeitnehmer besser einschätzen, ob die Aussicht besteht, gerichtlich mit Erfolg gegen die Kündigung vorzugehen. Daher soll hier kurz der Frage nachgegangen werden, ob eine Pflicht zur Begründung von Kündigungen besteht.

Unstrittig ist, daß die Mitteilung von Kündigungsgründen keine Wirksamkeitsvoraussetzung für die Kündigung ist[270]. Dies ergibt sich aus einem Gegenschluß zu § 15 Abs. 3 BBiG, wonach die Begründung der Kündigung ein zwingendes Formerfordernis ist. Zudem kann die Regelung des § 626 Abs. 2 Satz 3 BGB herangezogen werden. Danach ist bei einer außerordentlichen Kündigung dem Gekündigten nur auf dessen Verlangen der Kündigungsgrund mitzuteilen. Wenn schon die einschneidendere außerordentliche Kündigung zu ihrer Wirksamkeit keiner Begründung bedarf, muß dies erst recht für die ordentliche Kündigung gelten[271]. Diese Auffassung läßt sich insbesondere seit dem Erlaß des Gesetzes zur Vereinfachung und Beschleunigung des arbeitsgerichtlichen Verfahrens

---

[270] BAG v. 27.2.1958 AP Nr. 1 zu § 1 KSchG Betriebsbedingte Kündigung; BAG v. 21.3.1959 AP Nr. 55 zu § 1 KSchG; Hueck/von Hoyningen-Huene § 1 KSchG Rn. 159; KR/Etzel § 1 KSchG Rn. 262; Zöllner/Loritz, Arbeitsrecht, § 22 I 5.

[271] Hueck/von Hoyningen-Huene § 1 KSchG Rn. 159.

(Arbeitsgerichtsbeschleunigungsgesetz) vom 30.3.2000[272] nicht mehr bezweifeln. Durch das Arbeitsgerichtsbeschleunigungsgesetz wurde mit Wirkung ab dem 1. Mai 2000 § 623 BGB neu eingefügt, wonach Kündigungen zu ihrer Wirksamkeit der Schriftform bedürfen. Hätte der Gesetzgeber darüber hinaus eine Begründung der Kündigung als Wirksamkeitsvoraussetzung gewollt, so hätte er dies im Zuge dieser Gesetzesänderung sicherlich ebenfalls geregelt.

Eine andere Frage ist, ob der Arbeitnehmer einen Anspruch auf Mitteilung der Kündigungsgründe hat. Teilweise wird dies jedenfalls für Kündigungen bejaht, die dem Geltungsbereich des KSchG unterliegen. Der Arbeitnehmer habe ein dringendes Interesse daran, die Kündigungsgründe zu erfahren, um die Erfolgsaussichten einer Kündigungsschutzklage beurteilen zu können. Gestützt wird der Anspruch auf eine Analogie zu § 626 Abs. 2 Satz 3[273] oder auf die Fürsorgepflicht des Arbeitgebers[274].

Eine Analogie zu § 626 Abs. 2 Satz 3 setzte eine planwidrige Regelungslücke voraus. Indem der Gesetzgeber speziell für die außerordentliche Kündigung eine Begründungspflicht statuiert, gibt er jedoch meines Erachtens eher zu erkennen, daß eine solche bei einer ordentlichen Kündigung grundsätzlich nicht besteht.

Ob aus der Fürsorgepflicht des Arbeitgebers ein Anspruch auf eine Begründung der Kündigung hergeleitet werden kann, ist ebenfalls äußerst fraglich. Auch hier steht zunächst die spezielle Regelung einer Begründungspflicht in § 626 Abs. 2 Satz 3 BGB dem Ansinnen entgegen, eine allgemeine Begründungspflicht für ordentliche Kündigungen auf dem Umweg über die Fürsorgepflicht zu konstruieren. Zudem kann zumindest außerhalb des Geltungsbereiches des KSchG schwerlich davon ausgegangen werden, daß der Arbeitgeber Kündigungsgründe mitteilen muß, solange der Arbeitgeber außerhalb des Geltungsbereiches des KSchG auch ohne Grund kündigen darf[275]. Nun wird freilich unter Berufung auf Art. 12 Abs. 1 GG gefordert, daß auch Kündigungen außerhalb des Geltungsbereichs des KSchG eines sachlichen Grundes bedürfen. Aber auch diese Stimmen fordern keine Pflicht zur Begründung von Kündigungen. Dies mag darauf zurückzuführen sein, daß ein bloßer Anspruch auf Mitteilung der Kündigungsgründe dem Arbeitnehmer noch nicht weiter hilft, da der Arbeitgeber möglicherweise die wahren Gründe gar nicht nennt, sondern andere Kündigungsgründe vorschiebt. Den Schwierigkeiten des Arbeitnehmers, eine Kündigung anzugreifen, ohne genau über die Gründe der

---

[272] BGBl. I, S. 333, 334; der Entwurf mit Begründung findet sich in BT-Drs. 14/626.

[273] Zöllner/Loritz, Arbeitsrecht, § 22 I 5.

[274] Preis, Arbeitsrecht, § 57 I 2; KR/Etzel § 1 KSchG Rn. 262.

[275] MünchKomm/Schwerdtner vor § 620 BGB Rn. 148.

Kündigung Bescheid zu wissen, wird statt dessen über eine Erleichterung der Darlegungs- und Beweislast für den Arbeitnehmer abgeholfen. Demnach bleibt festzuhalten, daß zumindest außerhalb des Geltungsbereiches des KSchG keine Pflicht zur Begründung von Kündigungen besteht[276], und zwar unabhängig davon, ob aus Art. 12 Abs. 1 GG ein Kündigungsschutz hergeleitet werden kann oder nicht und wie dieser gegebenenfalls auszugestalten ist.

III. Maßregelungsverbot (§ 612a BGB)

1. Allgemeines

Das Maßregelungsverbot in § 612a BGB wurde durch das arbeitsrechtliche EG-Anpassungsgesetz v. 13.8.1980 eingeführt. Die Regelung beruht auf Art. 5 der Richtlinie 75/117/EWG vom 10.2.1975 zur Angleichung der Rechtsvorschriften der Mitgliedstaaten über die Anwendung des Grundsatzes des gleichen Entgelts für Männer und Frauen und Art. 7 der Richtlinie 76/207/EWG vom 9.2.1976 zur Verwirklichung des Grundsatzes der Gleichbehandlung von Männern und Frauen hinsichtlich des Zugangs zur Beschäftigung, zur Berufsausbildung und zum beruflichen Aufstieg sowie in bezug auf die Arbeitsbedingungen. Die genannten Artikel haben folgenden Wortlaut:

„Die Mitgliedstaaten treffen die notwendigen Maßnahmen, um Arbeitnehmer vor jeder Entlassung zu schützen, die eine Reaktion des Arbeitgebers auf eine Beschwerde im Betrieb oder gerichtliche Klage auf Einhaltung des Grundsatzes des gleichen Entgelts (Art. 5 Rili 75/117/EWG) / des Grundsatzes der Gleichbehandlung (Art. 7 der Rili 76/207/EWG) darstellt."[277]

---

[276] So jetzt auch BAG v. 21.2.2001 NZA 2001, 833 (834) in bezug auf eine Kündigung in einem Kleinbetrieb; ebenso: Urban, Der Kündigungsschutz außerhalb des Kündigungsschutzgesetzes (2001), S. 193.

[277] Die englische Fassung lautet:
„Member States shall take the necessary measures to protect employees against dismissal by the employer as a reaction to a complaint within the undertaking or to any legal proceedings aimed at enforcing compliance with the principle of equal pay (Art. 5 Dir 75/117/EEC) / the principle of equal treatment (Art. 7 Dir 76/207/EEC)."
Die französische Fassung lautet:
„Les États membres prennent les mesures nécessaires pour protéger les travailleurs contre tout licenciement qui constituerait une réaction de l'employeur à une plainte formulée au niveau de l'entreprise ou à une action en justive visant à faire respecter le principe de l'égalité des rémunérations (Art. 5 Dir 75/117/CEE) / le principe de l'égalité de traitement (Art. 7 Dir 76/207/CEE)."

Hier zeigt sich schon, daß § 612a BGB in zweifacher Hinsicht über die Richtlinien hinausgeht: § 612a BGB erfaßt nicht nur Entlassungen, sondern auch sonstige Maßnahmen und Vereinbarungen, und ist nicht auf Rechtsausübung im Zusammenhang mit Geschlechtsdiskriminierungen beschränkt.

Das Maßregelungsverbot in § 612a BGB stellt eine wichtige Kündigungsschranke dar. Wird der Arbeitnehmer nicht wirksam vor Kündigungen geschützt, die ausgesprochen werden, weil der Arbeitnehmer in zulässiger Weise seine Rechte ausübt, so wird das ganze Arbeitsrecht in Frage gestellt. Spezielle Konkretisierungen des Maßregelungsverbots finden sich beispielsweise in § 17 Abs. 2 Satz 2 ArbSchG, §§ 20, 84 Abs. 3 BetrVG, § 4 Abs. 3 Beschäftigtenschutzgesetz und auch Art. 9 Abs. 3 Satz 2 GG, der unmittelbare Drittwirkung entfaltet. Ebenso sind Art. 48 Abs. 2 Satz 2 GG, § 26 Abs. 1 ArbGG und § 20 Abs. 1 SGG zu nennen, auch wenn es sich bei der Übernahme eines Abgeordnetenmandats beziehungsweise des Amtes als ehrenamtlicher Richter nicht um ein Recht aus dem Arbeitsverhältnis handelt.

Das Kündigungsverbot aus § 612a BGB spielt nicht nur außerhalb, sondern auch innerhalb des KSchG eine Rolle. Zwar ist der Arbeitnehmer durch das KSchG auch vor Maßregelungskündigungen geschützt. Eine Kündigung, die wegen der Ausübung von Rechten des Arbeitnehmers erfolgt, ist weder verhaltens-, personen- noch betriebsbedingt und damit auch sozialwidrig. Stützt sich der Arbeitnehmer allein auf § 1 KSchG, so besteht über § 9 Abs. 1 Satz 2 KSchG für den Arbeitgeber prinzipiell die Möglichkeit, das Arbeitsverhältnis gegen Zahlung einer Abfindung gerichtlich auflösen zu lassen. Gelingt es dem Arbeitnehmer hingegen, die Tatbestandsvoraussetzungen des § 612a BGB zu beweisen, so liegt ein Unwirksamkeitsgrund im Sinne des § 13 Abs. 3 KSchG vor. Ein Auflösungsantrag des Arbeitgebers nach § 9 Abs. 1 Satz 2 KSchG scheidet dann nach herrschender Auffassung aus[278]. Macht der Arbeitnehmer die Unwirksamkeit einer Kündigung nach § 612a BGB geltend, so ist er zudem nicht an die Frist des § 4 KSchG gebunden[279].

---

[278] BAG v. 9.10.1979 EzA § 9 KSchG n.F. Nr. 9; BAG v. 29.1.1981 EzA § 9 KSchG n.F. Nr. 10; BAG v. 30.11.1989 EzA § 102 BetrVG 1972 Nr. 77 a.E.; BAG v. 16.9.1993 EzA § 102 BetrVG 1972 Nr. 84; LAG Düsseldorf v. 13.12.1988 LAGE § 612a BGB Nr. 3; Kittner/Trittin § 9 KSchG Rn. 18; ErfK/Ascheid § 9 KSchG Rn. 18; Erman/Hanau § 612a BGB Rn. 5; aA Stahlhakke/Preis/Vossen Rn. 1194.

[279] LAG Schleswig-Holstein v. 25.7.1989 LAGE § 612a BGB Nr. 4; ErfK/Preis § 612a BGB Rn. 27.

Für die Kündigungsschranke des § 612a BGB ist es ohne Bedeutung, ob aus Art. 12 Abs. 1 GG ein Kündigungsschutz hergeleitet werden kann oder nicht. Die nachfolgenden Ausführungen gelten daher unabhängig davon, ob man der zuvor ausgeführten Kritik an der verfassungsgerichtlichen Rechtsprechung zu Art. 12 Abs. 1 GG folgt oder nicht.

Die Voraussetzungen des § 612a BGB sind in Literatur und Rechtsprechung ausführlich dargestellt[280], so daß die Darstellung hier auf die Grundzüge und einige Problemfälle beschränkt werden kann.

2. Rechtsausübung in zulässiger Weise

a) Ausübung verfassungsmäßiger Rechte als Rechtsausübung im Sinne des § 612a BGB?

Zunächst ist erforderlich, daß der Arbeitnehmer seine Rechte ausübt. Hier stellt sich die Frage, welche Rechte des Arbeitnehmers damit gemeint sind. Sicherlich fallen alle Rechte aus dem Arbeitsverhältnis unter § 612a BGB, wie zum Beispiel das Recht auf Entlohnung, Entgeltfortzahlung im Krankheitsfall, das Recht auf die Erfüllung von Nebenpflichten wie zum Beispiel der Einhaltung von öffentlich-rechtlichen Gesundheits- und Sicherheitsvorschriften, sowie Rechte aus Tarifverträgen oder Betriebsvereinbarungen.

Umstritten ist, ob § 612a BGB auch die Benachteiligung wegen der Ausübung verfassungsmäßiger Rechte erfaßt. In der Literatur wird eine Anwendung von § 612a BGB auf die Ausübung verfassungsmäßiger Rechte teilweise bejaht[281]. Das BAG hat die Anwendbarkeit von § 612a BGB auf derartige Fallkonstellationen bislang nicht thematisiert[282], das LAG Schleswig-Holstein hat sie ausdrücklich abgelehnt[283].

Das LAG Schleswig-Holstein führt aus, § 612a BGB erfasse nur die Ausübung von Rechten im Rahmen des Arbeitsverhältnisses und begründet dies mit Art. 5 der Richtlinie 75/117 EWG zur Angleichung der Rechtsvorschriften der Mitgliedstaaten über die Anwendung des Grundsatzes des gleichen Entgelts für Män-

---

[280] Vgl. nur BAG v. 2.4.1987 AP Nr. 1 zu § 612a BGB; KR/Pfeiffer § 612a BGB.

[281] Stahlhacke/Preis/Vossen Rn. 182, 185; Preis NZA 1997, 1256 (1265); Kittner/Trittin § 612a BGB Rn. 17; Erman/Hanau § 612a BGB Rn. 1.

[282] Vgl. nur BAG v. 23.6.1994 AP Nr. 9 zu § 242 Kündigung.

[283] LAG Schleswig-Holstein v. 17.11.1997 LAGE § 242 BGB Nr.3.

ner und Frauen, der § 612a BGB zugrunde liegt[284]. Unzweifelhaft handelt es sich bei den in der Richtlinie genannten Rechten um Rechte aus dem Arbeitsverhältnis. Daraus folgt jedoch nicht zwingend der Schluß, daß § 612a BGB ebenfalls nur die Ausübung von Rechten aus dem Arbeitsverhältnis schützt. Der nationale Gesetzgeber ist bei der Umsetzung von Richtlinien grundsätzlich befugt, über das Schutzniveau der Richlinie hinauszugehen, sofern sich aus der Richtlinie nicht etwas anderes ergibt. Tatsächlich geht auch § 612a BGB über Art. 5 der Richtlinie 75/117/EWG insofern hinaus, als § 612a BGB nicht nur Entlassungen, sondern jedwede Form der Benachteiligung erfaßt und nicht auf das Verbot der Diskriminierung wegen des Geschlechts beschränkt ist. Aus der Richtlinie kann also nicht zwingend abgeleitet werden, daß § 612a BGB nur klassische arbeitsvertragliche Rechte erfaßt. Dennoch sprechen die besseren Gründe dafür, den Anwendungsbereich des § 612a BGB auf Rechte aus dem Arbeitsverhältnis zu beschränken. Kündigt der Arbeitgeber beispielsweise wegen einer Meinungsäußerung oder wegen einer Religionsausübung durch den Arbeitnehmer, so steht damit noch nicht fest, daß die Kündigung unwirksam ist. Statt dessen ist zu fragen, ob nicht ebenfalls grundrechtlich geschützte Belange des Arbeitgebers die Kündigung rechtfertigen, das heißt es ist eine Abwägung vorzunehmen. Diese Abwägung müßte dann auch bei einer Prüfung im Rahmen des § 612a BGB vorgenommen werden. Der klare normative Gehalt des § 612a BGB würde dadurch verwässert. Es besteht auch kein Bedürfnis, Kündigungen wegen der Ausübung verfassungsmäßiger Rechte unter § 612a BGB zu subsumieren, da derartige Fälle über § 138 Abs. 1 BGB gelöst werden können[285]. Demnach ist unter Rechtsausübung im Sinne des § 612a BGB nur die Ausübung von Rechten aus dem Arbeitsverhältnis zu verstehen.

b) Muß das Recht materiellrechtlich tatsächlich bestehen?

Problematisch ist des weiteren, ob das vom Arbeitnehmer ausgeübte Recht objektiv bestehen muß[286] oder ob es genügt, daß der Arbeitnehmer subjektiv vom Bestehen des geltend gemachten Rechts ausgehen durfte[287].

---

[284] LAG Schleswig-Holstein v. 17.11.1997 LAGE § 242 BGB Nr. 3.

[285] ErfK/Preis § 13 KSchG Rn. 23; Löwisch § 13 KSchG Rn. 44.

[286] ErfK/Preis § 612a BGB Rn. 5.

[287] Kittner/Trittin § 612a BGB Rn. 7; Erman/Hanau § 612a BGB Rn. 3; Pröbsting, Anmerkung zu BAG v. 2.4.1987 AP Nr. 1 zu § 612a BGB.

Teilweise wird vertreten, der Wortlaut des § 612a BGB verlange, daß das Recht objektiv bestehen müsse. Ein Recht, das nicht bestehe, könne nicht ausgeübt werden[288]. Dies ist jedoch ein zu enges Verständnis des Begriffs der „Rechtsausübung". Unter Recht im Sinne des § 612a BGB kann beispielsweise auch die Möglichkeit verstanden werden, gerichtlich klären zu lassen, ob ein bestimmtes Recht materiellrechtlich besteht oder nicht. Der Wortlaut des § 612a BGB ist also insofern offen.

Nun ist nach dem Grundsatz der richtlinienkonformen Auslegung zu fragen, ob die Richtlinie eine Auslegung in die eine oder die andere Richtung verlangt. Art. 5 beziehungsweise Art. 7 der einschlägigen Richtlinien untersagen es dem Arbeitgeber, auf eine Beschwerde im Betrieb oder eine gerichtliche Klage auf Einhaltung des Grundsatzes des gleichen Entgelts beziehungsweise der Gleichbehandlung mit einer Kündigung zu reagieren. Daraus ergibt sich noch nicht, ob das per Beschwerde oder Klage geltend gemachte Recht materiell bestehen muß oder nicht. Aufschlußreich ist aber eine Zusammenschau mit Art. 2 der Richtlinie 75/117/EWG beziehungsweise Art. 6 der Richtlinie 76/207/EWG, die wie folgt lauten:

„Die Mitgliedstaaten erlassen die innerstaatlichen Vorschriften, die notwendig sind, damit jeder Arbeitnehmer (Art. 2 Rili 75/117/EWG) / jeder (Art. 6 Rili 76/207/EWG), der sich wegen Nichtanwendung des Grundsatzes des gleichen Entgelts (Art. 2 Rili 75/117/EWG) / des Grundsatzes der Gleichbehandlung im Sinne der Artikel 3, 4, und 5 auf seine Person (Art. 6 RiLi 76/207/EWG) für beschwert hält, nach etwaiger Befassung anderer zuständiger Stellen seine Rechte gerichtlich geltend machen kann."[289]

---

[288] ErfK/Preis § 612a BGB Rn. 5.

[289] Die englisch Fassung lautet:
„Member States shall introduce into their national legal systems such measures as are necessary to enable all empoluees (Art. 2 Dir 75/117/EEC) / all persons (Art. 6 Dir 76/207 EEC) who consider themselves wronged by failure to apply the principle of equal pay (Art. 2 Dir 75/117/EEC) / the principle of equal treatment within the meaning of Articles 3, 4, and 5 (Art. 6 Dir 76/207/EEC) to pursue their claims by judicial process after possible recourse to other competent authorities."
Die französische Fassung lautet:
„Lés États membres introduisent dans leur ordre juridique interne les mesures nécessaires pour permettre à tout travailleur (Art. 2 Dir 75/117/CEE) / toute personne (Art. 6 Dir 76/117/CEE) qui s'estime lésé par la non-application du principe de l'égalité des rémunérations (Art. 2 Dir 75/117/CEE) / à son égard du principe de l'égalité de traitement au sens du articles 3, 4 et 5 (Art. 6 Dir 76/207/CEE) de faire valoir ses droits par voie juridictionnelle après, éventuellement, le recours à d'autres instances compétentes."

Es soll also die Möglichkeit gewährleistet sein, Klage zu erheben. Einzige Voraussetzung dafür ist, daß sich der Arbeitnehmer für beschwert hält. Es ist davon auszugehen, daß genau diese Vorgehensweise des Arbeitnehmers durch das Kündigungsverbot in Art. 5 beziehungsweise Art. 7 abgesichert werden soll. Wenn es aber ausreicht, daß sich der Arbeitnehmer für beschwert hält und daher Klage erhebt, dann folgt daraus, daß auch eine Kündigung schon dann unwirksam sein muß, wenn sich der Arbeitnehmer für beschwert hält, unabhängig davon, ob tatsächlich eine Ungleichbehandlung im Sinne der Richtlinien vorliegt. Im Wege der richtlinienkonformen Auslegung ergibt sich daher, daß auch bei § 612a BGB die Möglichkeit des Bestehens des Rechtes ausreicht. Freilich betrifft die Richtlinie nur Diskriminierungen wegen des Geschlechts, und nicht wie § 612a BGB die Ausübung sämtlicher Rechte des Arbeitnehmers. Wenn jedoch § 612a BGB bezüglich der Diskriminierung wegen des Geschlechts in einer bestimmten Art und Weise ausgelegt werden muß, so sollte diese Auslegung auch für den Bereich Anwendung finden, in dem § 612a BGB über die Richtlinien hinausgeht. Andernfalls käme es zu einer Zersplitterung des § 612a BGB. Darüber hinaus liefert der Wortlaut des § 612a BGB auch keinen Anhaltspunkt dafür, daß zwischen Fällen, in denen es um Gleichbehandlungsansprüche im Sinne der Richtlinie geht, und Konstellationen, in denen sonstige Ansprüche geltend gemacht werden, differenziert werden soll. Es ist daher nicht erforderlich, daß das geltend gemachte Recht materiellrechtlich besteht.

Für diese Ansicht spricht auch, daß es dem Arbeitnehmer häufig schwer fallen wird, genau zu ermitteln, welche Rechte ihm zustehen oder zumindest in welchem Umfang ihm bestimmte Rechte zustehen, insbesondere wenn es um Rechte aus komplexen tarifvertraglichen Regelungen, um richterrechtlich entwickelte Ansprüche oder um Fragen geht, die bislang gerichtlich nicht geklärt wurden. Ist sich der Arbeitnehmer bezüglich des Bestehens derartiger Rechte nicht sicher, so wird er von ihrer Geltendmachung absehen, wenn er andernfalls einer Kündigung schutzlos ausgeliefert ist.

Andererseits muß vermieden werden, daß der Arbeitnehmer den Arbeitgeber mit völlig unberechtigten Forderungen, Beschwerden oder Klagen überzieht. Eine derartige Einschränkung läßt sich über das Tatbestandsmerkmal „in zulässiger Weise" erreichen. Allgemein wird eine Rechtsausübung unzulässig, wenn der Arbeitnehmer Haupt-, Neben- oder Treupflichten aus dem Arbeitsvertrag verletzt[290]. In bezug auf die Geltendmachung von Rechten, deren Bestehen ungewiß

---

[290] Erman/Hanau § 612a BGB Rn. 2.

ist, bedeutet dies, daß der Arbeitnehmer Rechtsrat einholen muß. Er hat sich zu erkundigen, ob das Bestehen des Rechts ernsthaft in Betracht kommt. Verletzt der Arbeitnehmer fahrlässig diese Erkundigungspflicht, so greift § 612a BGB nicht ein[291].

c) Weigerung des Arbeitnehmers als Rechtsausübung

Unerörtert ist die Frage, ob auch dann eine Rechtsausübung vorliegt, wenn der Arbeitnehmer ein Verhalten verweigert, das er vertraglich nicht schuldet. Denkbar ist beispielsweise, daß der Arbeitgeber vom Arbeitnehmer per einseitiger Weisung - also ohne Angebot zur Änderung der Arbeitsbedingungen - die Ableistung unbezahlter Überstunden verlangt, der Arbeitnehmer aber nach dem Arbeitsvertrag nicht dazu verpflichtet ist. Auf den ersten Blick liegt hier keine Rechtsausübung vor. Der Arbeitnehmer macht ja gegen den Arbeitgeber keinen Anspruch geltend, sondern er verweigert lediglich Leistungen, zu denen er nicht verpflichtet ist. Bei näherer Betrachtung kommt es jedoch durchaus in Betracht, in einem derartigen Verhalten eine Rechtsausübung zu sehen. Leistet der Arbeitnehmer unbezahlte Überstunden, so führt dies faktisch zu einer Reduzierung des Lohnniveaus, da er bei gleichbleibender Vergütung mehr arbeiten muß. In der Weigerung des Arbeitnehmers kann demnach zumindest die konkludente Geltendmachung der Beibehaltung des bisherigen Lohnniveaus gesehen werden.

Schwieriger sind Fälle zu beurteilen, in denen der Arbeitgeber beispielsweise per einseitiger Weisung die Ableistung bezahlter Überstunden anordnet, ohne daß dies vom Direktionsrecht gedeckt ist. Kommt hier der Arbeitnehmer dem Verlangen des Arbeitgebers nach, so verringert sich sein Lohnniveau nicht, er muß lediglich mehr arbeiten. Insofern könnte eine Rechtsausübung abzulehnen sein. Würde hier der Arbeitnehmer jedoch Klage erheben und beantragen, festzustellen, daß er nicht zur Ableistung von bezahlten Überstunden verpflichtet ist, so läge unzweifelhaft eine Rechtsausübung vor. Meines Erachtens sollte das Eingreifen des § 612a BGB nicht davon abhängig gemacht werden, ob nun der Arbeitnehmer vor Gericht zieht, oder ob er schlichtweg in der Auseinandersetzung mit dem Arbeitgeber darauf beharrt, keine übervertraglichen Leistungen erbringen zu müssen. Daher ist § 612a BGB in Fällen, in denen der Arbeitnehmer sich weigert, einer einseitigen

---

[291] Kittner/Trittin § 612a BGB Rn. 7; Erman/Hanau § 612a BGB Rn. 3; Pröbsting, Anmerkung zu BAG v. 2.4.1987 AP Nr. 1 zu § 612a BGB.

Weisung des Arbeitgebers zur Erbringung übervertraglicher Leistungen Folge zu leisten, stets anwendbar.

Wie Fälle zu beurteilen sind, in denen der Arbeitgeber nicht per einseitiger Weisung übervertraglicher Leistungen fordert, sondern dem Arbeitnehmer ein Angebot zur Änderung des Arbeitsvertrages macht, wird unter E 7 gesondert behandelt.

3. Benachteiligung bei einer Vereinbarung oder Maßnahme

Nach § 612a BGB muß eine Benachteiligung bei einer Vereinbarung oder Maßnahme vorliegen. Es ist unstreitig, daß zu den wegen einer Maßregelung unwirksamen Maßnahmen auch eine Kündigung des Arbeitsverhältnisses durch den Arbeitgeber gehören kann[292]. Dies ergibt sich schon daraus, daß in Art. 5 der Richtlinie 75/117/EWG und in Art. 7 der Richtlinie 76/207, die § 612a BGB zugrunde liegen, die Entlassung ausdrücklich genannt ist.

Bezüglich der nach § 612a BGB erforderlichen Benachteiligung ist es nicht notwendig, daß ein konkreter Bezug zu anderen Arbeitnehmern vorliegt. Nach der Rechtsprechung des BAG reicht es vielmehr aus, wenn der Arbeitgeber einer zulässigen Rechtsausübung eines Arbeitnehmers mit einer Kündigung begegnet, die der Arbeitgeber gegenüber dem Betroffenen nicht ausgesprochen hätte, wenn dieser die ihm zustehenden Rechte nicht ausgeübt hätte[293]. § 612 a BGB kann also auch verletzt sein, wenn der Arbeitgeber nur einen Arbeitnehmer beschäftigt[294].
Das Erfordernis einer Benachteiligung findet sich in der Richtlinie nicht. Man könnte deshalb auf die Idee kommen, daß die Richtlinie insofern durch § 612a BGB nicht richtig umgesetzt ist. Die Form, in der das BAG die Benachteiligung prüft, ist jedoch nichts anderes als die Auseinandersetzung mit der Frage, ob die Rechtsausübung conditio sine qua non für die Kündigung ist. Das BAG prüft also einen Teil der Kausalität schon unter dem Tatbestandsmerkmal „Benachteiligung". Auch nach den Richtlinien ist eine Kausalität notwendig. Die Richtlinien fordern, daß die Kündigung eine Reaktion des Arbeitgebers auf die Rechtsausübung sein muß. Eine Reaktion liegt nur vor, wenn das Vorverhalten des Arbeitnehmers zumindest notwendige Bedingung für das Verhalten des Arbeitgebers ist. Indem also das BAG bei Kündigungen das Tatbestandsmerkmal der

---

[292] Vgl. nur BAG v. 2.4.1987 AP Nr. 1 zu § 612a BGB; ErfK/Preis § 612a BGB Rn. 13.

[293] BAG v. 2.4.1987 AP Nr. 1 zu § 612a BGB.

[294] Pröbsting, Anmerkung zu BAG v. 2.4.1987 AP Nr. 1 zu § 612a BGB.

Benachteiligung auf das Vorliegen von äquivalenter Kausalität beschränkt, legt es
§ 612a BGB richtlinienkonform aus.

4. Zusammenhang zwischen Rechtsausübung und Kündigung

Nach ganz herrschender Meinung genügt es nicht, daß die Rechtsausübung nur in
irgendeiner Weise mitursächlich oder nur äußerer Anlaß für die Kündigung war.
Vielmehr muß die Rechtsausübung der tragende Beweggrund, das wesentliche
Motiv gewesen sein[295]. Das BAG lehnt sich dabei an seine Rechtsprechung zum
Kausalitätserfordernis in § 613a Abs. 4 BGB an[296].

Diese Auslegung steht nicht im Widerspruch zu den Richtlinien. Die Richtlinien
verlangen, daß die Kündigung eine Reaktion des Arbeitgebers auf die Geltendmachung von Rechten ist[297]. Der Begriff der Reaktion kann so ausgelegt werden, daß
die Rechtsausübung gerade bestimmendes Motiv für die Kündigung gewesen sein
muß.

Fraglich ist, ob sich der Arbeitgeber noch auf andere, die Kündigung objektiv
rechtfertigende Gründe berufen kann, wenn nachgewiesen ist, daß die Rechtsausübung wesentliches Motiv für die Kündigung war. Das BAG hat dies bislang explizit offengelassen. Es hat lediglich festgestellt, daß dem Arbeitgeber die Berufung auf objektive Kündigungsgründe dann verwehrt ist, wenn die Rechtsausübung ausschließliches Motiv für die Kündigung war[298].
Die Zurückhaltung des BAG ist unbegründet. Das Maßregelungsverbot soll den
Arbeitnehmer in der Ausübung von Rechten absichern. Diese Absicherung ver-
dienen auch solche Arbeitnehmer, die an sich aufgrund einer Vertragsstörung gekündigt werden können. Der Arbeitgeber, der sich im wesentlichen durch die
Rechtsausübung zur Kündigung veranlaßt läßt, sanktioniert eindeutig das rechtlich zulässige Verhalten des Arbeitnehmers. Er verdient es nicht, die Kündigung
durch Berufung auf objektive Kündigungsgründe doch noch rechtfertigen zu können. Die Berufung auf objektive Kündigungsgründe ist daher bereits dann ausge-

---

[295] BAG v. 2.4.1987 AP Nr. 1 zu § 612a BGB; BAG 25.11.1993 AP Nr. 3 zu § 14 KSchG 1969;
Stahlhacke/Preis/Vossen Rn. 180; KR/Pfeiffer § 612a BGB Rn. 7; ErfK/Preis § 612a BGB Rn. 11.
[296] BAG v. 2.4.1987 AP Nr. 1 zu § 612a BGB.
[297] Die englische Fassung spricht von „reaction", die französische von „réaction", vgl. Fn. 277.
[298] BAG v. 2.4.1987 AP Nr. 1 zu § 612a BGB.

schlossen, wenn die Rechtsausübung wesentliches Motiv für die Kündigung war[299].

5. Darlegungs- und Beweislast

Ob der Arbeitnehmer mit einer Berufung auf § 612a BGB vor Gericht durchdringt, hängt entscheidend von der Verteilung der Darlegungs- und Beweislast ab. Grundsätzlich trägt der Arbeitnehmer die Darlegungs- und Beweislast für die tatbestandlichen Voraussetzungen des § 612a BGB[300]. In der Regel dürfte es dem Arbeitnehmer keine Schwierigkeiten machen, zu beweisen, daß er seine Rechte in zulässiger Weise ausgeübt hat und daß ihm danach gekündigt wurde. Schwierigkeiten ergeben sich aber, wenn es darum geht, zu beweisen, daß die Rechtsausübung durch den Arbeitnehmer wesentliches Motiv der Kündigung war. Hierbei handelt es sich um einen subjektiven Vorgang im Bewußtsein des Arbeitgebers, den der Arbeitnehmer nur dann lückenlos beweisen kann, wenn der Arbeitgeber den maßregelnden Beweggrund seiner Kündigung selbst offenbart. Dies wird indes nur selten der Fall sein, sei es, weil der Arbeitgeber die Kündigung gar nicht begründet, oder sei es, weil er andere Kündigungsgründe vorschiebt. Beläßt man es dabei, so tendiert die praktische Wirksamkeit des Maßregelungsverbotes gegen Null. Man kann jedoch nicht davon auszugehen, daß der Gesetzgeber eine Norm zum Schutz des Arbeitnehmers erläßt, diese aber aufgrund von Beweisschwierigkeiten in der Praxis keine Wirksamkeit entfalten soll[301]. Vielfach werden daher dem Arbeitnehmer bezüglich des Motivs und des Kausalzusammenhangs Beweiserleichterungen zugestanden. Fraglich ist indes, auf welchem Wege und mit welcher Intensität Beweiserleichterungen zu gewähren sind.

Eine analoge Anwendung der Beweislastregelung in § 611a Abs. 1 Satz 3 BGB scheidet nach einhelliger Auffassung mangels planwidriger Regelungslücke aus[302]. Der Gesetzgeber hat die §§ 611a und 612a BGB zeitgleich eingefügt und für § 611a BGB ausdrücklich eine Beweisregel vorgesehen, nicht aber für § 612a

---

[299] Ebenso: KR/Pfeiffer § 612a BGB Rn. 8; Pröbsting, Anmerkung zu BAG v. 2.4.1987 AP Nr. 1 zu § 612a BGB.

[300] BAG v. 2.4.1987 AP Nr. 1 zu § 612a BGB; Stahlhacke/Preis/Vossen Rn. 181; ErfK/Preis § 612a BGB Rn. 23; KR/Pfeiffer § 612a BGB Rn. 12; Kittner/Trittin § 612a BGB Rn. 15; Erman/Hanau § 612a BGB Rn. 3.

[301] Prütting, Beweislast, S. 241.

[302] BAG v. 25.11.1993 AP Nr. 3 zu § 14 KSchG 1969; BAG v. 2.4.1987 AP Nr. 1 zu § 612a BGB; Stahlhacke/Preis/Vossen Rn. 181; KR/Pfeiffer § 612a BGB Rn. 12; Belling/von Steinau-Steinrück DB 1993, 534.

BGB. Zum Zwecke der Beweislastverteilung kommen daher lediglich die Figur des Anscheinsbeweises sowie eine abgestufte Darlegungs- und Beweislast in Betracht.

a) Anscheinsbeweis?

Allgemein wird vielfach auf die Figur des Anscheinsbeweises als Instrument zur Beweiserleichterung zurückgegriffen. Der Anscheinsbeweis hat nichts mit der Beweislastverteilung zu tun, sondern ist auf der Ebene der Beweiswürdigung anzusiedeln. Er kann nur bei sogenannten „typischen Geschehensabläufen" angewendet werden. Es muß sich um Fallgestaltungen handeln, bei denen bestimmte Ereignisse nach der Lebenserfahrung oder nach einem gesicherten Erfahrungssatz auf gleichbleibende Ursachen zurückgeführt werden können. So kann beispielsweise im Wege des Anscheinsbeweises die Kausalität zwischen extremer Glätte von Treppenstufen und einem Sturz nachgewiesen werden[303]. Der Richter schließt also von bewiesenen, feststehenden tatsächlichen Ereignissen auf die Ursachen, die nicht feststehen[304]. Ist ein derartiger Schluß nach einem gesicherten Erfahrungssatz möglich, so ist bezüglich der Ursachen ein vorläufiger Beweis erbracht. Der Gegner kann diesen Anschein durch einen vereinfachten Gegenbeweis erschüttern. Er braucht hierzu nur die ernsthafte Möglichkeit eines anderen als des erfahrungsgemäßen Ablaufs zu beweisen[305].

Das BAG hat es bislang offengelassen, ob der Anscheinsbeweis auf potentielle Maßregelungskündigungen anwendbar ist[306]. Lediglich bei der Gewährung von Streikbruchprämien wurde der Anscheinsbeweis eingesetzt[307]. Nehme ein Arbeitnehmer an einem Streik teil und schließe der Arbeitgeber diesen Arbeitnehmer kurz darauf von der Gewährung einer Zulage aus, so könne mithilfe des Anscheinsbeweises davon ausgegangen werden, daß der Ausschluß gerade wegen der Streikteilnahme erfolgt sei. Allerdings hat das BAG nicht näher dargelegt, welchen allgemeinen Erfahrungssatz es zugrunde legt.

Zahlreiche Stimmen in der Literatur sowie einige Landesarbeitsgerichte und Arbeitsgerichte greifen auch bei Maßregelungskündigungen auf die Figur des An-

---

[303] BGH v. 14.12.1993 NJW 1994, 945.

[304] Zöller/Greger Vor § 284 ZPO Rn. 29.

[305] Zöller/Greger Vor § 284 ZPO Rn. 29.

[306] BAG 2.4.1987 AP Nr. 1 zu § 612a BGB; BAG v. 21.07.1988 AP Nr. 10 zu § 1 TVG Rückwirkung.

[307] BAG v. 11.8.1992 AP Nr. 124 zu Art. 9 GG; zustimmend Gaul NJW 1994, 1026 (1031); ablehnend Belling/von Steinau-Steinrück DB 1993, 534 (536).

scheinsbeweises zurück. Von einem Beweis des ersten Anscheins wird beispielsweise ausgegangen, wenn die Kündigung in unmittelbarem zeitlichen Zusammenhang mit der Rechtsausübung erfolgt[308]. Tatsachengrundlage ist demnach die
Rechtsausübung durch den Arbeitnehmer und der Kündigungsausspruch in engem
zeitlichen Zusammenhang mit der Rechtsausübung.
Der zugrunde gelegte Erfahrungssatz müßte demnach lauten: Ein Arbeitgeber, der
einem Arbeitnehmer kurz nach der Ausübung eines Rechts kündigt, spricht die
Kündigung normalerweise gerade wegen der Rechtsausübung aus. Meines Erachtens besteht jedoch kein derartiger gesicherter Erfahrungssatz. Kündigungen in
zeitlichem Zusammenhang mit einer Rechtsausübung sind keine Vorgänge, die
auf den ersten Blick, regelmäßig, üblicherweise, häufig oder nach einem bestimmten Muster so ablaufen, daß gerade die Rechtsausübung bestimmendes Motiv für
die Kündigung war. Ein derartiger Erfahrungssatz würde dem Arbeitgeber gesez-
eswidriges Verhalten unterstellen. Zudem ist das Motiv für eine Kündigung eine
höchst individuelle Angelegenheit, es ist eine subjektive Komponente, bei der
schwerlich allgemeine Erfahrungssätze aufgestellt werden können oder von einem
typischen Geschehensablauf gesprochen werden kann. Die herrschende Auffassung im Zivilprozeßrecht lehnt daher auch die Anwendung der Figur des Anscheinsbeweises auf innere Tatsachen und individuelle Willensentschlüsse ab[309].
Der Anscheinsbeweis scheidet somit als Mittel der Beweiserleichterung aus.

b) Abgestufte Darlegungs- und Beweislast

Vorzugswürdig ist es, auf das von *Preis*[310] entwickelte Modell einer abgestuften
Darlegungs- und Beweislast zurückzugreifen. Danach soll dem Arbeitnehmer in
einem ersten Schritt eine Beweismaßsenkung zugestanden werden. Es reicht daher
zunächst aus, wenn der Arbeitnehmer lediglich glaubhaft macht, daß bestimmendes Motiv der Kündigung die Rechtsausübung durch den Arbeitnehmer war[311].
Glaubhaft machen bedeutet, die überwiegende Wahrscheinlichkeit darzulegen.
Nicht ausreichend ist es daher, wenn der Arbeitnehmer „ins Blaue hinein" behaup-

---

[308] LAG Schleswig-Holstein 25.7.1989 LAGE § 612a BGB Nr. 4; LAG Hamm v. 15.1.1985 LAGE
§ 20 BetrVG 1972 Nr. 5; ArbG Augsburg v. 7.10.1997 NZA-RR, 542 (543); ArbG Hamburg v.
23.7.1990 DB 1991, 103; Kittner/Trittin § 612a BGB Rn. 15; KR/Pfeiffer § 612a BGB Rn. 12;
Erman/Hanau § 612a BGB Rn. 2.
[309] BGH v. 26.1.1983 NJW 1983, 1548 (1551); BGH v. 4.5.1988 NJW 1988, 2040 ff.; Zöl-
ler/Greger Vor § 284 Rn. 30, 31; Thomas/Putzo § 286 Rn. 15.
[310] Preis NZA 1997, 1256 (1270); Stahlhacke/Preis/Vossen Rn. 212f f.
[311] Stahlhacke/Preis/Vossen Rn. 212f.

tet, seine Rechtsausübung sei tragendes Motiv der Kündigung gewesen. Er muß vielmehr objektive Tatsachen vortragen, die den Schluß auf eine maßregelnde Kündigung nahelegen.

Die Auffassung, die auf den Anscheinsbeweis zurückgreifen will, hält einen engen zeitlichen Zusammenhang zwischen der Rechtsausübung und der Kündigung für aussagekräftig. Auch wenn ein enger zeitlicher Zusammenhang nicht ausreicht, um einen allgemeinen gesicherten Erfahrungssatz aufzustellen und damit zur Anwendung des Anscheinsbeweises zu gelangen, ist dieses Kriterium dennoch von Bedeutung für die Glaubhaftmachung. Eine maßregelnde Kündigung hat oftmals nicht nur den Sinn, den betroffenen Arbeitnehmer abzustrafen, sie kann auch eingesetzt werden, um ein Exempel zu statuieren. Mittels der Kündigung kann weiterbeschäftigten Arbeitnehmern demonstriert werden, was geschieht, wenn sie gleich dem Gekündigten ihre Rechte geltend machen. Einen derartigen generalpräventiven Effekt wird der Arbeitgeber nur erreichen, wenn er die Kündigung alsbald nach der Rechtsausübung ausspricht, um den übrigen Arbeitnehmern den Zusammenhang zwischen Rechtsausübung und Kündigung zu verdeutlichen. Ein enger zeitlicher Zusammenhang von Rechtsausübung und Kündigung legt daher den Schluß nahe, daß die Kündigung gerade wegen der Rechtsausübung erfolgt ist. Je kürzer die Zeitspanne zwischen Rechtsausübung und Kündigung, desto näher liegt dieser Schluß. Der enge zeitliche Zusammenhang begründet somit zwar noch keinen allgemeinen Erfahrungssatz, weist aber zumindest in eine bestimmte Richtung.

Als weitere objektive Tatsachen, die den Schluß auf eine Maßregelungskündigung nahelegen, sind Äußerungen des Arbeitgebers zu nennen, in denen er Mißfallen oder Verärgerung über die Rechtsausübung durch den Arbeitnehmer gezeigt hat.

Gemäß § 138 Abs. 2 ZPO hat sich der Arbeitgeber daraufhin über die vom Arbeitnehmer behaupteten Tatsachen zu erklären. Dabei kann hier dem Arbeitgeber zugemutet werden, darzulegen, warum er die Kündigung ausgesprochen hat[312]. Zur Erschütterung des Vortrags des Arbeitnehmers reicht es aus, wenn der Arbeitgeber hier Gründe vorträgt, die ihrerseits den Schluß nahelegen, daß die Kündigung aus anderen Gründen erfolgt ist. Trägt der Arbeitgeber beispielsweise vor, daß der Arbeitnehmer mehrfach krankheitsbedingt ausgefallen ist oder daß er seine vertraglichen Pflichten verletzt hat, so hat das Gericht davon auszugehen, daß die Kündigung nicht wegen der Rechtsausübung erfolgt ist. Nicht ausreichend

---

[312] Stahlhacke/Preis/Vossen Rn. 212g.

dürfte sein, wenn der Arbeitgeber nur pauschal angibt, er sei mit den Leistungen des Arbeitnehmers nicht mehr zufrieden gewesen oder er habe das Betriebsklima gestört. Derartig allgemeine, floskelhafte Vorträge beseitigen nicht die Wahrscheinlichkeitsvermutung, daß die Kündigung wegen der Rechtsausübung erfolgt ist, sondern sind als bloße Schutzbehauptungen einzustufen. Genügt der Arbeitgeber seiner Substantiierungspflicht nicht, so sind die vom Arbeitnehmer glaubhaft gemachten Tatsachen gemäß § 138 Abs. 3 ZPO als zugestanden anzusehen[313]. Trägt der Arbeitgeber jedoch plausible Gründe für die Kündigung vor, so hat der Arbeitnehmer nur noch die Chance, das Vorliegen der genannten Gründe zu widerlegen.

Eine Umkehr der Beweislast liegt in einer derartigen Handhabung der Darlegungs- und Beweislast nicht. Es handelt sich auch nicht um eine versteckte Analogie zu § 611a Abs. 1 Satz 3 BGB, die - wie bereits dargelegt - nicht in Betracht kommt. Zugegebenermaßen ist das Kriterium der Glaubhaftmachung dem § 611a Abs. 1 Satz 3 BGB entliehen. Jedoch führt hier die Glaubhaftmachung nicht dazu, daß der Arbeitgeber sodann beweisen müßte, daß sachliche Gründe für die Kündigung vorliegen. Statt dessen werden lediglich erhöhte Anforderungen an die Darlegungslast des Arbeitgebers gestellt.

In Fall 1 hat N die Vergütung von Überstunden verlangt und damit ein Recht in zulässiger Weise ausgeübt[314]. Daß die Kündigung in engem zeitlichen Zusammenhang mit der Rechtsausübung ausgesprochen wurde, reicht für die Glaubhaftmachung einer Kündigung wegen Rechtsausübung aus. Der Ausgang eines Kündigungsschutzprozesses hängt nun davon ab, ob G substantiiert darlegt, daß ihn andere Gründe als die Rechtsausübung zur Kündigung veranlaßt haben.

c) Vorschlag de lege ferenda

Die geltende Rechtslage bezüglich der Darlegungs- und Beweislast ist unbefriedigend. Trotz der dem Arbeitnehmer gewährten Erleichterungen wird es diesem nur selten gelingen, im Kündigungsschutzprozeß zu obsiegen. Hat der Arbeitnehmer eine Maßregelungskündigung glaubhaft gemacht, so besteht die Gefahr, daß der Arbeitgeber andere Gründe vorträgt, die in Wahrheit nicht den Ausschlag für die Kündigung gegeben haben, oder sogar Gründe erfindet, für die er ja nicht be-

[313] Stahlhacke/Preis/Vossen Rn. 212g.
[314] ErfK/Preis § 611 BGB Rn. 951.

weispflichtig ist. De lege ferenda empfiehlt sich daher, die Beweislastregelung in § 611a Abs. 1 Satz 3 BGB auf § 612a BGB zu erstrecken.

6. Sonderfall: Kündigung wegen Entgeltfortzahlungskosten

Erkrankt ein Arbeitnehmer, so hat er gemäß § 3 Abs. 1 EFZG Anspruch auf Entgeltfortzahlung. Weigert sich der Arbeitgeber, das Entgelt fortzuzahlen, und verlangt der Arbeitnehmer daraufhin Entgeltfortzahlung oder erhebt Klage, so übt er seine Rechte aus. Eine Kündigung wegen der Beanspruchung von Entgeltfortzahlung ist somit gemäß §§ 134, 612a BGB unwirksam.

Leistet hingegen der Arbeitgeber von sich aus Entgeltfortzahlung, so ist es äußerst fraglich, ob ebenfalls eine Rechtsausübung vorliegt. Ist ein Arbeitnehmer arbeitsunfähig, so wird ihm die Arbeitsleistung unmöglich und er wird gemäß § 275 BGB von der Verpflichtung zur Arbeitsleistung frei. Über § 3 EFZG entsteht dann qua Gesetz ein Anspruch auf Fortzahlung des Entgelts. Meines Erachtens kann hier nicht von einer Rechtsausübung ausgegangen werden, da der Arbeitnehmer nichts weiter tut, als krank zu werden. Krank zu werden ist aber kein Recht und schon gar keine Rechtsausübung. Mangels Rechtsausübung darf der Arbeitgeber somit wegen der Entgeltfortzahlungskosten kündigen; im Rahmen einer Überprüfung der Kündigung auf deren soziale Rechtfertigung gemäß § 1 KSchG kann die Belastung mit den Kosten der Entgeltfortzahlung nach Auffassung des BAG sogar zuungunsten des Arbeitnehmers berücksichtigt werden[315].

Preis[316] hingegen ist mit der Auffassung hervorgetreten, es könne nicht entscheidend sein, ob einem Arbeitnehmer ein Recht von Gesetzes wegen zustehe oder ob er es ausdrücklich geltend machen müsse. Im Gegenteil, ein argumentum a fortiori erscheine zwingend: Wenn die Rechtsordnung schon wegen zulässiger Rechtsausübung nach § 612a BGB Benachteiligungen verbiete, dann müsse dies doch erst recht für die Gewährung von Rechten gelten, deren Geltendmachung es überhaupt nicht bedürfe[317]. Diese Argumentation ist jedoch verfehlt, weil sie zwei unterschiedliche Situationen gleichsetzt: Verweigert der Arbeitgeber die Entgeltfortzahlung und beschwert sich der Arbeitnehmer daraufhin, so bedarf er des Schutzes vor einer Kündigung. Es soll verhindert werden, daß der Arbeitnehmer im Angesicht einer drohenden Kündigung auf seine Rechte verzichtet, der Arbeitgeber

---

[315] BAG v. 16.2.1989 AP Nr. 20 zu § 1 KSchG 1969 Krankheit.

[316] Preis DB 1988, 1444 (1445).

[317] Preis, Anmerkung zu BAG v. 16.2.1989 AP Nr. 20 zu § 1 KSchG 1969 Krankheit.

sozusagen auf dem Schleichweg die Arbeitsbedingungen zulasten des Arbeitnehmers verschlechtert. Zahlt der Arbeitgeber hingegen das Entgelt fort, besteht
schon gar nicht die Gefahr einer Verschlechterung der Arbeitsbedingungen. Demzufolge bedarf es hier auch keiner Absicherung des Arbeitnehmers durch ein
Kündigungsverbot.

Denkbar wäre es höchstens, darauf abzustellen, daß auch einem in medizinischem
Sinne arbeitsunfähigen Arbeitnehmer eventuell noch eine Entscheidungsmöglich-
keit verbleibt, ob er gleichwohl arbeiten will oder nicht. Arbeitsunfähigkeit liegt
nicht nur vor, wenn die Arbeit dem Arbeitnehmer objektiv unmöglich ist, sondern
auch dann, wenn er die Arbeit objektiv nicht ausüben sollte, weil ansonsten die
Heilung verhindert oder verzögert wird[318]. Eine Rechtsausübung könnte somit
darin gesehen werden, daß ein wegen Krankheit arbeitsunfähiger Arbeitnehmer zu
Hause bleibt und sich nicht zur Arbeit schleppt. Sollte darin jedoch eine Rechtsausübung liegen, so wäre dem Arbeitgeber in derartigen Fällen jedwede krankheitsbedingte Kündigung untersagt. Es ist nicht davon auszugehen, daß der Gesetzgeber mit § 612a BGB derart weitreichende Konsequenzen bezweckt hat. Es
darf auch nicht aus den Augen verloren werden, daß der Arbeitgeber außerhalb
des KSchG stets wegen wirtschaftlicher Belastungen kündigen darf. Will der Arbeitgeber beispielsweise die vereinbarten Löhne in Zukunft nicht mehr bezahlen,
so steht einer Kündigung außerhalb des KSchG grundsätzlich nichts entgegen.
Meines Erachtens ist es dann nicht überzeugend, eine Kündigung wegen der mit
den Entgeltfortzahlungskosten verbundenen wirtschaftlichen Belastung zu untersagen.

Eine andere Frage ist es, ob es im Geltungsbereich des KSchG angemessen ist,
daß eine gesetzlich geregelte Sozialleistung im Rahmen der Kündigungsüberprü-
fung zum Nachteil des Arbeitnehmers zu Buche schlagen kann. Daß das BAG es
zuläßt, die Entgeltfortzahlungskosten bei der Überprüfung einer krankheitsbedingten Kündigung zu berücksichtigen, hängt wohl mit der verfehlten Regelung des
EFZG selbst zusammen. Zwar ist es grundsätzlich zu befürworten, daß der Arbeitgeber in gewissen Grenzen im Krankheitsfall das Entgelt fortzahlen soll. Stellt
der Arbeitgeber einen Arbeitnehmer ein, so beschäftigt er eben nicht nur eine Arbeitskraft, sondern auch einen Menschen. Menschen werden hin und wieder
krank. Es läßt sich gut vertreten, daß der Arbeitgeber daher auch ein gewisses typisiertes, durchschnittliches Krankheitsrisiko tragen soll. Das EFZG gewährt je-

---

[318] ErfK/Dörner § 3 EFZG Rn. 17.

doch auch Ansprüche, die erheblich über ein derartiges typisiertes Risiko hinausgehen. Es ist beispielsweise denkbar, daß ein Arbeitnehmer sechs Wochen wegen Magenproblemen, daraufhin sechs Wochen wegen Herzproblemen, anschließend sechs Wochen wegen Migräne und schließlich sechs Wochen wegen Rückenproblemen krankgeschrieben ist und so gegen den Arbeitgeber einen Entgeltfortzahlungsanspruch für 24 Wochen erhält. Hier ist offensichtlich, daß von einem typisierten Risiko nicht mehr gesprochen werden kann und daß die Grenzen der Belastbarkeit des Arbeitgebers überschritten werden. Der richtige Weg zur Beseitigung dieser Belastungen ist aber nicht, die Lohnfortzahlungskosten als Kündigungsgrund heranzuziehen, sondern die Ansprüche auf Engeltfortzahlung auf ein zumutbares Maximum zu beschränken[319]. Erkrankt ein Arbeitnehmer auf lange Dauer wegen ein- und derselben Krankheit, so erhält er Entgeltfortzahlung für nur sechs Wochen. Es ist kein vernünftiger Grund ersichtlich, warum der Arbeitnehmer länger Entgeltfortzahlung erhalten soll, wenn er ebenfalls ununterbrochen, jedoch wegen unterschiedlicher Krankheiten ausfällt. Es ist Aufgabe des Gesetzgebers, festzulegen, ab welcher Dauer die Grenze der Zumutbarkeit überschritten ist. Sicherlich ist dies aber bei einer Krankheitsdauer von 24 Wochen der Fall.

Daß es grundsätzlich inkonsequent ist, innerhalb des KSchG die wirtschaftliche Belastung in Gestalt der Entgeltfortzahlungskosten zum Nachteil des Arbeitnehmers zu berücksichtigen, zeigt auch der Vergleich mit sonstigen Fällen einer Belastung mit Zahlungsansprüchen: Sind dem Arbeitgeber schlichtweg die Lohnansprüche eines einzelnen Arbeitnehmers zu hoch, so kann dies bei einer Beendigungskündigung nicht zum Nachteil des Arbeitnehmers ausschlagen.

Weder nach der geltenden Rechtslage noch im Falle einer Neuregelung der Entgeltfortzahlung kann jedoch § 612a BGB herangezogen werden, um auszuschließen, daß Entgeltfortzahlungskosten zur Rechtfertigung einer Kündigung herangezogen werden. Dies ließe sich allein mit allgemeinen Erwägungen zu § 1 KSchG begründen.

7. Sonderfall: Ablehnung isolierter Änderungsangebote und Änderungskündigungen

Bevor auf die Frage eingegangen wird, ob § 612a BGB bei der Ablehnung isolierter Änderungsangebote und bei Änderungskündigungen eingreifen kann, muß ver-

---

[319] Preis, Anmerkung zu BAG v. 16.2.1989 AP Nr. 20 zu § 1 KSchG 1969 Krankheit.

deutlicht werden, worin der Unterschied zwischen diesen beiden Konstellationen liegt:

Denkbar ist zunächst, daß der Arbeitgeber dem Arbeitnehmer ein Änderungsangebot macht, der Arbeitnehmer dieses Änderungsangebot ablehnt und der Arbeitgeber daraufhin kündigt. Hier liegen zwei isolierte Tatbestände vor: Ein Änderungsangebot, und eine Kündigung, jedoch keine Änderungskündigung.

Spricht der Arbeitgeber hingegen eine Kündigung aus und bietet dem Arbeitnehmer gleichzeitig die Fortsetzung des Arbeitsverhältnisses zu geänderten Arbeitsbedingungen an, so liegt eine Änderungskündigung vor[320].

Ob bei der Ablehnung isolierter Änderungsangeboten und bei Änderungskündigungen § 612a BGB eingreifen kann, hängt - wie sich noch zeigen wird - auch davon ab, ob das KSchG anwendbar ist oder nicht. Daher muß zwischen Fällen außerhalb und innerhalb des Geltungsbereichs des KSchG differenziert werden.

a) außerhalb des KSchG

Fraglich ist, ob § 612a BGB Fälle erfaßt, in denen der Arbeitnehmer ein isoliertes Angebot zur Änderung der Arbeitsbedingungen ablehnt und der Arbeitgeber aus diesem Grunde kündigt. Teilweise wird vertreten, daß die Kündigung wegen Nichteinwilligung in eine Änderung der Arbeitsbedingungen eine Maßregelung darstellt und daher unwirksam ist[321]. In dieser Pauschalität ist dies jedoch nicht zutreffend.

Problematisch ist an erster Stelle die Frage, ob in der Ablehnung eines Änderungsangebotes eine Rechtsausübung gesehen werden kann.

Lehnt der Arbeitnehmer ein Angebot zur rückwirkenden Verschlechterung der Arbeitsbedingungen ab, so liegt darin zumindest konkludent die Geltendmachung bereits erworbener Rechte. Der Arbeitnehmer will bereits entstandene Ansprüche nicht verlieren und übt somit ein Recht aus. Zweifelhaft ist jedoch, ob auch die Ablehnung einer Änderung der Arbeitsbedingungen für die Zukunft eine Rechtsausübung darstellt.

Prinzipiell steht dem Arbeitnehmer außerhalb des KSchG kein Recht zu, auf Dauer zu einmal vereinbarten Bedingungen zu arbeiten. Das Arbeitsverhältnis als Dauerschuldverhältnis ist kein Lebensbund, bei dem Bestand und Inhalt auf unabsehbare Zeit zementiert sind und jedwede Beendigung oder Änderung des Vertra-

---

[320] Zu Ausnahmekonstellationen siehe unter E 7 c)
[321] Stahlhacke/Preis/Vossen Rn. 182; ErfK/Ascheid § 612a BGB Rn. 13.

ges einen Verstoß gegen den Grundsatz „pacta sunt servanda" darstellte. Wie sich aus den Kündigungsfristen ersehen läßt, hat der Arbeitnehmer jedoch das Recht, bis zum Auslauf der Kündigungsfristen zu den geltenden Vertragsbedingungen beschäftigt zu werden, es sei denn eine außerordentliche Kündigung ist gerechtfertigt. In der Ablehnung eines isolierten Änderungsangebotes liegt somit in der Regel dann eine Rechtsausübung, wenn die Änderung bereits vor Ablauf der Kündigungsfrist in Kraft treten soll. Kündigt nun der Arbeitgeber wegen der Ablehnung der Änderung, so liegt eine Maßregelung vor[322].

Zu prüfen ist, ob dies auch bei einer Änderungskündigung gilt, bei der der Arbeitgeber eine Beendigungskündigung ausspricht und gleichzeitig ein Angebot zur Fortsetzung des Arbeitsverhältnisses unter geänderten Bedingungen abgibt. Lehnt der Arbeitnehmer das Änderungsangebot ab, soll eine Maßregelung nach Auffassung des LAG Rheinland-Pfalz ausscheiden[323]. Hier liege vor Ausspruch der Kündigung kein Verhalten des Arbeitnehmers vor, das der Arbeitgeber maßregeln könnte. Eine derart formalistische Argumentation überzeugt jedoch nicht. Lehnt der Arbeitnehmer das Änderungsangebot ab, so wird aus der Änderungskündigung automatisch eine Beendigungskündigung. Der Arbeitgeber kann somit die Rechtsfolgen bereits setzen, ohne daß er die Reaktion des Arbeitnehmers abzuwarten braucht. Es leuchtet nicht ein, daß allein wegen dieses rechtstechnischen Tricks von vornherein eine Maßregelung ausscheiden soll. § 612a BGB soll den Arbeitnehmer davor schützen, daß der Arbeitgeber die Ausübung von Rechten durch den Arbeitnehmer sanktioniert. Dabei spielt es keine Rolle, ob der Arbeitgeber die Sanktion erst nach der Rechtsausübung durch den Arbeitnehmer vornimmt, oder gewissermaßen prophylaktisch zuerst die Sanktion in den Raum stellt und deren Wirksamwerden vom Verhalten des Arbeitnehmers abhängig macht[324]. Auch im Falle der echten Änderungskündigung liegt daher eine Rechtsausübung vor, wenn der Arbeitnehmer eine Änderung ablehnt, die vor Ablauf der Kündigungsfrist in Kraft treten soll. Da der Arbeitgeber bei einer Änderungskündigung die Beendigungskündigung an die Ablehnung des Änderungsangebotes knüpft, ist

---

[322] Eine Maßregelung scheidet freilich dann aus, wenn der Arbeitgeber als Reaktion auf die Ablehnung des Angebotes eine Änderungskündigung ausspricht, deren Änderungsangebot mit dem ursprünglichen deckungsgleich ist, jedoch erst mit Ablauf der Kündigungsfrist wirksam werden soll. In diesem Fall liegt keine Benachteiligung des Arbeitnehmers vor. Statt dessen erhält er ein Angebot, das er mit der Ablehnung des ersten Änderungsangebotes konkludent gefordert hat.

[323] LAG Rheinland-Pfalz v. 18.12.1997 LAGE § 4 KSchG Nr. 40; offengelassen von BAG v. 10.02.1999 AP Nr. 52 zu § 2 KSchG 1969.

[324] ErfK/Preis § 612a BGB Rn. 10 hält es generell für unerheblich, ob die Benachteiligung der zulässigen Rechtsausübung nachfolgt oder vorangeht.

auch davon auszugehen, daß die Rechtsausübung durch den Arbeitnehmer wesentliches Motiv für die Beendigungskündigung ist.
Änderungskündigungen, deren Änderungsangebot vor Ablauf der Kündigungsfrist
in Kraft treten sollen, stellen demnach eine Maßregelung im Sinne des § 612a
BGB dar.

b) innerhalb des KSchG

Zunächst liegt auch im Geltungsbereich des KSchG eine Rechtsausübung dann
vor, wenn der Arbeitnehmer ein isoliertes Änderungsangebot ablehnt, das vor
Ablauf der Kündigungsfrist in Kraft treten soll. Darüber hinaus kommt eine
Rechtsausübung auch in solchen Fällen in Betracht, in denen das isolierte Änderungsangebot erst mit oder nach Ablauf der Kündigungsfrist in Kraft treten soll.
Lehnt nämlich der Arbeitnehmer das Änderungsangebot ab, so kann der Arbeitgeber die Änderung der Arbeitsbedingungen nur noch über eine Änderungskündigung erreichen. Mithin kann in der Ablehnung des Angebotes auch das Verlangen
liegen, die Änderung der Arbeitsbedingungen gerichtlich nach §§ 2, 1 KSchG
überprüfen zu lassen. Wird jedoch nur ein Änderungsangebot abgegeben, ohne
dies mit einer Kündigung zu verbinden, so steht dem Arbeitnehmer diese Möglichkeit nicht offen. Kündigungen, die wegen der Ablehnung eines isolierten Änderungsangebotes ausgesprochen werden, lassen sich daher innerhalb des Geltungsbereiches des KSchG stets unter § 612a BGB subsumieren, ganz gleich ob
die Kündigungsfristen beachtet wurden oder nicht[325][326].
Wird von vornherein eine Änderungskündigung ausgesprochen, kommt eine Maßregelung nur in Betracht, wenn die Änderungen vor Ablauf der Kündigungsfrist in
Kraft treten sollen.

---

[325] LAG Hamm v. 18.12.1987, DB 1988, 917; Stahlhacke/Preis/Vossen Rn. 182 und ErfK/Preis §
612a BGB Rn. 13 nehmen fälschlicherweise keine Einschränkung auf den Geltungsbereich des
KSchG vor.

[326] Eine Maßregelung scheidet jedoch auch hier aus, wenn der Arbeitgeber als Reaktion auf die
Ablehnung lediglich eine Änderungskündigung zu den Bedingungen des ursprünglichen Änderungsangebotes und unter Einhaltung der Kündigungsfrist erklärt. Der Arbeitnehmer erhält dann
die Rechte, ihm durch Annahme des ursprünglichen Änderungsangebotes abgeschnitten worden
wären.

127

c) Sonderform der Änderungskündigung

Für eine Änderungskündigung ist es nicht unbedingt erforderlich, daß Kündigung und Änderungsangebot gleichzeitig erfolgen. Vielmehr kann das Änderungsangebot der Kündigung auch vorausgehen. Dann muß bei der Kündigungserklärung allerdings klargestellt werden, daß das vorangehende Änderungsangebot fortgilt[327]. Auch dieser Umstand spricht gegen die vom LAG Rheinland-Pfalz[328] vertretene Auffassung, nach der bei einer zeitgleichen Erklärung von Änderungsangebot und Kündigung eine Maßregelung ausscheiden soll, da vor Ausspruch der Kündigung gar kein Arbeitnehmerverhalten vorliege, das der Arbeitgeber maßregeln könnte. Wählt der Arbeitgeber nämlich den Weg, zunächst ein Änderungsangebot zu erklären und nach dessen Ablehnung durch den Arbeitnehmer dann eine Kündigung unter Aufrechterhaltung des ursprünglichen Angebotes auszusprechen, so käme eine Maßregelungskündigung auch nach Auffassung des LAG Rheinland-Pfalz in Betracht. In diesem Falle läge nämlich ein Vorverhalten des Arbeitnehmers vor, das durch die Kündigung eventuell gemaßregelt werden könnte. Es ist widersprüchlich, diese beiden Konstellationen der Änderungskündigung im Hinblick auf § 612a BGB unterschiedlich zu behandeln.

Statt dessen ist diese Sonderform der Änderungskündigung genauso wie eine normale Änderungskündigung zu behandeln.

d) Darlegungs- und Beweislast

Wird ein isoliertes Änderungsangebot abgegeben, dieses durch den Arbeitnehmer abgelehnt und sodann in engem zeitlichen Zusammenhang mit der Ablehnung eine Kündigung erklärt, so genügt der Arbeitnehmer durch Darlegung dieser Umstände seiner Pflicht zur Glaubhaftmachung, daß eine Maßregelungskündigung vorliegt.

Wird eine Änderungskündigung ausgesprochen, so gibt der Arbeitgeber selbst zu erkennen, daß die Kündigung ausschließlich davon abhängen soll, ob der Arbeitnehmer das Änderungsangebot annimmt oder nicht. In derartigen Fällen kann der Arbeitnehmer somit lückenlos beweisen, daß die Ablehnung des Änderungsangebotes tragendes Motiv der Kündigung war.

---

[327] ErfK/Ascheid § 2 KSchG Rn. 10; Stahlhacke/Preis/Vossen Rn. 769.
[328] LAG Rheinland-Pfalz v. 18.12.1997 LAGE § 4 KSchG Nr. 40.

e) Ergebnis

Der Klarheit halber seien die Ergebnisse noch einmal zusammengefaßt:
Kündigt der Arbeitgeber wegen Ablehnung eines isolierten Änderungsangebotes, das vor Ablauf der Kündigungsfrist in Kraft treten soll, so liegt eine Maßregelung im Sinne des § 612a BGB vor. Dies gilt innerhalb wie außerhalb des KSchG.

Spricht der Arbeitgeber eine echte Änderungskündigung aus, deren Änderungsangebot vor Ablauf der Kündigungsfrist in Kraft treten soll, so liegt ebenfalls eine Maßregelung im Sinne des § 612a BGB vor. Auch dies gilt sowohl innerhalb als auch außerhalb des KSchG.

Innerhalb des KSchG kommt eine Maßregelung zusätzlich auch dann in Betracht, wenn der Arbeitgeber wegen der Ablehnung eines isolierten Änderungsangebotes kündigt, das erst *nach* Ablauf der Kündigungsfrist in Kraft treten soll. Innerhalb des KSchG kann in der Ablehnung eines isolierten Änderungsangebotes nämlich das Verlangen liegen, eine echte Änderungskündigung zu erhalten, um gegen diese sodann gemäß §§ 2, 1 KSchG Kündigungsschutzklage erheben zu können.

8. Nachfolgende Kündigungen

Fraglich ist, wie Fälle zu behandeln sind, in denen der Arbeitnehmer zunächst eine maßregelnde Kündigung unter Berufung auf § 612a BGB erfolgreich angegriffen hat, der Arbeitgeber aber nach einiger Zeit erneut kündigt. Selbstverständlich schließt eine erfolgreiche Kündigungsschutzklage unter Berufung auf § 612a BGB die Zulässigkeit einer späteren Kündigung des Arbeitsverhältnisses nicht aus. Es muß aber verhindert werden, daß der Arbeitgeber durch eine spätere Kündigung seine maßregelnde Zielsetzung doch noch verwirklicht. Unproblemtisch sind Fälle, in denen der Arbeitgeber kurz nach Abschluß des Kündigungsschutzprozesses erneut eine Kündigung ausspricht. Hier liegt ein enger zeitlicher Zusammenhang zwischen Rechtsausübung (Kündigungsschutzklage) und Kündigung vor, so daß auch bei der zweiten Kündigung maßregelnde Motive glaubhaft gemacht werden können. Es ist aber zu befürchten, daß ein Arbeitgeber, der sein maßregelndes Ansinnen nach wie vor durchsetzen möchte, versucht, sich bei der zweiten Kündigung „geschickter" zu verhalten, so daß der Nachweis maßregelnder Motive nicht mehr gelingt. So ist beispielsweise denkbar, daß der Arbeitgeber nach Abschluß des Kündigungsschutzprozesses ein bis zwei Monate abwartet und erst dann erneut eine Kündigung ausspricht. Hier dürfte ein enger zeitlicher Zusammenhang zwischen Rechtsausübung (Kündigungsschutzklage) und Kündigung zu verneinen sein, so daß auch maßregelnde Motive nicht glaubhaft gemacht werden können. Auch wird sich der Arbeitgeber hüten, in irgendeiner Weise preiszugeben, daß er mittels der zweiten Kündigung sein ursprüngliches Ansinnen doch noch zu verwirklichen gedenkt. Die Chancen des Arbeitnehmers, die zweite Kündigung ebenfalls erfolgreich über § 612a BGB anzugreifen, würden somit drastisch sinken. Dem muß meines Erachtens entgegengewirkt werden, indem die Anforderungen an die Darlegungs- und Beweislast des Arbeitnehmers hinsichtlich der zweiten Kündigung gesenkt werden. Es sollte hier für die Glaubhaftmachung maßregelnder Motive ausreichen, wenn die zweite Kündigung innerhalb von sechs Monaten nach Abschluß der gerichtlichen Auseinandersetzung um die erste Kündigung ausgesprochen wird. Diese Spanne ist angemessen, da es sich der Arbeitgeber nicht wird leisten können, das Arbeitsverhältnis über sechs Monate hinweg unproduktiv fortzuführen und nur zu warten, bis er erneut kündigen kann, ohne daß die Kündigung zugleich mit dem Makel der Maßregelung behaftet ist. Es besteht somit ein gewisser Anreiz, das Arbeitsverhältnis wieder auf eine kooperative Grundlage zu stellen. Auf der anderen Seite werden die Kündigungsmöglichkeiten des Arbeitgebers nicht über Gebühr eingeschränkt, da es ihm unbenommen bleibt, auch schon früher zu kündigen, im Kündigungsschutzprozeß sodann aber darzulegen, daß bei der zweiten Kündigung keineswegs die Rechtsausübung durch den Arbeitnehmer ausschlaggebendes Motiv war, sondern daß eine Vertragsstörung oder betriebliche Erfordernisse zur Kündigung geführt haben. Das Arbeitsverhältnis wird also keineswegs zementiert, jedoch wird der Arbeitnehmer davor geschützt, daß er aufgrund der Rechtsausübung in letzter Konsequenz doch noch seinen Arbeitsplatz verliert.

IV. Grundrechtswidrige Kündigungen

1. Allgemeines

Unter grundrechtswidrigen Kündigungen sollen hier solche Kündigungen verstanden werden, die ausgesprochen werden, weil der Arbeitnehmer bespielsweise eine Familie gründen will, eine bestimmte Meinung äußert, einer bestimmten Religion oder Rasse angehört. Kündigungen, die den Arbeitnehmer in der freien Wahl des Arbeitsplatzes aus Art. 12 Abs. 1 GG beeinträchtigen - sofern man eine Berücksichtigung von Art. 12 GG bei der Auslegung der Generalklauseln bejaht - sollen hingegen zunächst außen vor bleiben.

Wird eine Kündigung ausgesprochen, weil der Arbeitnehmer von seinen Grundrechten Gebrauch macht oder ist das Kündigungsmotiv durch Art. 3 Abs.
3 GG verpönt, so kann dies nach ganz herrschender Meinung über die zivilrechtlichen
Generalklauseln zur Unwirksamkeit der Kündigung führen[329].

Kündigungen, die den Arbeitnehmer in seinen Grundrechten beeinträchtigen, sind
jedoch nicht von vornherein nichtig. Zu berücksichtigen ist vielmehr, daß das
Kündigungsrecht des Arbeitgebers durch Art. 12 Abs. 1 GG geschützt ist, bei
Tendenzbetrieben auch durch Art. 4 oder 5 GG. Es stehen also grundrechtlich
geschützte Belange miteinander in Konflikt, die miteinander in Ausgleich gebracht werden müssen.

2. Nichtigkeit über § 134, § 138 oder § 242 BGB?

Fraglich ist, über welche Norm man zur Nichtigkeit der Kündigung gelangt. Das
BAG ging früher von der unmittelbaren Drittwirkung der Grundrechte aus, sah
also den Arbeitgeber als unmittelbar grundrechtsverpflichtet an[330]. Die Nichtigkeit
einer grundsrechtswidrigen Kündigung wurde auf § 134 BGB gestützt[331]. Die
ganz herrschende Auffassung lehnt jedoch die unmittelbare Drittwirkung der
Grundrechte ab[332]. Auch das BAG hat diese Lehre inzwischen aufgegeben[333].
Somit kann die Unwirksamkeit einer grundrechtswidrigen Kündigung nicht auf
§ 134 BGB in Verbindung mit dem Grundrecht gestützt werden. Die neuere herrschende Auffassung stützt die Einwirkung der Grundrechte auf das Privatrecht auf
die Schutzpflichtlehre, nach der der Gesetzgeber bei der Ausgestaltung der Privat-
rechtsordnung ein bestimmtes grundrechtliches Schutzniveau nicht unterschreiten

---

[329] Vgl. nur BAG v. 15.7.1971 EzA § 1 KSchG Nr. 19; BAG v. 28.9.1972 EzA § 1 KSchG Nr. 25;
BAG v. 26.5.1977 EzA § 611 BGB Beschäftigungspflicht Nr. 2; Stahlhacke/Preis/Vossen Rn. 159;
KR/Pfeiffer § 13 KSchG Rn. 179; Stahlhacke, FS für Wiese, 513 (527); Hromadka/Maschmann,
Arbeitsrecht, Bd. 1, § 10 Rn. 69.

[330] Vgl. nur BAG v. 17.5.1957 AP Nr. 1 zu Art. 6 Abs. 1 GG Ehe und Familie; BAG v. 28.9.1972
AP Nr. 2 zu § 134 BGB; BAG v. 23.9.1976 EzA § 1 KSchG Nr. 35.

[331] Vgl. nur BAG v. 28.9.1972 AP Nr. 2 zu § 134 BGB. Hier wird zumindest Art. 3 Abs. 3 GG als
ein den Arbeitgeber unmittelbar bindendes gesetzliches Verbot angesehen. Ob dies auch für die
anderen Grundrechte gilt, wird offengelassen.

[332] Vgl. nur BVerfG v. 15.1.1958 E 7, 198 (205 f.); BVerfG v. 23.4.1986 E 73, 261 (269); Pie-
roth/Schlink Rn. 175.

[333] BAG GS v. 27.2.1985 AP Nr. 14 zu § 611 BGB Beschäftigungspflicht; BAG v. 27.5.1986 AP
Nr. 15 zu § 87 BetrVG 1972 Überwachung; BAG GS v. 27.9.1994 AP Nr. 103 zu § 611 BGB
Haftung des Arbeitnehmers.

darf, aber auch der Rechtsanwender bei der Auslegung einfachen Rechts, insbesondere bei der Auslegung von Generalklauseln, das sogenannte verfassungsrechtlich gebotene Untermaß wahren muß. In ihren Konsequenzen für die Auslegung des einfachen Rechts kommt damit die Schutzpflichtlehre der Lehre von der mittelbaren Drittwirkung der Grundrechte gleich, da auch nach letzterer die Grundrechte als objektive Wertentscheidungen bei der Auslegung von Generalklauseln zu berücksichtigen sind. Wie unter D IV 1 dargelegt wurde, bestehen gravierende Bedenken gegen eine Anwendung der Schutzpflichtlehre auf alle Grundrechte. Es kann jedoch offenbleiben, ob bezüglich der im Rahmen der folgenden Erörterungen relevanten Grundrechte eine Schutzpflicht zu bejahen ist, da die Grundrechte jedenfalls im Sinne der Lehre von der mittelbaren Drittwirkung von Bedeutung für die Auslegung der Generalklauseln sind.

Da beide Lehren eine unmittelbare Grundrechtsbindung Privater ablehnen, bleibt zu fragen, ob bei Grundrechtsverstößen auf § 138 Abs. 1 BGB oder auf § 242 BGB abzustellen ist. Die Frage kann nicht offengelassen werden, da der Arbeitnehmer im Geltungsbereich des KSchG gemäß § 13 Abs. 2 KSchG nur im Falle einer sittenwidrigen Kündigung die besondere Möglichkeit hat, einen Auflösungsantrag zu stellen.

Vereinzelt hat das BAG hat die Unwirksamkeit einer grundrechtswidrigen Kündigung - im Fall eine Kündigung allein wegen Homosexualität (vgl. Fall 3) - auf § 242 BGB gestützt und die Frage der Sittenwidrigkeit offengelassen[334]. Dies beruhte möglicherweise darauf, daß sich das BAG scheute, die Kündigung wegen Homosexualität mit dem Verdikt der Sittenwidrigkeit zu belegen. Die Zurückhaltung in der Anwendung von § 138 Abs. 1 BGB mag auch darauf zurückzuführen sein, daß das BAG früher sehr hohe Anforderungen an den Tatbestand der Sittenwidrigkeit stellte und diese Rechtsprechung offenbar nicht aufgeben will. So verlangt das BAG für den subjektiven Tatbestand der Sittenwidrigkeit, daß die Kündigung auf besonders verwerflichen Beweggründen, wie reiner Rachsucht oder Vergeltung, beruht oder ein sittlich besonders verwerfliches Ziel verfolgt[335]. Nach heutiger allgemeiner zivilrechtlicher Dogmatik reicht jedoch die Kenntnis der die Sittenwidrigkeit begründenden Umstände aus[336]. Bewußtsein der

---

[334] BAG v. 23.6.1994 AP Nr. 9 zu § 242 BGB Kündigung.

[335] BAG v. 23.11.1961 EzA § 138 BGB Nr. 2; BAG v. 14.5.1964 AP Nr. 5 zu § 242 BGB Kündigung.

[336] Palandt/Heinrichs § 138 BGB Rn. 8; BGH v. 27.1.1988 NJW 1988, 1374; BGH v. 7.1.1993 NJW 1993, 1588 mit weiteren Nachweisen.

Sittenwidrigkeit und Schädigungsabsicht sind nicht erforderlich. Dieser allgemein anerkannte Sittenwidrigkeitsmaßstab sollte auch auf Kündigungen angewandt werden. Mit der Modifikation des Sittenwidrigkeitsmaßstabes entfällt das Bedürfnis, im Falle grundrechtswidriger Kündigungen auf § 242 BGB zurückzugreifen. Grundrechtswidrige Kündigungen können daher stets unter § 138 Abs. 1 BGB subsumiert werden, unabhängig davon, ob der Arbeitgeber aus Rachsucht oder Vergeltung handelt. Meines Erachtens ist es auch dogmatisch konsistenter, auf § 138 Abs. 1 BGB abzustellen. Schließlich geht es bei grundrechtswidrigen Kündigungen nicht um Einwendungen aus dem Vertragsverhältnis oder aus vertraglichen Treuepflichten, für die § 242 BGB der richtige Anknüpfungspunkt wäre, sondern es geht um Fragen der „public policy", der allgemeinen Wertordnung der Rechtsgemeinschaft, die sich insbesondere in der Verfassung manifestiert. Eine Kündigung, die im Widerspruch zur Wertordnung des Grundgesetzes steht, ist somit nicht treuwidrig, sondern sittenwidrig.

Die einzelnen Grundrechte können hier nicht vollständig durchdekliniert werden. Diesbezüglich sei auf die einschlägigen Kommentare und Gerichtsentscheidungen verwiesen[337]. Hier sollen lediglich problematische Konstellationen herausgegriffen werden.

3. Diskriminierende Kündigungen[338]

Kündigt der Arbeitgeber in diskriminierender Weise, weil beispielsweise der Arbeitnehmer einer bestimmten Rasse, Religion oder politischen Partei angehört, so

---

[337] Vgl. ausführlich: KR/Pfeiffer § 13 KSchG Rn. 179 ff.

[338] Mittlerweile hat der Europäische Rat eine Richtlinie zur Festlegung eines allgemeinen Rahmens für die Verwirklichung der Gleichbehandlung in Beschäftigung und Beruf verabschiedet [Richtlinie 2000/78/EG des Rates vom 27. November 2000; Amtsblatt Nr. L 303 vom 02/12/2000 S. 0016-0022]. Die Richtlinie beinhaltet Antidiskriminierungsvorschriften, ist jedoch noch nicht in deutsches Recht umgesetzt. Art. 1 der Richtlinie lautet:
„Artikel 1
Zweck
Zweck dieser Richtlinie ist die Schaffung eines allgemeinen Rahmens zur Bekämpfung der Diskriminierung wegen der Religion oder der Weltanschauung, einer Behinderung, des Alters oder der sexuellen Ausrichtung in Beschäftigung und Beruf im Hinblick auf die Verwirklichung des Grundsatzes der Gleichbehandlung in den Mitgliedstaaten."
Art. 2 der Richtlinie verbietet jede unmittelbare oder mittelbare Diskriminierung aufgrund der in Artikel 1 genannten Gründe. Gemäß Art. 3 Abs. 1 c) des Entwurfs bezieht sich das Diskriminierungsverbot ausdrücklich auch auf Entlassungen.

ist die Kündigung regelmäßig wegen § 138 Abs. 1 BGB in Verbindung mit Art. 3 Abs. 3 GG nichtig[339]. Daß im Arbeitsverhältnis diskriminierende Behandlungen zu unterbleiben haben, kommt auch in § 75 BetrVG zum Ausdruck. Der Schutz der Arbeitnehmer vor Diskiminierung ist hier grundsätzlich höher einzustufen als das bloße Interesse des Arbeitgebers an Kündigungsfreiheit. Problematisch ist die Frage, ob eine Benachteiligung im Sinne des Art. 3 Abs. 3 GG unter Umständen gerechtfertigt werden kann.

Die strengste Auffassung zu dieser Frage geht davon aus, daß an die in Art. 3 Abs. 3 GG aufgeführten Merkmale zwecks einer Differenzierung überhaupt nicht angeknüpft werden darf, postuliert also ein absolutes Anknüpfungsverbot[340]. Übertragen auf arbeitsrechtliche Konflikte würde dies bedeuten, daß beispielsweise politische oder religiöse Tendenzunternehmen Kündigungen nicht darauf stützen dürften, daß ein Arbeitnehmer die religiöse oder politische ideelle Zielsetzung des Arbeitgebers nicht mehr teilt. Dies würde die ebenfalls grundrechtlich geschützten Möglichkeiten zur Tendenzverwirklichung erheblich einschränken und ist daher abzulehnen[341]. Daher soll dem Abwägungsmodell des BVerfG[342] gefolgt werden. Danach kann eine Ungleichbehandlung unter Anknüpfung an die verpönten Merkmale gerechtfertigt werden, sei es durch das Ziel einer Förderung gerade der geschützten Gruppe, sei es durch kollidierendes Verfassungsrecht[343].

---

[339] BAG v. 28.9.1972 EzA § 1 KSchG Nr. 25 damals noch unter Berufung auf § 134 BGB; KR-Friedrich, § 13 KSchG Rn. 184; Stahlhacke/Preis/Vossen Rn. 179; Boemke WiB 1997, 617 (620); Oetker ArbuR 1997, 41 (48); Preis NZA 1997, 1256 (1266); von Hoyningen-Huene, Anm. zu BAG v. 23.6.1994 EzA § 242 BGB Nr. 39.

[340] Pieroth/Schlink Rn. 447; v. Mangoldt/Klein/Starck Art. 3 GG Rn. 264.

[341] Nach ständiger Rechtsprechung kann beispielsweise der Kirchenaustritt eines bei einer kirchlichen Einrichtung beschäftigten Arbeitnehmers einen Kündigungsgrund darstellen: BVerfG v. 4.6.1985 EzA § 611 Kirchliche Arbeitnehmer Nr. 24; BAG v. 12.12.1984 AP Nr. 21 zu Art. 140 GG; BAG v. 23.3.1984 AP Nr. 16 zu Art. 140 GG; BAG v. 4.3.1980 AP Nr. 4 zu Art. 140 GG; LAG Rheinland-Pfalz v. 9.1.1997 LAGE § 611 Kirchliche Arbeitnehmer Nr. 8.

[342] BVerfG v. 24.1.1995 E 92, 91 (109); ErfK/Dieterich Art. 3 GG Rn. 86.

[343] Die bereits erwähnte Richtlinie 2000/78/EG des Europäischen Rates vom 27. November 2000 zur Festlegung eines allgemeinen Rahmens für die Verwirklichung der Gleichbehandlung in Beschäftigung und Beruf [Amtsblatt Nr. L 303 vom 02/12/2000 S. 0016-0022] sieht ebenfalls die Möglichkeit vor, Benachteiligungen aufgrund der Religion oder Weltanschauung, einer Behinderung, des Alters oder der sexuellen Ausrichtung zu rechtfertigen. Art. 4 der Richtlinie lautet:
„Artikel 4
Berufliche Anforderungen
(1) Ungeachtet des Artikels 2 Absätze 1 und 2 (Definition des Begriffs der Diskriminierung, der Verf.) können die Mitgliedstaaten vorsehen, dass eine Ungleichbehandlung wegen eines Merkmals, das im Zusammenhang mit einem der in Artikel 1 genannten Diskriminierungsgründe steht, keine Diskriminierung darstellt, wenn das betreffende Merkmal aufgrund der Art einer bestimmten beruflichen Tätigkeit oder der Bedingungen ihrer Ausübung eine wesentliche und entscheidende

In Fall 2 kündigt G dem N, weil er kein Asiate ist. Es liegt also eine Benachteiligung wegen der Rasse[344] vor. Damit ist aber die Kündigung nicht automatisch
nichtig. Vielmehr ist zu berücksichtigen, daß hier auch grundrechtliche Belange
des Arbeitgebers im Spiel sind. G legt Wert auf asiatisches Flair in seinem Restaurant. Das Kündigungsrecht des G ist hier zwar nicht durch Art. 12 Abs. 1 GG geschützt, da G kein Deutscher ist, jedoch durch Art. 2 Abs. 1 GG.
G hat hier ein berechtigtes Interesse an der Kündigung des N. Sein Wunsch, nur
Asiaten zu beschäftigen, beruht nicht auf einer Abneigung gegenüber Nichtasia-
ten, sondern auf der Absicht, in seinem Restaurant eine exotische Atmosphäre zu
verbreiten, dem Gast das Gefühl von Authentizität zu vermitteln. Die Kündigung
wird hier nicht als Mittel zweckentfremdet, um N aufgrund seiner Rasse zu de-
mütigen oder um eine Abneigung gegen eine Rasse zum Ausdruck zu bringen,
sondern es besteht ein sachlicher Bezug zum Arbeitsverhältnis.

Besteht ein derartiger sachlicher Bezug zum Arbeitsverhältnis, so scheidet der
Tatbestand der Sittenwidrigkeit nach herrschender Auffassung bereits aus[345]. Es
ist also nicht zu fragen, ob dem Arbeitgeber etwaige mildere Mittel zur Verfügung
stehen, mit deren Hilfe er seine Vertragsinteressen ebenfalls durchsetzen kann,

---

berufliche Anforderung darstellt, sofern es sich um einen rechtmäßigen Zweck und eine angemes-
sene Anforderung handelt.
(2) Die Mitgliedstaaten können in Bezug auf berufliche Tätigkeiten innerhalb von Kirchen und
anderen öffentlichen oder privaten Organisationen, deren Ethos auf religiösen Grundsätzen oder
Weltanschauungen beruht, Bestimmungen in ihren zum Zeitpunkt der Annahme dieser Richtlinie
geltenden Rechtsvorschriften beibehalten oder in künftigen Rechtsvorschriften Bestimmungen
vorsehen, die zum Zeitpunkt der Annahme dieser Richtlinie bestehende einzelstaatliche Gepflogenheiten widerspiegeln und wonach eine Ungleichbehandlung wegen der Religion oder Weltanschauung einer Person keine Diskriminierung darstellt, wenn die Religion oder die Weltanschauung dieser Person nach der Art dieser Tätigkeit oder der Umstände ihrer Ausübung eine wesentliche, rechtmäßige und gerechtfertigte berufliche Anforderung angesichts des Ethos der Organisation
darstellt. Eine solche Ungleichbehandlung muß die verfassungsrechtlichen Bestimmungen und
Grundsätze der Mitgliedstaaten sowie die allgemeinen Grundsätze des Gemeinschaftsrechts beachten und rechtfertigt keine Diskriminierung aus einem anderen Grund.
Sofern die Bestimmungen dieser Richtlinie im übrigen eingehalten werden, können die Krichen
und anderen öffentlichen oder privaten Organisationen, deren Ethos auf religiösen Grundsätzen
oder Weltanschauungen beruht, im Einklang mit den einzelstaatlichen verfassungsrechtlichen Bestimmungen und Rechtsvorschriften von den für sie arbeitenden Personen verlangen, dass sie sich
loyal und aufrichtig im Sinne des Ethos der Organisation verhalten."
[344] Der Begriff der Rasse umfaßt Gruppen mit bestimmten vererblichen Eigenschaften
(Pieroth/Schlink, Grundrechte, Rn. 446; Ipsen, Grundrechte, Rn. 804). Obwohl der Begriff der
Rasse politisch belastet ist, hat er Eingang ins Grundgesetz gefunden. Er wird deshalb auch hier
verwendet.
[345] Stahlhacke/Preis/Vossen Rn. 159; Preis NZA 1997, 1256 (1266); Löwisch BB 1997, 782 (785).

wie etwa die Versetzung auf einen anderen Arbeitsplatz, auf dem es nicht zu Konflikten mit betrieblichen Belangen kommt. Auch eine Interessenabwägung soll nicht vorgenommen werden. Dies wird auf die Formel gebracht, Sittenwidrigkeit komme nur bei „krassen Grundrechtsverstößen" in Betracht[346]. Zumindest in Bezug auf Kündigungen in der Probezeit sowie im Kleinbetrieb ist dies überzeugend. Hier schlagen die grundrechtlich geschützten Interessen des Arbeitgebers an weitgehender Kündigungsfreiheit besonders stark zu Buche. Dem Arbeitgeber sollte hier daher nicht auferlegt werden, zu prüfen, ob die Kündigung durch andere Maßnahmen abgewendet werden kann.

In Fall 2 ist demnach nicht zu fragen, ob eine Versetzung auf einen anderen Arbeitsplatz oder eine Änderungskündigung in Betracht kommt, da die Belange des Kleinunternehmers G hier besonders schutzwürdig sind. Es reicht daher aus, daß G berechtigte Interessen beziehungsweise einen sachlichen Grund für die Kündigung ins Feld führen kann. Die Kündigung ist mithin nicht nach § 138 Abs. 1 BGB unwirksam.

Dauert das Arbeitsverhältnis jedoch schon gewisse Zeit an und handelt es sich nicht um einen kleinen Betrieb, so ist zweifelhaft, ob das Verdikt der Sittenwidrigkeit bereits durch eine schlichte sachliche Rechtfertigung ausgeschlossen werden kann, da dann das Interesse des Arbeitgebers an weitgehender Kündigungsfreiheit weniger stark ins Gewicht fällt. Der größeren Belastbarkeit von größeren Betrieben wird aber jedenfalls dadurch Rechnung getragen, daß hier grundrechtsbeeinträchtigende Kündigungen auch über § 1 Abs. 1 KSchG angegriffen werden können. Unzweifelhaft ist dann auch eine Ultima-Ratio-Kontrolle und eine Interessenabwägung im Einzelfall vorzunehmen.

4. Kündigung wegen Homosexualität

In Fall 3, der dem BAG 1994 zur Entscheidung vorlag[347], kann nicht auf Art. 3 Abs. 3 GG zurückgegriffen werden. Art. 3 Abs. 3 GG untersagt die Diskriminierung wegen der sexuellen Orientierung nicht. Art. 13 EGV ermächtigt zwar den Rat der Europäischen Union dazu, geeignete Vorkehrungen zu treffen, um Dis-

---

[346] Stahlhacke/Preis/Vossen Rn. 159; Preis NZA 1997, 1256 (1266); Geyr, Der Kündigungsschutz von Arbeitnehmern durch Willkür- und Diskriminierungsverbote im deutschen und amerikanischen Arbeitsrecht, S. 337; ähnlich: Löwisch BB 1997, 782 (785).

[347] BAG v. 23.6.1994 AP Nr. 9 zu § 242 BGB Kündigung.

kriminierungen aus Gründen der sexuellen Ausrichtung zu bekämpfen, jedoch entfaltet diese Norm im nationalen Recht keine unmittelbare Wirkung[348].

Aus dem Umstand, daß eine Benachteiligung wegen der sexuellen Ausrichtung durch Art. 3 Abs. 3 GG nicht untersagt ist, kann jedoch nicht geschlossen werden, daß sie zulässig ist[349]. Zugegebenermaßen hebt Art. 3 Abs. 3 GG bestimmte Verhaltensweisen und Eigenschaften besonders heraus. Damit ist jedoch nicht verbunden, daß Verhaltensweisen oder Eigenschaften, die in Art. 3 Abs. 3 GG nicht genannt werden, einen geringeren Schutz genießen. Eine Diskriminierung wegen des Familienstandes ist durch Art. 3 Abs. 3 GG nicht untersagt. Dennoch wäre eine Kündigung wegen einer Eheschließung gemäß § 138 Abs. 1 BGB in Verbindung mit Art. 6 Abs. 1 GG nichtig. Ebensowenig untersagt Art. 3 Abs. 3 GG eine Benachteiligung aufgrund der Gewerkschaftszugehörigkeit. Eine Kündigung wegen derselben ist dennoch gemäß Art. 9 Abs. 3 Satz 2 GG nichtig. Art. 3 Abs. 3 GG hat also keine negative Konkretisierungsfunktion dergestalt, daß eine Kündigung wegen Eigenschaften oder Verhaltensweisen außerhalb von Art. 3 Abs. 3 GG zulässig ist oder geringeren Anforderungen unterliegt. Statt dessen muß immer gefragt werden, ob die Eigenschaft oder das Verhalten grundrechtlich geschützt ist oder nicht und wie stark dieser Grundrechtsschutz ist.

Als verfassungsrechtlicher Anknüpfungspunkt für den Schutz einer bestimmte sexuelle Orientierung kommt hier das allgemeine Persönlichkeitsrecht aus Art. 2 Abs. 1 in Verbindung mit Art. 1 Abs. 1 GG in Betracht. Das allgemeine Persönlichkeitsrecht schützt die Privatsphäre des Grundrechtsträgers. Es sichert jedem einzelnen einen autonomen Bereich privater Lebensgestaltung zu, in dem er seine Individualität entwickeln und wahren kann[350]. Von diesem Schutz mitumfaßt ist grundsätzlich die Selbstbestimmung im Bereich der Sexualität[351].

---

[348] Die Richtlinie 2000/78/EG des Rates vom 27. November 2000 zur Festlegung eines allgemeinen Rahmens für die Verwirklichung der Gleichbehandlung in Beschäftigung und Beruf [Amtsblatt Nr. L 303 vom 02/12/2000 S. 0016-0022] untersagt in Art. 1 auch die Diskriminierung wegen der sexuellen Ausrichtung. Nach der Richtlinie ist eine Kündigung wegen Homosexualität also unzulässig, es sei denn, die Mitgliedstaaten sehen gemäß Art. 4 der Richtlinie Rechtfertigungsmöglichkeiten vor.

[349] In diese Richtung aber v. Hoyningen-Huene Anmerkung zu BAG v. 23.6.1994 AP Nr. 9 zu § 242 BGB Kündigung.

[350] ErfK/Dieterich Art. 2 GG Rn. 49.

[351] BVerfG v. 21.12.1977 E 47, 46 (73); BVerfG v. 16.3.1982 E 60, 123 (134); BVerfG v. 26.1.1993 E 88, 87 (97); Dreier/Dreier Art. 2 GG Rn. 51.

Zwar berührt die Kündigung des Arbeitgebers hier nicht unmittelbar das Recht des Arbeitnehmers, sein Sexualleben nach eigener Entscheidung zu gestalten. Zutreffend verweist das BAG jedoch darauf, daß dem Arbeitnehmer hier die ökonomische Basis nur aus einem Grund entzogen wird: weil er homosexuell veranlagt ist. Der Arbeitgeber diszipliniert somit das Sexualverhalten des Arbeitnehmers. Er mißbraucht seine Kündigungsbefugnis, um persönlichen Moralvorstellungen oder Abneigungen Ausdruck zu verleihen. Das Verhalten, auf das die Kündigung gestützt wird, ist ausschließlich außerdienstlich und hat keine Auswirkungen auf das Arbeitsverhältnis. Der Arbeitgeber sanktioniert somit ein besonders geschütztes privates Verhalten. Das BAG geht daher davon aus, daß die Kündigung den Arbeitnehmer in seinem allgemeinen Persönlichkeitsrecht verletzt. Die Nichtigkeit der Kündigung wurde auf § 242 BGB gestützt[352]. Richtigerweise ist hier jedoch, wie unter F IV 2 bereits dargelegt, nicht auf § 242 BGB, sondern auf § 138 Abs. 1 GG abzustellen[353]. § 242 BGB erfaßt eher Einwendungen aus dem Vertragsverhältnis selbst oder aus vertraglichen Treuepflichten, § 138 Abs. 1 BGB hingegen Rechtsgeschäfte, die im Widerspruch zur allgemeinen Wertordnung der Rechtsgemeinschaft, insbesondere zur Wertordnung des Grundgesetzes stehen. Es ist daher überzeugender, § 138 Abs. 1 BGB heranzuziehen. Die Kündigung ist hier daher gemäß § 138 Abs. 1 BGB in Verbindung mit Artt. 2 Abs. 1, 1 Abs. 1 GG nichtig.

5. Darlegungs- und Beweislast

Teilweise wird erwogen, die Beweislastverteilung des § 611a Abs. 1 Satz 3 BGB auf die anderen Diskriminierungsverbote des Art. 3 Abs. 3 BGB analog anzuwenden[354]. Als Begründung wird vorgetragen, es seien aus der Sicht des Grundgesetzes schwerlich Gründe dafür zu finden, dem einen Diskriminierungsverbot (Abstammung, Rasse, Sprache, Heimat, Herkunft, religiöse oder politische Anschauung) verfahrensrechtlich einen geringeren Schutz zu gewähren als dem anderen (Geschlecht). Das trifft jedoch nicht zu, weil das Grundgesetz in Art. 3 Abs. 2

---

[352] BAG v. 23.6.1994 AP Nr. 9 zu § 242 BGB Kündigung.

[353] Preis NZA 1997, 1256 (1266); Löwisch BB 1997, 782 (785); Stahlhacke/Preis/Vossen Rn. 179; aA von Hoyningen-Huene Anmerkung zu BAG v. 23.6.1994 EzA § 242 BGB Nr. 39; Sandmann Anmerkung zu BAG v. 23.6.1994 SAE 1995, 103 (107)

[354] Stahlhacke/Preis/Vossen Rn. 212c; Preis NZA 1997, 1256 (1269); Geyr, Der Kündigungsschutz von Arbeitnehmern durch Willkür- und Diskriminierungsvorschriften in deutschen und amerikanischen Arbeitsrecht, S. 252; Urban, Der Kündigungsschutz außerhalb des Kündigungsschutzgesetzes (2001), S. 243.

die Gleichberechtigung von Mann und Frau besonders heraushebt und den Staat verpflichtet, die tatsächliche Gleichstellung von Frauen und Männern zu fördern. Das Verbot der Diskriminierung des Geschlechts hat also im GG eine besondere Stellung, die es auch rechtfertigen kann, allein bezüglich dieses Diskriminierungsverbots eine besondere Beweislastverteilung aufzustellen. Zudem liegen die Voraussetzungen für einen Analogieschluß hier nicht vor: Durch § 611a BGB wird die Richtlinie 76/207/EWG umgesetzt. Der Gesetzgeber hat daher bewußt für den Fall der Diskriminierung wegen des Geschlechts eine Sonderregelung geschaffen. Von einer planwidrigen Regelungslücke bezüglich der übrigen Fälle der Diskriminierung kann daher keine Rede sein. Die Beweislastverteilung des § 611a Abs. 1 Satz 3 BGB kann daher nicht analog herangezogen werden[355].

Damit ist jedoch noch nicht gesagt, daß jedwede Beweiserleichterung für den Arbeitnehmer ausscheidet. Es ist allgemein anerkannt, daß der objektive Gehalt der Grundrechte auch im Verfahrensrecht Bedeutung erlangen kann[356]. Der gerichtlichen Durchsetzung von Grundrechtspositionen dürfen demnach keine praktisch unüberwindlichen Hindernisse entgegengesetzt werden. Da der Beweggrund der Kündigung eine subjektive Komponente ist und der Arbeitnehmer nicht in den Kopf des Arbeitgebers hineinschauen kann, wird es dem Arbeitnehmer äußerst selten oder gar nie gelingen, eine diskriminierende Kündigung vollständig zu beweisen. Trüge der Arbeitnehmer die volle Beweislast für das Vorliegen eines grundrechtswidrigen Kündigungsmotivs, so würde also die praktische Wirksamkeit des Grundrechtsschutzes bei Kündigungen gegen Null tendieren. Dem Arbeitnehmer darf daher keinesfalls auferlegt werden, vollständig zu beweisen, daß

---

[355] Die Richtlinie 2000/78/EG des Rates vom 27. November 2000 zur Festlegung eines allgemeinen Rahmens für die Verwirklichung der Gleichbehandlung in Beschäftigung und Beruf [Amtsblatt Nr. L 303 vom 02/12/2000 S. 0016-0022] sieht in Art. 10 eine Beweislastregelung vor, die der Regelung des § 611a Abs. 1 Satz 3 BGB entspricht:

„Artikel 10

Beweislast

(1) Die Mitgliedstaaten ergreifen im Einklang mit ihrem nationalen Gerichtswesen die erforderlichen Maßnahmen, um zu gewährleisten, dass immer dann, wenn Personen, die sich durch die Nichtanwendung des Gleichbehandlungsgrundsatzes für verletzt halten und bei einem Gericht oder einer anderen zuständigen Stelle Tatsachen glaubhaft machen, die das Vorliegen einer unmittelbaren oder mittelbaren Diskriminierung vermuten lassen, es dem Beklagten obliegt zu beweisen, dass keine Verletzung des Gleichbehandlungsgrundsatzes vorgelegen hat.

........".

[356] BVerfG v. 6.10.1999 NZA 110 (111); BVerfG v. 27.1.1998 NZA 1998, 470 (471).

die Kündigung auf einem durch die Verfassung verpönten Motiv beruht. Statt dessen wird überwiegend für eine abgestufte Darlegungs- und Beweislast plädiert[357].

Bei diskriminierenden Kündigungen im Sinne des Art. 3 Abs. 3 GG sowie bei sonstigen grundrechtsbeeinträchtigenden Kündigungen ist danach die Darlegungs- und Beweislast ähnlich wie bei § 612a BGB zu verteilen. Es genügt daher, wenn der Arbeitnehmer in einem ersten Schritt glaubhaft macht, daß die Kündigung auf einem verpönten Motiv beruht, also wegen der Abstammung, Rasse, usw. erfolgt ist. Auch hier wird indes die bloße Behauptung, die Kündigung sei allein aufgrund der Rasse, der Religion oder der politischen Anschauung des Arbeitnehmers erfolgt, nicht ausreichen. Vielmehr muß der Arbeitnehmer Tatsachen vortragen, die den objektiven Verstoß gegen ein Benachteiligungs- oder Diskriminierungsverbot als wahrscheinlich erscheinen lassen[358]. Als Anhaltspunkte für das Vorliegen einer Diskriminierung können dabei zum Beispiel frühere Äußerungen des Arbeitgebers herangezogen werden. Bei der Kündigung von Homosexuellen dürfte es beispielsweise genügen, wenn der Arbeitnehmer vortragen kann, daß sich der Arbeitgeber herabwürdigend über Homosexuelle geäußert hat. Ein Indiz für das Vorliegen einer diskriminierenden Kündigung kann es auch sein, wenn die Kündigung im zeitlichen Zusammenhang mit dem Bekanntwerden bestimmter Umstände oder der Ausübung von bestimmten Grundrechten erfolgt.

Wird beispielsweise der Arbeitnehmer, wie in Fall 3, über seine sexuelle Orientierung befragt und erfolgt wenige Tage später eine Kündigung, so kann der Arbeitnehmer eine diskriminierende Kündigung bereits glaubhaft machen, indem er diesen Sachverhalt vorträgt.

Kündigt der Arbeitgeber beispielsweise wenige Tage, nachdem der Arbeitnehmer öffentlich für eine bestimmte politische Ansicht eingetreten ist oder aus der Kirche ausgetreten ist, so reicht das für die Glaubhaftmachung einer diskriminierenden Kündigung ebenfalls aus. Nicht ausreichend für eine Glaubhaftmachung ist der bloße Umstand, daß unter mehreren Arbeitnehmern lediglich derjenige gekündigt wird, der sich von den anderen Arbeitnehmern in einem der Merkmale des Art. 3 Abs. 3 GG unterscheidet. So genügt etwa in Fall 2 allein der Umstand, daß G den einzigen nichtasiatischen Arbeitnehmer kündigt, nicht für die Glaubhaftmachung einer Benachteiligung wegen der Rasse. Vielmehr muß der Arbeitnehmer glaub-

---

[357] BVerfG v. 6.10.1999 NZA 110 (111); BVerfG v. 27.1.1998 NZA 1998, 470 (471); Preis NZA 1997, 1256 (1269); Stahlhacke/Preis/Vossen Rn. 212d ff.; Lakies DB 1997, 1978 (1082); Hanau FS für Dieterich, 201 (209); Gragert/Kreutzfeld NZA 1998, 567 (570); Däubler, FS für die Arbeitsgerichtsbarkeit des Landes Rheinland-Pfalz, 271 (285).

[358] Stahlhacke/Preis/Vossen Rn. 212f.

haft machen, daß seine Rasse Beweggrund für die Kündigung war. In Fall 2 wird dies dem N auch gelingen: G hat hier zu erkennen gegeben, daß er nur noch Asiaten beschäftigen möchte.

Ist ein derartiger Grundrechtsverstoß glaubhaft gemacht, so hat der Arbeitgeber im nächsten Schritt substantiiert darzulegen, welche Gründe ihn zur Kündigung bewogen haben, ohne daß die Beweislast - wie bei § 611a BGB - auf ihn übergeht. Gelingt es dem Arbeitgeber, den Wahrscheinlichkeitsnachweis des Arbeitnehmers zu erschüttern, so trägt der Arbeitnehmer die volle Beweislast. Vermag der Arbeitgeber hingegen das Gericht nicht davon zu überzeugen, daß die Kündigung nicht aus verpönten Gründen ausgesprochen wurde, so ist von einer grundrechtswidrigen und damit unwirksamen Kündigung auszugehen.

Beruht die Kündigung wie in Fall 2 tatsächlich auf einem durch die Verfassung verpönten Motiv, macht der Arbeitgeber aber Rechtfertigungsgründe geltend, so ist es meiner Ansicht nach angemessen, ihm für das Vorliegen der Rechtfertigungsgründe die volle Beweislast aufzuerlegen. Dies entspricht der allgemeinen Regel, daß derjenige, der sich auf einen Rechtfertigungsgrund beruft, die Beweislast für das Vorliegen seiner Voraussetzungen trägt[359].

Was die Behandlung nachfolgender Kündigungen anbelangt, kann auf die Ausführungen unter E III 8 verwiesen werden.

6. Spezialfall: Diskriminierung wegen des Geschlechts

Der Fall der Diskriminierung wegen des Geschlechts ist in § 611a BGB speziell geregelt. Die näheren Probleme der Kündigungsschranke aus § 611a BGB sollen hier nicht dargelegt werden[360]. Jedoch muß bei der Überprüfung von Kündigungen außerhalb des Geltungsbereichs des KSchG immer ein Auge auf die Kündigungsschranke des § 611a BGB geworfen werden. Allzu leicht wird übersehen, daß eine Kündigung unter Umständen auch geschlechtsdiskriminierend sein könnte. So wurde beispielsweise die in Fall 4 ausgesprochene Kündigung vom ArbG Elmshorn[361] und vom LAG Schleswig-Holstein[362] ausschließlich unter dem Gesichts-

---

[359] Vgl. nur Palandt/Heinrichs § 227 Rn. 13; Palandt/Heinrichs Vorbem § 249 Rn. 162; Palandt/Thomas § 823 Rn. 173.

[360] Vgl. dazu ErfK/Schlachter § 611a BGB; KR/Pfeiffer § 611a BGB.

[361] ArbG Elmshorn v. 29.1.1997 EzA § 242 Nr. 40.

[362] LAG Schleswig-Holstein v. 17.11.1997 LAGE § 242 BGB Nr. 3.

punkt von §§ 138, 242, 612a BGB, § 9 MuSchG analog, Art. 6 Abs. 1 und Art. 4 GG geprüft.

Zunächst wurde eine analoge Anwendung des § 9 MuSchG abgelehnt. Es liege keine planwidrige Regelungslücke vor, zudem seien die Tatbestände der bestehenden Schwangerschaft und die Absicht, sich künstlich befruchten zu lassen, nicht rechtsähnlich. Auch sei die Kündigung nicht nach § 138 Abs. 1 BGB unwirksam. Sittenwidrigkeit komme allein dann in Betracht, wenn der Arbeitgeber allein wegen der Absicht der Klägerin, sich künstlich befruchten zu lassen, gekündigt hätte. Dies sei jedoch nicht ausschlaggebendes Motiv gewesen, sondern allein die zu erwartenden Fehlzeiten im Zusammenhang mit einer künstlichen Befruchtung und einer möglichen anschließenden Schwangerschaft. Dies ist überzeugend. Eine Kündigung auf zu erwartende Fehlzeiten und die damit verbundenen wirtschaftlichen Belastungen zu stützen ist ein verständliches Motiv, so daß Sittenwidrigkeit ausscheidet. Auch unter Berücksichtigung von Art. 6 Abs. 1 GG ergibt sich nichts anderes. Zwar schützt Art. 6 Abs. 1 GG das Recht, eine Familie zu gründen, damit auch das Recht, frei zu entscheiden, wann und wieviele Kinder die Eltern haben wollen[363], so daß es nicht abwegig ist, davon auszugehen, daß Art. 6 GG auch die Vornahme einer künstlichen Befruchtung schützt. Der Arbeitgeber hatte in vorliegendem Fall jedoch gerade nicht wegen der Pläne, sich künstlich befruchten zu lassen, gekündigt, sondern wegen der mit dieser Rechtsausübung verbundenen Folgen, nämlich der zu erwartenden Fehlzeiten. Anders als im Fall der Kündigung wegen Homosexualität stehen hier Auswirkungen auf das Arbeitsverhältnis außer Streit, so daß auch die Belange des Arbeitgebers über Art. 12 Abs. 1 GG berücksichtigt werden müssen. Da gerade im Kleinbetrieb die Belastungen durch Arbeitsausfall sehr stark zu Buche schlagen können, wird man hier dem Arbeitgeber nicht zumuten, die Arbeitsausfälle hinzunehmen. Auch bei Berücksichtigung von Art. 6 Abs. 1 GG ist daher der Tatbestand der Sittenwidrigkeit nicht erfüllt.

§ 242 BGB wurde mit der Begründung abgelehnt, Motiv der Kündigung seien die Auswirkungen der künstlichen Befruchtung auf das Arbeitsverhältnis gewesen, nicht aber ein etwaiges grundrechtlich geschütztes, privates Verhalten der Arbeitnehmerin. Die streitentscheidenden Gerichte folgten hier also der Auffassung des BAG, nach der grundrechtsbeeinträchtigende Kündigungen über § 242 BGB an-

---

[363] Pieroth/Schlink, Grundrechte, Rn. 644.

gegriffen werden können[364]. Wie bereits dargelegt, sollte in derartigen Konstellationen ausschließlich auf § 138 Abs. 1 BGB abgestellt werden. Daß vorliegend ein Verstoß gegen § 242 BGB abzulehnen ist, ergibt sich ausschließlich daraus, daß hier weder widersprüchliches Verhalten, noch Verwirkung noch eine Kündigung zur Unzeit oder in verletzender Form vorlag. Eine Anwendung von § 612a BGB wurde schließlich zutreffend mit der Begründung abgelehnt, daß § 612a BGB nur die Ausübung von Rechten aus dem Arbeitsverhältnis schützt, die Vornahme einer künstlichen Befruchtung aber kein Recht aus dem Arbeitsverhältnis ist.

§ 611a BGB wurde nicht angesprochen. Jedoch kommt es durchaus in Betracht, daß hier eine Kündigung wegen des Geschlechtes vorliegt. Der EuGH geht davon aus, daß eine Benachteiligung aufgrund des Geschlechtes auch dann gegeben ist, wenn an Tatsachen angeknüpft wird, die nur bei Frauen vorliegen können, wie zum Beispiel Schwangerschaft und Geburt[365]. In diesen Fällen ist sogar eine unmittelbare Diskriminierung zu bejahen. Des weiteren ist der EuGH der Auffassung, daß eine Benachteiligung aufgrund der Fehlzeiten wegen einer Schwangerschaft als ein Verhalten anzusehen ist, daß im wesentlichen seinen Grund in der Schwangerschaft als solcher hat[366]. Auch dann liegt eine unmittelbare Diskriminierung vor, weil schwangerschaftsbedingte Fehlzeiten nur bei Frauen in Betracht kommen[367]. Eine derartige Diskriminierung kann nach Auffassung des EuGH auch nicht mit den finanziellen Nachteilen der Beschäftigung einer schwangeren Frau gerechtfertigt werden[368]. Ohnehin tendiert der EuGH wohl dahin, daß eine unmittelbare Diskriminierung niemals gerechtfertigt werden kann[369].

Diese Rechtsprechung zur Benachteiligung wegen Schwangerschaft läßt sich auf den Fall der Kündigung wegen beabsichtigter künstlicher Befruchtung übertragen. Eine künstliche Befruchtung kann nur von Frauen vorgenommen werden. Wird wegen einer geplanten künstlichen Befruchtung gekündigt, so liegt eine unmittelbare Diskriminierung vor. Dasselbe gilt, wenn die Kündigung nicht in erster Linie auf die geplante künstliche Befruchtung gestützt wird, sondern auf die mit dieser Behandlung verbundenen Arbeitsausfälle. Sie sind im wesentlichen auf die künst-

---

[364] BAG v. 23.6.1994 AP Nr. 9 zu § 242 BGB Kündigung .

[365] EuGH Rs. C-177/88, Dekker, Slg. 1990, I-3968 Rn. 10, 12.

[366] EuGH Rs. C-177/88, Dekker, Slg. 1990, I-3968 Rn. 12.

[367] EuGH Rs. C-394/96, Brown, Slg. 1998, I-4224 Rn. 24; anders noch EuGH, Rs. C-400/95, Larsson, Slg. 1997, I-2774 Rn. 23.

[368] EuGH Rs. C-177/88, Dekker, Slg. 1990, I-3968 Rn. 12.

[369] Vgl. dazu die Ausführungen des Generalanwaltes zu EuGH Rs. C-132/92, Birds Eye Walls, Slg. 1993, I.5593; EuGH Rs. C-262/88, Barber, Slg. 1990, I-1994 Rn. 32; ErfK/Preis § 611a BGB Rn. 12.

liche Befruchtung zurückzuführen, letztlich also geschlechtsspezifisch. Dann läßt sich die Diskriminierung auch nicht mit etwaigen finanziellen Nachteilen des Arbeitgebers rechtfertigen.

Die Kündigung ist somit gemäß § 611a Abs. 1 Satz 1 BGB unwirksam[370], was ArbG und LAG übersehen haben.

V. Willkürliche oder auf sachfremden Motiven beruhende Kündigungen

Im Rahmen seiner Entscheidung zur Verfassungsmäßigkeit der Kleinbetriebsklausel stellt das BVerfG für Kündigungen im Kleinbetrieb folgende Schranke auf:

„In sachlicher Hinsicht geht es vor allem darum, Arbeitnehmer vor willkürlichen oder auf sachfremden Motiven beruhenden Kündigungen zu schützen (vgl. dazu etwa BAGE 77, 128 [133 f.] = NZA 1994, 1080 = NJW 1995, 275). Zutreffend werden in der Literatur als Beispiele dafür Diskriminierungen i.S. von Art. 3 III genannt (Oetker, AuR 1997, 41 [48]; Preis NZA 1997, 1256 [1266])."[371]

Fraglich ist, was das BVerfG unter Willkür versteht. Hier bieten sich im wesentlichen zwei Interpretationsmöglichkeiten an. Das Willkürverbot kann bedeuten, daß der Arbeitgeber jede Kündigung positiv rechtfertigen muß. Es kann aber auch bedeuten, daß lediglich bestimmte, inakzeptable Kündigungsmotive zur Unwirksamkeit der Kündigung führen. In diesem Falle wäre der hier vom BVerfG postulierte Kündigungsschutz im wesentlichen deckungsgleich mit dem in Kapitel IV beschriebenen Schutz vor grundrechtswidrigen Kündigungen. Er bestünde dann auch unabhängig davon, ob aus Art. 12 Abs. 1 GG eine staatliche Pflicht zum Schutz vor Kündigungen folgt und ob der Gesetzgeber durch das KSchG einen verfassungskonformen Ausgleich der widerstreitenden Interessen hergestellt hat. Man kann die beiden Möglichkeiten mit folgenden Begriffen umschreiben:

- „positive" Rechtfertigungspflicht: Die Kündigung ist nur wirksam, wenn sie durch sachliche Gründe gerechtfertigt ist.
- „negative" Unwirksamkeitskontrolle: Die Kündigung ist wirksam, es sei denn es liegen bestimmte Unwirksamkeitsgründe vor.

---

[370] So auch Urban, Der Kündigungsschutz außerhalb des Kündigungsschutzgesetzes (2001), S. 133.

[371] BVerfG v. 27.1.1998 NZA 1998, 470 (472).

Damit soll noch nichts über die höchst bedeutsame Frage der Verteilung der Darlegungs- und Beweislast gesagt sein.

Zahlreiche Stimmen aus der Literatur befürworten das Modell der positiven Rechtfertigungspflicht. *Däubler* leitet aus der Entscheidung des BVerfG ab, daß eine objektive Störung des Arbeitsverhältnisses vorliegen müsse und irgendwelche Vorlieben des Arbeitgebers, dem zum Beispiel das Auftreten des Arbeitnehmers nicht sympathisch sei oder der gerne neue Gesichter sehen wolle, ohne Bedeutung seien[372]. Nach *Lakies*[373] muß eine grundrechtsgeleitete Interpretation der zivilrechtlichen Generalklauseln sicherstellen, daß der Arbeitnehmer den Arbeitsplatz gegen seinen Willen nicht ohne sachbezogene und anerkennenswerte Gründe verliert. *Oetker*[374] geht davon aus, daß eine Kündigung gegen Treu und Glauben verstößt, wenn sie nicht auf sachbezogenen, im Zusammenhang mit dem Arbeitsverhältnis stehenden Gründen beruht. Dabei lehnt sich *Oetker* an § 1 Abs. 2 KSchG an und führt aus, daß ein sachbezogener, im Zusammenhang mit dem Arbeitsverhältnis stehender Grund insbesondere dann vorliege, wenn die Kündigung verhaltens-, personen- oder betriebsbedingt sei. Durch diese Formulierung legt Oetker nahe, daß es außer verhaltens-, personen- oder betriebsbedingten Gründen auch noch andere sachliche Gründe geben kann. Beispiele nennt er dafür jedoch keine, es sind meines Erachtens auch keine anderen sachlichen Gründe denkbar. Eine derartige Ausgestaltung des Kündigungsschutzes bewegt sich sehr nahe auf § 1 KSchG zu. Die wesentlichen Unterschiede zwischen Minimalkündigungsschutz und KSchG liegen dann darin, daß Prognoseprinzip, Ultima-Ratio-Grundsatz und Interessenabwägung im Einzelfall nur im Geltungsbereich des KSchG Anwendung finden, sowie darin, daß der Arbeitgeber nur innerhalb des Geltungsbereiches des KSchG die volle Beweislast für die sachliche Rechtfertigung trägt.

Das Konzept der Kontrolle auf Unwirksamkeitsgründe hingegen verlangt keine positive Rechtfertigung der Kündigung. Statt dessen kann eine Kündigung lediglich im Hinblick darauf angegriffen werden, daß das Kündigungsmotiv im Wider-

---

[372] Däubler, FS für die Arbeitsgerichtsbarkeit des Landes Rheinland-Pfalz, 271 (281); KSchR/Däubler § 242 BGB Rn. 27.

[373] Lakies DB 1997, 1078 (1081).

[374] Oetker ArbuR 1997, 41 (52); zustimmend Geyr, Der Kündigungsschutz von Arbeitnehmern durch Willkür- und Diskriminierungsverbote im deutschen und amerikanischen Arbeitsrecht, S. 130.

spruch zur Wertordnung der Rechtsgemeinschaft, insbesondere im Widerspruch zur Wertordnung des Grundgesetzes steht[375].

Der Arbeitgeber benötigt dann weder sachliche, noch wichtige noch triftige Gründe. Der Arbeitgeber kann auch kündigen, weil er zum Beispiel einen Arbeitnehmer schlichtweg nicht mehr leiden kann, weil „die Chemie nicht mehr stimmt" oder weil er einen anderen Arbeitnehmer einstellen will. Unwirksam ist die Kündigung nur, wenn verpönte Motive ausschlaggebend für den Ausspruch der Kündigung waren. Dieses Konzept hat den Vorteil, daß der Abstand zu § 1 KSchG deutlich gewahrt ist.

Welches dieser beiden Konzepte das BVerfG befürwortet, ist nicht ganz klar. Geht es darum, eine Entscheidung des BVerfG zu interpretieren, so liegt es nahe, zu untersuchen, wie die vom BVerfG verwendeten Begriffe ansonsten im Staatsrecht definiert sind. Der Begriff der Willkür ist im Staatsrecht vor allem im Zusammenhang mit dem Gleichheitsgrundsatz aus Art. 3 Abs. 1 GG bekannt. Eine Ungleichbehandlung ist nach der Rechtsprechung des BVerfG zumindest dann willkürlich, wenn sich ein vernünftiger, sich aus der Natur der Sache ergebender oder sonstwie sachlich einleuchtender Grund für die gesetzliche Differenzierung nicht finden läßt[376]. Der staatsrechtliche Begriff der Willkür geht also von einer positiven Rechtfertigungspflicht aus. Dies könnte dafür sprechen, daß unter einer willkürlichen Kündigung eine solche ohne sachlichen Grund zu verstehen ist.

Das BVerfG verwendet auch die Formulierung „auf sachfremden Motiven beruhend". Dies weist meines Erachtens eher in die Richtung einer Kontrolle auf Unwirksamkeitsgründe. Hätte das BVerfG eine positive Rechtfertigungspflicht gewollt, so hätte es vermutlich eher die Formulierung „Kündigungen ohne sachlichen Grund" gewählt.

Die bloße Auslegung der vom BVerfG verwandten Begriffe führt somit nicht zu einer klaren Antwort auf die Frage, welches der beiden Konzepte Anwendung finden soll. Einen Fingerzeig liefern jedoch die vom BVerfG genannten Beispiele. Das vom BVerfG zitierte Urteil BAGE 77, 128 [133f.] ist die bereits besprochene Entscheidung zur Kündigung in der Probezeit wegen Homosexualität. Hier lag nicht nur kein sachlicher Grund vor, sondern es lag ein Grundrechtsverstoß vor. Die Kündigung verstieß gegen das allgemeine Persönlichkeitsrecht. Des weiteren

---

[375] Preis NZA 1997, 1256 (1266).
[376] Vgl. nur BVerfG v. 23.10.1951 E 1, 14 (16).

nimmt das BVerfG Bezug auf Art. 3 Abs. 3 GG. Auch bei diskriminierenden Kündigungen fehlt nicht nur ein sachlicher Grund, sondern das Kündigungsmotiv ist durch die Verfassung in besonderer Weise mißbilligt. Es ist daher davon auszugehen, daß das BVerfG vor allem grundrechtswidrige Kündigungen vor Augen hat, also davon ausgeht, daß lediglich bestimmte, verpönte Motive zur Unwirksamkeit der Kündigung führen. Zudem betont das BVerfG selbst, daß die Maßstäbe der Sozialwidrigkeit nach § 1 KSchG nicht auf Kündigungen außerhalb des Geltungsbereichs des KSchG ausgedehnt werden dürfen[377]. Fordert man für jede Kündigung eine positive Rechtfertigung, so würde man sich aber sehr nah auf § 1 KSchG zubewegen[378]. Es ist daher davon auszugehen, daß auch nach Auffassung des BVerfG Kündigungen außerhalb des KSchG lediglich auf Unwirksamkeitsgründe zu überprüfen sind. Ein sachlicher Grund muß hingegen nicht vorliegen[379].

Der hier vom BVerfG geforderte Kündigungsschutz ist daher deckungsgleich mit dem vor grundrechtswidrigen Kündigungen. Er besteht unabhängig davon, ob aus Art. 12 Abs. 1 GG eine staatliche Pflicht zum Schutz vor Kündigungen herzuleiten ist und ob das KSchG diesbezüglich einen verfassungskonformen Ausgleich herbeigeführt hat. Daher kann auch auf die Ausführungen unter E IV verwiesen werden.

VI. Interessenabwägung bei langjähriger Mitarbeit

1. Allgemeines

Das BVerfG fordert für Kündigungen im Kleinbetrieb:

„Schließlich darf auch ein durch langjährige Mitarbeit erdientes Vertrauen in den Fortbestand eines Arbeitsverhältnisses nicht unberücksichtigt bleiben."[380]

---

[377] BVerfG v. 27.1.1998 NZA 1998, 470 (472).

[378] Wank, FS für Hanau, 295 (306).

[379] So auch Urban, Der Kündigungsschutz außerhalb des Kündigungsschutzgesetzes (2001), S. 167: „Willkürlich ist eine Kündigung des Inhabers einer kleinen Struktureinheit nicht bereits dann, wenn sie ohne sachlichen Grund ausgesprochen wurde, sondern lediglich dann, wenn durch das Hinzutreten eines in besonderem Maße zu mißbilligenden Umstandes oder Motivs ein Mißbrauch überlegener Vertragsmacht vorliegt."

[380] BVerfG v. 27.1.1998 NZA 1998, 470 (472).

Das BVerfG geht hier davon aus, daß durch langjährige Mitarbeit ein besonderer Vertrauenstatbestand entsteht und daß daher dem Arbeitgeber bei der Kündigung langjährig beschäftigter Mitarbeiter besondere Schranken gesetzt werden müssen. Das BVerfG postuliert hier also einen eigenständigen Kündigungsschutz für langjährig beschäftigte Mitarbeiter.

Gestützt wird diese Kündigungsschranke auf Art. 12 Abs. 1 GG. Da nach der hier vertretenen Auffassung bezweifelt werden muß, ob sich aus Art. 12 Abs. 1 GG eine staatliche Pflicht zum Schutz vor Kündigungen ergibt beziehungsweise zumindest davon auszugehen ist, daß der Gesetzgeber das Interesse des Arbeitnehmers an der Erhaltung seines Arbeitsplatzes durch § 23 Abs. 1 Satz 2 KSchG mit den widerstreitenden Interessen von Arbeitgebern und Arbeitsuchenden in einen abschließenden, verfassungskonformen Ausgleich gebracht hat, ist jeder Kündigungsschutz aus den Generalklauseln in Verbindung mit Art. 12 Abs. 1 GG abzulehnen. Nach der hier vertretenen Ansicht besteht demnach auch obige Kündigungsschranke nicht. Die Praxis wird indes vor dem Problem stehen, wie die zitierte Vorgabe des BVerfG zu handhaben ist. Daher soll der Versuch unternommen werden, die Vorgabe des BVerfG zu konkretisieren.

Vorweg sei klargestellt, daß bei Kündigungen während der Probezeit keine langjährige Mitarbeit vorliegen kann, so daß obige Kündigungsschranke keinesfalls auf Kündigungen in der Probezeit übertragen werden kann.

Zunächst stellt sich die Frage, was unter „langjähriger Mitarbeit" zu verstehen ist. Das BVerfG selbst macht diesbezüglich keine Andeutungen. Das ArbG Reutlingen lehnt sich zur Konkretisierung an die Unverfallbarkeitsfristen des § 1 BetrAVG an und geht davon aus, daß „langjährige Mitarbeit" vorliegt, wenn der Arbeitnehmer mindestens das 35. Lebensjahr vollendet hat und dem Betrieb mindestens 10 Jahre angehört[381]. Die Anknüpfung an das BetrAVG ist jedoch insofern nicht überzeugend, als es hier nicht um Bestandsschutz für das Arbeitsverhältnis geht, sondern um die Altersversorgung.

Hanau[382] möchte an tarifvertragliche Regelungen anknüpfen, die nach einer längeren Beschäftigungszeit die ordentliche Kündigung ausschließen. Auch wo solche Tarifverträge nicht anwendbar sind, sollen sie einen Anhaltspunkt dafür liefern, wann besonders schutzwürdige langjährige Mitarbeit vorliegt. *Hanau* verweist auf § 53 Abs. 3 BAT, der die ordentliche Kündigung nach einer Beschäftigungszeit

---

[381] ArbG Reutlingen v. 20.10.1998 EzA § 242 BGB Vertrauensschutz Nr. 1.

[382] Hanau, FS für Dieterich, 201 (208).

von 15 Jahren, frühestens jedoch nach Vollendung des 40. Lebensjahres ausschließt.

Der Versuch einer Spezifizierung des Begriffs der langjährigen Mitarbeit ist zu begrüßen, weil hierdurch zumindest ein gewisses Maß an Rechtssicherheit erzielt wird. Aufgrund des Bezugs zum Kündigungsschutz ist eine Orientierung an den tarifvertraglichen Regelungen, insbesondere an § 53 BAT Abs. 3 plausibel. Meines Erachtens ist es jedoch nicht erforderlich, daß der Arbeitnehmer das 40. Lebensjahr vollendet hat. Das BVerfG stützt obige Kündigungsschranke ausschließlich auf den Gedanken des Vertrauensschutzes. Das Vertrauen in den Fortbestand des Arbeitsverhältnisses ist aber unabhängig vom Lebensalter des Arbeitnehmers. Somit genügt eine 15jährige Betriebszugehörigkeit für das Eingreifen des Kündigungsschutzes.

Nach Auffassung des BVerfG soll bei langjähriger Mitarbeit nicht nur das Interesse des Arbeitgebers an der Beendigung des Arbeitsverhältnisses, sondern auch das Interesse des Arbeitnehmers an der Erhaltung des Arbeitsverhältnisses Berücksichtigung finden. Es geht also darum, die Interessen von Arbeitgeber und Arbeitnehmer gegeneinander abzuwägen. Dabei ist die Schutzwürdigkeit des Arbeitnehmers um so höher einzustufen, je weiter die Schwelle der 15 Jahre überschritten wird. Andererseits wirkt - wie das BVerfG selbst ausführt - der verfassungsrechtliche Kündigungsschutz um so schwächer, je stärker die mit der Kleinbetriebsklausel geschützten Grundrechtspositionen des Arbeitgebers im Einzelfall betroffen sind[383]. Insgesamt bedeutet dies, daß der Kündigungsschutz um so stärker ausgeprägt ist,

- je näher sich der Betrieb an die Schwelle des § 23 Abs. 1 Satz 2 KSchG heranbewegt,
- je weniger der Arbeitgeber als Chef vor Ort selbst mitarbeitet,
- je finanziell leistungsfähiger der Betrieb ist und
- je weiter die Schwelle der 15-jährigen Beschäftigungsdauer überschritten ist.

Liegt überhaupt keine Störung des Arbeitsverhältnisses vor, gehört der Arbeitnehmer aber schon mindestens 15 Jahre dem Betrieb an, so wird man in der Regel davon ausgehen, daß die Kündigung unwirksam ist. Eine bloße Laune des Arbeitgebers oder seine schlichte Unlust, den Arbeitnehmer weiterzubeschäftigen, dürfte

---

[383] BVerfG v. 28.1.1998 NZA 1998, 470 (472).

hier für eine Kündigung nicht ausreichen. Dies muß meines Erachtens auch dann gelten, wenn der Betrieb besonders klein ist und daher als schutzwürdig eingestuft werden kann. Das BVerfG geht - wie bereits erwähnt - davon aus, daß durch langjährige Mitarbeit Vertrauen in den Fortbestand des Arbeitsverhältnisses begründet wird. Dieses Vertrauen würde stark erschüttert, wenn gekündigt wird, ohne daß eine Störung des Arbeitsverhältnisses vorliegt, die Kündigung quasi aus heiterem Himmel erfolgt.

2. Ultima-Ratio-Prinzip?

Liegt hingegen eine Störung des Arbeitsverhältnisses vor, so stellt sich die Frage, welche Anforderungen an die Wirksamkeit einer Kündigung zu stellen sind. Das BVerfG verlangt lediglich, daß ein erdientes Vertrauen nicht unberücksichtigt bleiben darf. Das ist weniger als das Ultima-Ratio-Prinzip. Eine Versetzung auf einen anderen freien Arbeitsplatz wird in einem Kleinbetrieb in der Regel schon gar nicht in Betracht kommen, da das Kontingent an Beschäftigungsmöglichkeiten hier gering ist. Auch wird man vom Arbeitgeber im Kleinbetrieb nicht verlangen, Fortbildungs- oder Umschulungsmaßnahmen einzuleiten, um für die Zukunft Vertragsstörungen auszuschließen, da ansonsten die Grenze der finanziellen Belastbarkeit des Arbeitgebers im Kleinbetrieb überschritten würde. Bei verhaltensbedingten Kündigungen stellt sich aber die Frage, ob eine vorherige Abmahnung erforderlich ist. Auch hier dürfen dem Arbeitgeber nicht die im KSchG vorgesehenen Maßstäbe der Sozialwidrigkeit auferlegt werden. Ein allgemeines Abmahnungserfordernis ist daher nicht sachgerecht[384]. Eine Abmahnung ist aber notwendig, wenn lediglich eine minimale Vertragsstörung vorliegt[385]. Geringfügige Vertragsstörungen lassen sich nach menschlichen Maßstäben niemals völlig vermeiden. Auch einem zuverlässigen Arbeitnehmer werden bei der Arbeit hin und wieder geringfügige Fehler unterlaufen. Würde man dies bereits als Kündigungs-

---

[384] So jetzt auch BAG v. 21.2.2001 NZA 2001, 951. Ein von einer Kirchengemeinde beschäftigter Kirchenmusiker wurde von der Gemeinde gekündigt, nachdem er öffentlich massive unsachliche und unberechtigte Angriffe gegen die Kirchengemeinde und die dort tätige Pastorin vorgetragen hatte. Aufgrund der geringen Anzahl an Arbeitnehmern in der Krichengemeinde war das KSchG auf das Arbeitsverhältnis nicht anwendbar, der Arbeitnehmer konnte jedoch eine 17-jährige Beschäftigungsdauer aufweisen. Das BAG stellte fest, daß außerhalb des Anwendungsbereichs des KSchG in der Regel eine vorherige Abmahnung nicht erforderlich ist, auch wenn von einem durch langjährige Mitarbeit erdienten Vertrauen in den Fortbestand des Arbeitsverhältnisses auszugehen ist.

[385] Preis NZA 1997, 1256 (1267).

grund ausreichen lassen, so liefe der vom BVerfG für verdiente Mitarbeiter geforderte Kündigungsschutz leer. Zur Bestimmung der Grenze zwischen minimaler und relevanter Vertragsstörung kann auf die Kategorien zurückgegriffen werden, die zur Haftungsbeschränkung bei betrieblich veranlaßter Tätigkeit entwickelt wurden. Fälle der leichtesten Fahrlässigkeit, des „typischen Abirrens", wie „sich vergreifen, versprechen, vertun"[386] berechtigen demnach nicht zur Kündigung ohne vorherige Abmahnung.

Ist die Vertragsstörung nicht als minimal einzustufen, so ist zu prüfen, ob die Kündigung dennoch in einem krassen Mißverhältnis zum Ausmaß der Vertragsstörung steht. Liegt beispielsweise lediglich eine geringe unentschuldigte Verspätung oder ein kurzzeitiger krankheitsbedingter Arbeitsausfall vor, so wird man die Kündigung als grob unverhältnismäßig und daher unwirksam ansehen. Auch hier ist das Vertrauen des Arbeitnehmers erschüttert, wenn nach langjähriger Betriebszugehörigkeit wegen nicht schwerwiegender Pflichtverletzungen oder Störungen gekündigt wird, also gewissermaßen mit Kanonen auf Spatzen geschossen wird.

Je weniger schutzwürdig die Belange des Kleinunternehmers sind, desto weniger kraß muß auch das Mißverhältnis ausfallen, um zur Unwirksamkeit der Kündigung zu gelangen. Nähert sich beispielsweise der Kleinbetrieb der Schwelle des § 23 Abs. 1 Satz 2 KSchG an, so wird man auch noch bei mehreren geringfügigen unentschuldigten Verspätungen eine Kündigung als grob unverhältnismäßig einstufen.

3. Krankheitsbedingte Kündigungen

Das LAG Reutlingen hatte 1998 über eine Kündigung wegen krankheitsbedingter Arbeitsunfähigkeit in einem Kleinbetrieb zu entscheiden[387]. Der gekündigte Arbeitnehmer war 18 Jahre lang ohne ernsthafte Erkrankung beschäftigt, erkrankte dann für 4 Monate, arbeitete 2 Tage und wurde daraufhin wiederum für einen Monat krankgeschrieben, wobei der Arzt darauf hinwies, daß die Arbeitsunfähigkeit unter Umständen auch noch länger andauern könne. Zu Beginn der zweiten Krankheitsphase kündigte der Arbeitgeber. Das ArbG Reutlingen hielt die Kündi-

---

[386] MünchKomm/Söllner § 611 BGB Rn. 427; ErfK/Preis § 611 BGB Rn. 1045.
[387] ArbG Reutlingen v. 20.10.1998 EzA § 242 Vertrauensschutz Nr. 1 (dies war das Verfahren, in dessen Rahmen das ArbG Reutlingen die Kleinbetriebsklausel dem BVerfG vorgelegt hatte).

gung für unwirksam und berief sich dabei auf die oben zitierte Kündigungs-schranke des BVerfG. Diese Entscheidung ist meines Erachtens nicht haltbar.

Zunächst muß allgemein berücksichtigt werden, daß die Kosten der Entgeltfort-zahlung für den Kleinunternehmer eine erhebliche wirtschaftliche Belastung dar-stellen können. Ist eine Kündigung wegen Krankheit unzulässig, so wird es dem Arbeitgeber darüber hinaus verwehrt, einen neuen Arbeitnehmer einzustellen, da er den Arbeitsplatz für den zurückkehrenden Arbeitnehmer freihalten muß. Häufig wird es dem Arbeitgeber schwer fallen, für eine befristete Einstellung zwecks Krankheitsvertretung eine geeignete Arbeitskraft zu finden. Reserven zur Über-brückung des Arbeitsausfalls sind im Kleinbetrieb in der Regel nicht vorhanden. Gerade im Kleinbetrieb bedeutet ein Arbeitsausfall somit meist eine erhebliche Belastung der übrigen Mitarbeiter.

Im konkreten Fall kam außerdem noch hinzu, daß die Dauer der Krankheit nicht absehbar war, so daß für den Arbeitgeber erhebliche Kalkulationsunsicherheiten bestanden. Meines Erachtens ist die Grenze der Belastbarkeit bei der im Fall ge-gebenen fünfmonatigen Arbeitsunfähigkeit eindeutig überschritten, so daß die Kündigung als wirksam einzustufen ist.

Ob die Kündigung in Fall 5 (Krankheitsausfall für sechs Wochen) zulässig ist, ist schon schwieriger zu beantworten. Hier kann der Arbeitnehmer mit 22 Jahren eine lange Betriebszugehörigkeit in die Waagschale werfen. Auch liegt der Betrieb mit 4 Arbeitnehmern relativ nah an der Schwelle des § 23 Abs. 1 Satz 2 KSchG. Ten-denziell ist daher eher von einem starken Kündigungsschutz auszugehen. Fraglich ist, ob ein Ausfall von sechs Wochen hier noch hinzunehmen ist. Innerhalb des Geltungsbereiches des KSchG gibt es keine klare Grenze, ab welcher Dauer einer Erkrankung eine Kündigung in Betracht kommen kann. Notwendige, aber nicht hinreichende Bedingung ist, daß die sechs Wochen des § 3 EFZG überschritten werden[388]. Da auch bei langjähriger Mitarbeit noch ein ausreichender Abstand zwischen dem Kündigungsschutz nach dem KSchG und dem Kündigungsschutz über § 242 BGB in Verbindung mit Art. 12 Abs. 1 GG gegeben sein muß, wird man außerhalb des Geltungsbereichs des KSchG davon ausgehen können, daß eine Krankheit, die die Spanne von sechs Wochen überschreitet, stets zur Kündi-gung berechtigt. Da in vorliegendem Fall von einem starken verfassungsrechtli-chen Kündigungsschutz auszugehen ist, ist eine Arbeitsunfähigkeitsdauer von

---

[388] BAG v. 16.2.1989 AP Nr. 20 zu § 1 KSchG 1969 Krankheit; Stahlhacke/Preis/Vossen Rn. 752.

sechs Wochen hier meines Erachtens gerade noch zumutbar, so daß die Kündigung als unwirksam anzusehen ist.

Mit abnehmender Größe des Betriebs verkürzt sich auch die hinzunehmende Krankheitsdauer. Die zumutbare Dauer eines Krankheitsausfalls kann demnach je nach Einzelfall auch deutlich unter sechs Wochen liegen[389]. Würde G in Fall 5 beispielsweise statt 4 nur 2 Arbeitnehmer beschäftigen, so wäre die Kündigung meines Erachtens wirksam. Ähnlich verhält es sich mit der Dauer der Betriebszugehörigkeit: Betrüge sie in Fall 5 nur 15 statt 22 Jahre, so wäre die Kündigung meines Erachtens ebenfalls als wirksam einzustufen.

Häufige Kurzerkrankungen berechtigen meines Erachtens stets zur Kündigung. Hier ist die Dauer der Arbeitsausfälle sowie deren Häufigkeit in der Regel nicht absehbar. Dem Arbeitgeber muß die Kündigung möglich sein, um Kalkulationsunsicherheit auszuräumen.

4. Darlegungs- und Beweislast

Da der Arbeitgeber außerhalb des KSchG nicht zur Mitteilung von Kündigungsgründen verpflichtet ist, wird der Arbeitnehmer oftmals nicht wissen, worauf der Arbeitgeber die Kündigung stützt. Wenn dem Arbeitnehmer der Grund der Kündigung nicht bekannt ist, kann er auch keine Erwägungen zur Verhältnismäßigkeit anstellen. Daher müssen auch hier zugunsten des Arbeitnehmers Erleichterungen bezüglich der Darlegungs- und Beweislast vorgenommen werden. Das in den übrigen Fällen angewandte Modell der Glaubhaftmachung taugt hier nicht. Es geht hier nämlich nicht um den Nachweis, daß die Kündigung aus maßregelnden oder diskriminierenden Motiven erfolgt ist, sondern darum, daß keine Vertragsstörung oder nur eine geringfügige Vertragsstörung vorliegt. Müßte der Arbeitnehmer das Nichtvorliegen einer Vertragsstörung glaubhaft machen, so hätte er darzulegen, daß er jeden Tag, jede Stunde und jede Minute seinen arbeitsvertraglichen Pflichten voll genügt hat, beziehungsweise daß ihm nur geringfügige Fehler unterlaufen sind - ein Ding der Unmöglichkeit. Es muß daher zunächst genügen, daß der Arbeitnehmer bei Erhebung der Kündigungsschutzklage das Vorliegen einer Ver-

---

[389] aA Urban, Der Kündigungsschutz außerhalb des Kündigungsschutzgesetzes (2001), S. 172, die davon ausgeht, daß vorübergehende Erkrankungen des Arbeitnehmers von bis zu sechs Wochen auch außerhalb des KSchG grundsätzlich nicht zu einer Kündigung berechtigen, auch nicht bei Fehlen einer 'langjährigen Mitarbeit'.

tragsstörung pauschal bestreitet. Er muß im ersten Schritt lediglich das Vorliegen einer langjährigen Mitarbeit darlegen und beweisen. Dies kann jedoch auch hier nicht dazu führen, daß daraufhin der Arbeitgeber die Beweislast trägt. Das BVerfG betont selbst, daß die Regelung des § 1 Abs. 2 Satz 4 KSchG außerhalb des Geltungsbereichs des KSchG nicht gilt[390]. Der Arbeitgeber hat daher sodann lediglich zu offenbaren, welche Gründe ihn zur Kündigung veranlaßt haben, ohne das Vorliegen dieser Gründe beweisen zu müssen. Kann der Arbeitgeber keine oder nur eine geringfügige Vertragsstörung darlegen, so ist die Kündigung unwirksam. Trägt er hingegen eine gewichtige Vertragsstörung vor, so trägt der Arbeitnehmer die Beweislast dafür, daß diese Störung in Wirkllchkeil nicht gegeben ist. Die Beweislast verbleibt somit grundsätzlich beim Arbeitnehmer.

5. Kritik

Die obigen Erörterungen zeigen, daß es schwierig ist, allgemeingültige Kriterien dafür aufzustellen, wann eine Kündigung gegen die vom BVerfG postulierte Kündigungsschranke verstößt. Auch wenn die Arbeitsgerichte nach und nach einige Entscheidungen liefern, dürfte dadurch die Rechtssicherheit kaum gesteigert werden. Dies hängt damit zusammen, daß laut BVerfG das Ausmaß des Kündigungsschutzes von der Schutzwürdigkeit des Arbeitgebers abhängt. Jeder Einzelfall bedarf daher einer weitgehend eigenständigen Beurteilung. Bereits mehrfach wurde darauf hingewiesen, daß gerade den Kleinunternehmer jedwede Rechtsunsicherheit in Kündigungsangelegenheiten besonders hart trifft. Dies bestärkt meines Erachtens die bereits vorgetragenen Einwände gegen die Konzeption, über die Generalklauseln in Verbindung mit Art. 12 Abs. 1 GG einen Kündigungsschutz herzuleiten.

---

[390] BVerfG v. 27.1.1998 NZA 1998, 470 (472).

VII. Soziale Auswahl

1. Allgemeines

Das BVerfG fordert für Kündigungen im Kleinbetrieb:

„Soweit unter mehreren Arbeitnehmern eine Auswahl zu treffen ist, gebietet der verfassungsrechtliche Kündigungsschutz in Verbindung mit dem Sozialstaatsprinzip ein gewisses Maß an sozialer Rücksichtnahme."[391]

Das BVerfG leitet die Pflicht zur Sozialauswahl aus Art. 12 GG in Verbindung mit dem Sozialstaatsprinzip her. Auch diese Kündigungsschranke ist nach der hier vertretenen Auffassung abzulehnen, da die Herleitung einer staatlichen Pflicht zum Schutz vor Kündigung aus Art. 12 Abs. 1 GG nicht besteht beziehungsweise jedenfalls davon auszugehen ist, daß der Gesetzgeber ein etwaiges durch Art. 12 Abs. 1 GG geschütztes Interesse des Arbeitnehmers an der Erhaltung seines Arbeitsplatzes in einen abschließenden, verfassungskonformen Ausgleich mit den widerstreitenden Interessen von Arbeitgebern und Arbeitsuchenden gebracht hat. Allein aus dem Sozialstaatsprinzip kann eine derartige Verpflichtung nicht hergeleitet werden, weil der Gesetzgeber bei der Verwirklichung des Sozialstaatsprinzips einen weiten Gestaltungsspielraum hat, es also dem Gesetzgeber nicht verwehrt ist, Kleinbetriebe von der Pflicht zur Sozialauswahl auszunehmen.

Dennoch soll auch hier versucht werden, die „Vorgabe" des BVerfG zu konkretisieren[392]. Zunächst ist festzuhalten, daß die vom BVerfG postulierte Pflicht zur

---

[391] BVerfG v. 27.1.1998 NZA 1998, 470 (472).

[392] Das BAG hat nach Einreichung dieser Arbeit seine erste Entscheidung zur Sozialauswahl im Kleinbetrieb gefällt (BAG v. 21.2.2001 NZA 2001, 833). Mangels hinreichender Tatsachenfeststellung verwies das BAG die Entscheidung and das LAG Berlin zurück. Das BAG stellt jedoch zur Sozialauswahl im Kleinbetrieb fest:
„1. Soweit im Fall der Kündigung unter mehreren Arbeitnehmern eine Auswahl zu treffen ist, hat auch der Arbeitgeber im Kleinbetrieb, auf den das Kündigungsschutzgesetz keine Anwendung findet, ein durch Art. 12 GG gebotenes Mindestmaß an sozialer Rücksichtnahme zu wahren. Eine Kündigung, die dieser Anforderung nicht entspricht, verstößt gegen Treu und Glauben (§ 242 BGB) und ist deshalb unwirksam.
2. Ist bei einem Vergleich der grundsätzlich von dem gekündigten Arbeitnehmer vorzutragenden Sozialdaten evident, dass dieser erheblich sozial schutzbedürftiger ist als ein vergleichbarer weiterbeschäftigter Arbeitnehmer, so spricht dies zunächst dafür, dass der Arbeitgeber das gebotene Mindestmaß an sozialer Rücksichtnahme außer acht gelassen hat. Setzt der Arbeitgeber dem schlüssigen Sachvortrag des Arbeitnehmers weitere (betriebliche, persönliche etc.) Gründe entge-

sozialen Rücksichtnahme nicht auf Kündigungen während der Probezeit übertragen werden kann, da die Probezeit einer unproblematischen Erprobung des Arbeitnehmers dienen soll[393]. Dies wäre nicht mehr möglich, wenn der Arbeitgeber bei Kündigungen während der Probezeit auf soziale Gesichtspunkte Rücksicht zu nehmen hätte.

Grundsätzlich darf auch bei betriebsbedingten Kündigungen im Kleinbetrieb dem Arbeitgeber keinesfalls der strenge Maßstab des § 1 Abs. 3 KSchG auferlegt werden. Man kann deshalb von einer „kleinen Sozialauswahl" sprechen.

Oetker[394] und *Kittner*[395] verlangen, daß der Arbeitgeber seine Auswahlentscheidung gemäß §§ 242, 315 BGB auf sachliche Gesichtspunkte stützt, die erkennen lassen, daß er die Belange besonders schutzbedürftiger Arbeitnehmer nicht völlig unberücksichtigt gelassen hat. Die grundrechtlichen Schutzpflichten verböten es, insbesondere ältere Arbeitnehmer, Schwerbehinderte[396] und alleinerziehende Arbeitnehmer als erste zu entlassen.

Lakies[397] fordert ebenfalls, daß der Arbeitgeber seine einseitige, den Arbeitnehmer belastende Auswahlentscheidung nach vernünftigen, sachlichen Gesichtspunkten trifft und nach §§ 242, 315 BGB billiges Ermessen wahrt. Als zu berücksichtigende Gesichtspunkte kämen die Dauer der Betriebszugehörigkeit, das Lebensalter und die Unterhaltspflichten des Arbeitnehmers in Betracht. Im Gegensatz zu § 1 Abs. 3 KSchG sei aber von einem etwas erweiterten Beurteilungsspielraum des Arbeitgebers auszugehen.

---

gen, die ihn zu der getroffenen Auswahl bewogen haben, so hat unter dem Gesichtspunkt von Treu und Glauben eine Abwägung zu erfolgen. Es ist zu prüfen, ob auch unter Einbeziehung der vom Arbeitgeber geltend gemachten Gründe die Kündigung die sozialen Belange des betroffenen Arbeitnehmers in treuwidriger Weise unberücksichtigt lässt. Der unternehmerischen Freiheit des Arbeitgebers im Kleinbetrieb kommt bei dieser Abwägung ein erhebliches Gewicht zu."
Die vom BAG verwendeten Formel, es müsse evident sein, dass der gekündigte Arbeitnehmer erheblich sozial schutzbedürftiger ist, schafft leider keine Klarheit, sondern eröffnet weite Wertungsspielräume. Auch die vom BAG postulierte Abwägung, die dann stattzufinden habe wenn der Arbeitgeber bei einer prima facie evident fehlerhaften Sozialauswahl dennoch plausible Gründe für die Sozialauswahl vortragen könne, führt zu Unsicherheiten. Der Verfasser bleibt daher auch nach dieser Entscheidung des BAG bei seinen nachfolgenden Ausführungen. Kritisch zur Entscheidung des BAG auch Gragert/Wiehe NZA 2001, 934.

[393] Kittner NZA 1998, 731 (733).
[394] Oetker ArbuR 1997, 41 (52).
[395] Kittner NZA 1998, 731 (733).
[396] Schwerbehinderte genießen aber auch im Kleinbetrieb den Kündigungsschutz der §§ 15 ff. SchwBG und sind deshalb ausreichend geschützt.
[397] Lakies DB 1997, 1078 (1082).

Die genannten Autoren[398] übernehmen dabei die Rechtsprechung des BAG zu Kündigungen wegen mangelnden Bedarfs nach dem Einigungsvertrag. Das BAG hatte hier bereits vor der maßgeblichen Entscheidung des BVerfG Kriterien für eine Sozialauswahl außerhalb des KSchG entwickelt[399]. In den betreffenden Entscheidungen ging es um Kündigungen von Lehrern im Schuldienst der neuen Bundesländer. Nach Anl. I Kap XIX Sachgeb. A Abschn. III Nr. 1 Abs. 4 Ziff. 2 des Einigungsvertrages war im Beitrittsgebiet die ordentliche Kündigung eines Arbeitsverhältnisses in der öffentlichen Verwaltung zulässig, wenn der Arbeitnehmer wegen mangelnden Bedarfs nicht mehr verwendbar war. Das BAG ging davon aus, daß diese Vorschrift des Einigungsvertrages bei derartigen Kündigungen § 1 KSchG verdrängt. Demnach sei keine Sozialauswahl nach § 1 Abs. 3 KSchG durchzuführen. Unter Berufung auf das Sozialstaatsprinzip des Art. 20 Abs. 1 GG und den Gleichheitssatz in Art. 3 Abs. 1 GG entwickelte das BAG dennoch bestimmte Anforderungen an die Sozialauswahl durch den öffentlichen Arbeitgeber:

„Der öffentliche Arbeitgeber muß die Auswahlentscheidung nach vernünftigen, sachlichen Gesichtspunkten treffen (§§ 242, 315 BGB). Soziale Gesichtspunkte sind hierbei ausreichend zu berücksichtigen. Dienstliche Auswahlbelange des Arbeitgebers und soziale Belange der Arbeitnehmer sind gegeneinander abzuwägen. Ein Vorrang kommt den dienstlichen Belangen nicht zu."

Bei der Übertragung der Rechtsprechung des BAG auf Kündigungen im Kleinbetrieb ist jedoch Vorsicht geboten. Bei den Entscheidungen des BAG ging es um eine Sonderkonstellation, nämlich um Beschäftigungsabbau im vielfach übersetzten öffentlichen Dienst der ehemaligen DDR. Diese durch historische Umbrüche bedingte besondere Lage kann nicht mit „normalen" Kündigungen im Kleinbetrieb gleichgesetzt werden. Des weiteren beschränkte das BAG die Pflicht zur Auswahlentscheidung nach vernünftigen und sachlichen Kriterien ausdrücklich auf den öffentlichen Arbeitgeber. Zudem hilft die äußerst abstrakte Vorgabe des BAG kaum weiter, wenn es um die Lösung konkreter Fälle geht. Es soll daher selbständig und in einzelnen Schritten entwickelt werden, welche Anforderungen an betriebsbedingte Kündigungen im Kleinbetrieb zu stellen sind.

---

[398] Darüber hinaus ebenso: Däubler FS für die Arbeitsgerichtbarkeit des Landes Rheinland-Pfalz, (271) 282; Otto FS für Wiese, 353 (369); Heidelberger Kommentar/Dorndorf § 13 KSchG Rn. 126 ff.

[399] BAG v. 19.1.1995 AP Nr. 12 zu Art. 13 EV; BAG v. 29.8.1996 NZA 1997, 604.

2. Freie unternehmerische Entscheidung

Zu fragen ist, ob die unternehmerische Entscheidung, die zum Wegfall eines Arbeitsplatzes führt, im Kleinbetrieb einer gerichtlichen Kontrolle unterzogen werden soll. Bereits innerhalb des Geltungsbereichs des KSchG wird hier dem Arbeitgeber weitreichender Gestaltungsspielraum zugebilligt. Die Unternehmerentscheidung soll lediglich auf Willkür kontrolliert werden[400]. Aus der Rechtsprechung des BAG ist jedoch kein Fall bekannt, in dem von einer willkürlichen Unternehmerentscheidung ausgegangen wurde. Eine Grenze wird lediglich dahingehend gezogen, daß allein der Entschluß, einem Arbeitnehmer zu kündigen, nicht als unternehmerische Entscheidung angesehen wird, die nur auf Willkür überprüft werden kann[401]. Ob eine Reduzierung des Personals allein zum Zwecke der Arbeitsverdichtung als unternehmerische Entscheidung anzuerkennen ist, ist höchstrichterlich noch nicht ganz klargestellt[402].

Bezüglich der freien Unternehmerentscheidung außerhalb des KSchG statuiert das BVerfG keine Kündigungsschranken. Da das Kündigungsschutzniveau außerhalb des KSchG geringer ausfallen muß als innerhalb des KSchG, ist davon auszugehen, daß die unternehmerische Entscheidung, die zum Wegfall eines Arbeitsplatzes führt, außerhalb des Geltungsbereichs des KSchG nicht einmal einer Willkürkontrolle unterliegt[403]. Der bloße Wunsch, den Personalbestand zu reduzieren und die Arbeit zu verdichten, ist somit jedenfalls außerhalb des KSchG nicht angreifbar.

3. Prüfungsschema

Fraglich ist, in welchen gedanklichen Schritten eine Auswahlkündigung außerhalb des KSchG zu überprüfen ist.

---

[400] BAG v. 7.12.1978 AP Nr. 6 zu § 1 KSchG 1969 Betriebsbedingte Kündigung; BAG v. 12.10.1979 AP Nr. 7 zu § 1 KSchG 1969 Betriebsbedingte Kündigung; BAG v. 24.10.1979 AP Nr. 8 zu § 1 KSchG 1969 Betriebsbedingte Kündigung.

[401] BAG v. 20.2.1986 AP Nr. 11 zu § 1 KSchG 1969 Betriebsbedingte Kündigung.

[402] Vgl. nur BAG v. 24.4.1997 NZA 1997, 1047 (1049) einerseits und BAG v. 17.6.1999 NZA 1999, 1098 andererseits.

[403] So auch Urban, Der Kündigungsschutz außerhalb des Kündigungsschutzgesetzes (2001), S. 175, die davon ausgeht, daß eine Kontrolle nur dahingehend durchzuführen ist, ob überhaupt eine Unternehmerentscheidung vorlag, die für das Entfallen des Arbeitsplatzes ursächlich war.

Im Geltungsbereich des KSchG vollzieht sich die Sozialauswahl in drei Schritten. Zunächst ist der Kreis der für die Sozialauswahl in Betracht kommenden vergleichbaren Arbeitnehmer zu ermitteln. Sodann ist zu prüfen, ob gemäß § 1 Abs. 3 Satz 2 KSchG betriebstechnische, wirtschaftliche oder sonstige berechtigte betriebliche Bedürfnisse die Weiterbeschäftigung eines bestimmten Arbeitnehmers bedingen und damit der Sozialauswahl entgegenstehen. Schließlich erfolgt die Bestimmung der sozialen Schutzbedürftigkeit nach § 1 Abs. 3 KSchG nach sozialen Gesichtspunkten[404].

Dieses Prüfungsschema ist grundsätzlich auf Kündigungen außerhalb des KSchG übertragbar: Eine Sozialauswahl kann auch im Kleinbetrieb nur unter vergleichbaren oder austauschbaren Arbeitnehmern vorgenommen werden. Freilich dürfte es im Kleinbetrieb in der Mehrzahl der Fälle bereits schwierig sein, auch nur einen einzigen vergleichbaren Arbeitnehmer zu finden[405]. Des weiteren muß es dem Arbeitgeber auch im Kleinbetrieb möglich sein, besonders wichtige Arbeitnehmer von der Sozialauswahl auszunehmen[406]. Andernfalls unterläge der Arbeitgeber im Kleinbetrieb strengeren Anforderungen als ein Arbeitgeber im Geltungsbereich des KSchG. Bei der Auswahl des zu kündigenden Arbeitnehmers sind sodann soziale Gesichtspunkte zu berücksichtigen.

4. Kriterien für die Sozialauswahl

Fraglich ist, welche Kriterien als soziale Gesichtspunkte in Betracht kommen. Das KSchG in seiner geltenden Fassung sieht keinen abschließenden Katalog zu berücksichtigender Sozialdaten vor, so daß die Rechtsunsicherheit in diesem Bereich immens ist. Da der Kleinunternehmer aber in besonderem Maße der Rechtssicherheit bedarf, ist es meines Erachtens erforderlich, einen abschließenden Katalog der zu berücksichtigenden Sozialdaten aufzustellen. Zur Orientierung bietet es sich dabei an, auf die Fassung des KSchG vom 1.10.1996 bis zum 31.12.1998 zurückzugreifen, nach der ausschließlich die Dauer der Betriebszugehörigkeit, die Unterhaltsverpflichtungen und das Lebensalter zu berücksichtigen waren[407].

---

[404] Hromadka/Maschmann, Arbeitsrecht, Bd. 1, § 10 Rn. 207; aA Stahlhacke/Preis/Vossen Rn. 659a, die die Schritte 2 und 3 vertauschen wollen.

[405] Däubler, FS für Arbeitsgerichtsbarkeit des Landes Rheinland-Pfalz, 271 (282).

[406] Falder NZA 1998, 1254 (1255); vgl. zu § 1 Abs. 3 Satz 2 KSchG ErfK/Ascheid Rn. 552 ff.

[407] So auch Urban, Der Kündigungsschutz außerhalb des Kündigungsschutzgesetzes (2001), S. 179.

Da eine langjährige Dauer der Betriebszugehörigkeit nach der Rechtsprechung des BVerfG allgemein bei Kündigungen außerhalb des KSchG berücksichtigt werden muß, ist davon auszugehen, daß sie auch im Rahmen der kleinen Sozialauswahl von Bedeutung ist. Unterhaltsverpflichtungen sprechen ebenfalls für eine erhöhte soziale Schutzbedürftigkeit. Ob auch ein höheres Lebensalter für erhöhte soziale Schutzbedürftigkeit spricht, läßt sich hingegen bezweifeln. In Zeiten der Hochkonjunktur haben es vermutlich vornehmlich ältere Arbeitnehmer schwer, einen neuen Arbeitsplatz zu finden. In Zeiten der Massenarbeitslosigkeit sind jedoch auch sehr viel jüngere Arbeitnehmer betroffen. So kann beispielsweise die Entlassung eines jungen Arbeitnehmers in die Jugendarbeitslosigkeit „unsozialer" sein, als die Entlassung eines älteren Arbeitnehmers, der sein Arbeitsleben schon weitgehend hinter sich hat[408]. Vielfach wird daher auch für Kündigungen innerhalb des KSchG davon ausgegangen, daß dem Kriterium des Lebensalters nur untergeordnete Bedeutung zukommt[409]. Vernachlässigt werden kann das Kriterium des Lebensalters bei der kleinen Sozialauswahl jedoch nicht, da das BVerfG in seiner Entscheidung zur Verfassungsmäßigkeit der Kleinbetriebsklausel ausführt, auch in Zeiten struktureller Arbeitslosigkeit seien die Aussichten, eine ähnliche Position ohne Einbußen an Lebensstandard zu finden, vor allem für den älteren Arbeitnehmer schlecht.

Da das BVerfG das Lebensalter unter dem Gesichtspunkt der Aussichten auf dem Arbeitsmarkt ins Spiel bringt, sollte es auch erst dann Berücksichtigung finden, wenn ein Alter erreicht ist, bei dem von schlechteren Neueinstellungschancen auszugehen ist. Eine allgemeingültige Grenze läßt sich hier schwer festlegen, da die Aussichten auf dem Arbeitsmarkt von den konkreten beruflichen Anforderungen abhängen. So kann bei Tätigkeiten mit extremen körperlichen Anforderungen ein Alter von 35 Jahren bereits negativ ins Gewicht fallen. Von diesen Ausnahmefällen abgesehen werden Altersunterschiede jedoch erst ab einem Alter von rund 40 Jahren eine Rolle spielen[410]. Demzufolge ist das Lebensalter regelmäßig erst dann zu berücksichtigen, wenn diese Altersgrenze überschritten ist.

Zusammenfassend läßt sich daher sagen, daß im Rahmen der kleinen Sozialauswahl lediglich die Dauer der Betriebszugehörigkeit, die Unterhaltsverpflichtungen und das Lebensalter - sofern das 40. Lebensjahr vollendet ist - zu berücksichtigen

---

[408] Stahlhacke/Preis/Vossen Rn. 667a; Preis, Prinzipien, S. 422.

[409] BAG v. 24.3.1983 DB 1983, 1822 (1824), Neyses DB 1983, 2416f.

[410] Lück, Probleme der Sozialauswahl, S. 173.

sind. Um die kleine Sozialauswahl nicht zu kompliziert auszugestalten, ist es meines Erachtens angebracht, die genannten Kriterien in etwa gleich zu gewichten.

5. Gewisses Maß an sozialer Rücksichtnahme

Das BVerfG fordert nicht, daß die Auswahlentscheidung vollkommen sozialverträglich ist, sondern verlangt lediglich ein gewisses Maß an sozialer Rücksichtnahme, gibt also zu erkennen, daß kein strenger Maßstab angelegt werden soll[411].

Bereits innerhalb des Geltungsbereichs des KSchG wird dem Arbeitgeber bei der Sozialauswahl ein gewisser Wertungsspielraum zugebilligt. Er kann also die Dauer der Betriebszugehörigkeit, das Lebensalter und die Unterhaltspflichten unterschiedlich gewichten[412]. Daher ist es bereits innerhalb des Geltungsbereichs des KSchG nicht erforderlich, daß die Auswahlentscheidung des Arbeitgebers in jeder Hinsicht unangreifbar oder absolut sozialverträglich ist[413]. Zur Wahrung des Abstandes müssen die Anforderungen an Kündigungen im Kleinbetrieb deutlich geringer ausfallen. Des weiteren muß berücksichtigt werden, daß im Geltungsbereich des KSchG die Anforderungen an die Sozialauswahl gemäß § 1 Abs. 4 KSchG sinken, wenn die relevanten Sozialkriterien und deren Gewichtung durch eine Betriebsvereinbarung festgelegt sind. Da im Kleinbetrieb die Errichtung eines Betriebsrates regelmäßig nicht in Betracht kommt, hat hier der Arbeitgeber nicht die Möglichkeit, auf diesem Wege mehr Rechtssicherheit für die Auswahlentscheidung zu erreichen.

---

[411] Nach Einreichung des Manuskriptes erschien die Monographie von Krenz, Zur Sozialauswahl in Kleinbetrieben (2001). Krenz will Auswahlkündigungen außerhalb des Anwendungsbereichs des KSchG am Maßstab eines relativ komplexen, feststehenden Punktesystems messen, in dessen Rahmen Alter, Beschäftigungsdauer und Anzahl der Unterhaltsverpflichtungen Berücksichtigung finden. Stünden die Punktsummen der weiterbeschäftigten Arbeitnehmer fest, so seien diese in einem weiteren Schritt um 50% zu erhöhen, um dem Beurteilungsspielraum des Kleinunternehmers angemessen Rechnung zu tragen. Eine Auswahlentscheidung sei dann unwirksam, wenn die Punktsumme des gekündigten Arbeitnehmers eine der (um 50% erhöhten) Punktsummen der weiterbeschäftigten Arbeitnehmer überschreite. Dies schafft zwar im Vergleich zur Sozialauswahl nach § 1 Abs. 3 KSchG mehr Rechtssicherheit, ist aber insgesamt ein für den Kleinunternehmer doch recht kompliziertes Verfahren. Zudem führt das Punktesystem meines Erachtens trotz des '50%-Zuschlags' immer noch zu einem zu strengen Maßstab für Auswahlkündigungen im Kleinbetrieb und ist daher abzulehnen.

[412] Stahlhacke/Preis/Vossen Rn. 669.

[413] Falder NZA 1998, 1254 (1255).

Teilweise wird für Kündigungen im Kleinbetrieb an den Begriff der groben Fehlerhaftigkeit in § 1 Abs. 4 KSchG (beziehungsweise § 1 Abs. 5 KSchG a. F.) angeknüpft[414]. Dies führt jedoch nicht weiter, da es bisher nicht gelungen ist, den
Begriff der groben Fehlerhaftigkeit näher zu präzisieren[415]. Der Arbeitgeber im
Kleinbetrieb bedarf aber in besonderem Maße der Rechtssicherheit.

Es ist notwendig, eine Regel aufzustellen, die klar und leicht zu handhaben ist.
Des weiteren sollte kein allzu strenger Maßstab angelegt werden, da das BVerfG
nur ein „gewisses Maß" an Rücksichtnahme fordert. Eine Auswahlentscheidung
sollte daher nur dann als unwirksam angesehen werden, wenn der gekündigte Arbeitnehmer gegenüber einem weiterbeschäftigten Arbeitnehmer hinsichtlich aller
drei Kriterien als sozial schutzbedürftiger anzusehen ist[416]. Darüber hinausgehende Anforderungen würden dazu führen, daß sich der Kündigungsschutz durch die
Generalklauseln kaum noch vom Kündigungsschutzniveau innerhalb des KSchG
unterscheidet. Das BVerfG betont aber selbst, daß es nicht angehen kann, dem
Arbeitgeber im Kleinbetrieb die im KSchG vorgesehenen Maßstäbe der Sozialwidrigkeit aufzuerlegen[417].

Zahlreiche Autoren verorten die „kleine" Sozialauswahl einfachrechtlich in § 242
BGB und § 315 BGB[418]. Sie an § 315 BGB aufzuhängen, ist nicht überzeugend. §
315 BGB betrifft Fälle der einseitigen Leistungsbestimmung durch eine Vertragspartei innerhalb eines bestehenden Vertragsverhältnisses, nicht aber die Beendigung eines Vertragsverhältnisses[419]. Die Auswahlentscheidung kann daher allein
über § 242 BGB kontrolliert werden.

---

[414] Gragert Kreutzfeld NZA 1998, 567 (568).

[415] Stahlhacke/Preis/Vossen Rn. 678b: „Grob fehlerhaft ist die Richtlinie, wenn sie tragende Kriterien nicht in die Bewertung einbezieht beziehungsweise jede Ausgewogenheit in der Gewichtung
der maßgeblichen Kriterien vermissen läßt"; ErfK/Ascheid § 1 KSchG Rn. 578: „Grobe Fehlerhaftigkeit bedeutet, daß ganz tragende Gesichtspunkte nicht in die Bewertung einbezogen worden
sind, daß die Bewertung evident unzulänglich ist und jede Ausgewogenheit vermissen läßt"; ebenso Hueck/v. Hoyningen-Huene § 1 KSchG Rn. 484b.

[416] Gragert/Kreutzfeld NZA 1998, 567 (568); ähnlich auch Urban, Der Kündigungsschutz außerhalb des Kündigungsschutzgesetzes (2001), S. 177.

[417] BVerfG v. 27.1.1998 NZA 1998, 470 (472).

[418] Lakies DB 1997, 1078 (1082); Oetker ArbuR 1997, 41 (52); Kittner NZA 1998, 731 (733).

[419] Löwisch BB 1997, 782 (788); Wank, FS für Hanau, 295 (312); Geyr, Der Kündigungsschutz
von Arbeitnehmern durch Willkür- und Diskriminierungsverbote im deutschen und amerikanischen
Arbeitsrecht, S. 122.

In Fall 6 ist der gekündigte E hinsichtlich der maßgeblichen Kriterien der Dauer der Betriebszugehörigkeit, des Lebensalters sowie der Unterhaltspflichten eindeutig am schutzbedürftigsten. Kann G nun nicht darlegen, daß die Weiterbeschäftigung der übrigen Arbeitnehmer (A, B, C und D) durch berechtigte betriebliche Bedürfnisse geboten ist, so läßt seine Auswahlentscheidung das erforderliche gewisse Maß an sozialer Rücksichtnahme vermissen. Die Kündigung ist dann nach § 242 BGB unwirksam.

6. Darlegungs- und Beweislast

Auch hier stellt sich wieder das allgemeine Problem, daß der Arbeitgeber nicht verpflichtet ist, einen Kündigungsgrund mitzuteilen. Der Arbeitnehmer weiß daher unter Umständen gar nicht, daß es sich um eine Auswahlkündigung handelt, die eventuell unter dem Gesichtspunkt einer grob fehlerhaften Sozialauswahl angegriffen werden kann. Da jedoch der Arbeitnehmer außerhalb des KSchG nicht an die Fristen der §§ 4, 7 KSchG gebunden ist, hat er die Möglichkeit, abzuwarten, ob der Arbeitgeber die Stelle neu besetzt. Tut er dies nicht, und bemüht er sich auch nicht um eine Neueinstellung, so kann von einer Auswahlkündigung mit Pflicht zur Sozialauswahl ausgegangen werden. Legt der Arbeitnehmer derartige Umstände dar, so ist eine Auswahlkündigung glaubhaft gemacht. Die Glaubhaftmachung einer Auswahlkündigung sollte auch hier ausreichen.

Problematisch ist allerdings, daß eine Auswahlkündigung auch dann vorliegen kann, wenn der Arbeitgeber nach Ausspruch einer Kündigung eine Neueinstellung vornimmt. So ist es beispielsweise denkbar, daß der Arbeitgeber bei gleichbleibender Mitarbeiterzahl eine zusätzliche Leistung anbieten will, die aber von keinem der bislang beschäftigten Arbeitnehmer erbracht werden kann. Die neue Leistung kann dann nur angeboten werden, wenn einer der bislang beschäftigten Arbeitnehmer entlassen und durch einen externen Bewerber ersetzt wird. Der Arbeitgeber muß dann entscheiden, welchen der bisher beschäftigten Arbeitnehmer er ersetzen will. Allein der Umstand, daß eine Neueinstellung vorgenommen wird, schließt also nicht aus, daß der Arbeitgeber eine Auswahlentscheidung zu treffen hatte.

In derartigen Konstellationen kann der Arbeitnehmer das Vorliegen einer Auswahlkündigung glaubhaft machen, wenn er darlegt, daß der neu eingestellte Arbeitnehmer Aufgaben wahrnimmt, die bislang nicht angefallen sind. In diesem Fall liegt die Vermutung nahe, daß der Arbeitgeber eine Auswahl zu treffen hatte, welcher der bislang beschäftigten Arbeitnehmer durch einen externen Bewerber ersetzt werden soll.

Innerhalb des KSchG hat der Arbeitnehmer gemäß § 1 Abs. 3 Satz 3 KSchG zu beweisen, daß die Sozialauswahl fehlerhaft war. Wenn der Arbeitnehmer schon innerhalb des KSchG die Beweislast trägt, so muß dies erst recht außerhalb des KSchG gelten. Der gekündigte Arbeitnehmer hat also darzulegen, daß er gegenüber einem weiterbeschäftigten Arbeitnehmer hinsichtlich aller drei relevanten Sozialkriterien sozial schutzbedürftiger ist.

Eine Mitteilungspflicht für die Gründe der sozialen Auswahl analog § 1 Abs. 3 Satz 1 Halbsatz 2 KSchG besteht außerhalb des KSchG nicht. Sie ist auch nicht notwendig, da nach dem hier vertretenen Modell der Arbeitnehmer problemlos feststellen kann, ob die Sozialauswahl selbst ein gewisses Maß an Rücksichtnahme vermissen läßt. Einer Information darüber, wie der Arbeitgeber die einzelnen Sozialdaten gewichtet hat, bedarf es daher nicht.

Beruft sich der Arbeitgeber darauf, ein bestimmter Arbeitnehmer könne nicht in die Sozialauswahl einbezogen werden, weil er für den Betrieb besonders wichtig sei, so obliegt ihm dafür innerhalb des KSchG die Beweislast[420]. Dasselbe muß auch außerhalb des KSchG gelten, da der gekündigte Arbeitnehmer schwerlich beurteilen können wird, was in betriebstechnischer oder wirtschaftlicher Hinsicht von besonderer Bedeutung für den Betrieb ist.

VII. Kündigung von Ausländern

Fraglich ist, inwiefern auch Ausländer in den Genuß des Kündigungsschutzes durch zivilrechtliche Generalklauseln kommen. Vor diskriminierenden sowie maßregelnden Kündigungen sind Ausländer durch § 138 Abs. 1 BGB in Verbindung mit Art. 3 Abs. 3 GG und § 612a BGB geschützt, da diese Normen unabhängig von der Staatsangehörigkeit gelten. Den Kündigungsschutz für langjährige Mitarbeiter stützt das BVerfG jedoch auf Art. 12 Abs. 1 GG, die Pflicht zur „kleinen" Sozialauswahl auf Art. 12 Abs. 1 GG in Verbindung mit dem Sozialstaatsprinzip. Ausländer können sich auf das Deutschen-Grundrecht des Art. 12 Abs. 1 GG nicht berufen, so daß dieser Kündigungsschutz für sie entfiele. Zu überlegen ist, ob für Ausländer unter Umständen dieselben Kündigungsschutzge-

---

[420] ErfK/Ascheid § 1 KSchG Rn. 562.

währleistungen auch aus Art. 2 Abs. 1 GG, der allgemeinen Handlungsfreiheit, hergeleitet werden können. Über Art. 2 Abs. 1 GG als sogenanntem Auffanggrundrecht genießen Ausländer auch ein gewisses Maß an Berufs- und Arbeitsplatzwahlfreiheit. Zu berücksichtigen ist jedoch, daß der Grundrechtsschutz für die berufliche Betätigung von Ausländern im Vergleich mit den grundrechtlichen Gewährleistungen des Art. 12 Abs. 1 GG grundsätzlich schwächer ausgestaltet ist[421]. Soweit bezüglich der aus der allgemeinen Handlungsfreiheit folgenden Arbeitsplatzwahlfreiheit eine Schutzpflicht des Staates besteht, dürfte das verfassungswidrige Untermaß demzufolge niedriger anzusiedeln sein, als dies bei Art. 12 Abs. 1 GG der Fall ist. Daher muß im Kleinbetrieb bei der Kündigung von Ausländern weder eine Interessenabwägung noch eine Sozialauswahl vorgenommen werden. Einer etwaigen Schutzpflicht aus Art. 2 Abs. 1 GG ist durch §§ 138, 612a BGB, die althergebrachten Grundsätze von Treu und Glauben und die Kündigungsfristen Genüge getan.

Anders stellt sich die Lage bei EU-Ausländern dar. Art. 39 Abs. 2 EGV verbietet jede auf der Staatsangehörigkeit beruhende unterschiedliche Behandlung der Arbeitnehmer der Mitgliedstaaten in bezug auf Beschäftigung, Entlohnung und sonstige Arbeitsbedingungen. Unter die sonstigen Arbeitsbedingungen fällt auch der Kündigungsschutz[422]. Gemeinschaftsrechtlich ist es daher untersagt, EU-Ausländer bezüglich des Kündigungsschutzes schlechter zu stellen als Deutsche. Dogmatisch bieten sich zur Erfüllung dieser Vorgabe zwei Lösungsmöglichkeiten an: Entweder man bezieht EU-Ausländer in den persönlichen Schutzbereich von Art. 12 Abs. 1 GG ein[423], oder man nähert für sie das Schutzniveau des Art. 2 Abs. 1 GG an das des Art. 12 Abs. 1 GG an[424]. Gegen die erste Möglichkeit spricht jedoch der klare Wortlaut des Art. 12 Abs. 1 GG. Daher bleibt nur der Rückgriff auf Art. 2 Abs. 1 GG. Im Wege europarechtskonformer Auslegung muß dem EU-Ausländer über Art. 2 Abs. 1 GG derselbe Grundrechtsschutz gewährleistet werden, den ein Deutscher über Art. 12 Abs. 1 GG genießt.

In Fall 5 b) genießt N als Italiener daher den vollen verfassungsrechtlichen Kündigungsschutz, so daß die Kündigung als unwirksam anzusehen ist. Die Kündigung des Türken N in Fall 5 c) ist dagegen wirksam.

---

[421] Bauer/Kahl JZ 1995, 1077 (1082).
[422] Geiger Art. 48 EGV Rn. 13.
[423] Handbuch des Staatsrechts/Breuer, § 147 Rn. 21.
[424] Dreier/Dreier Vorb. Rn. 75; Bauer/Kahl JZ 1995, 1077 (1083).

XI. Die althergebrachten Grundsätze von Treu und Glauben

Es ist in Literatur und Rechtsprechung unstrittig, daß sich ein Arbeitnehmer bei Kündigungen innerhalb wie außerhalb des Geltungsbereichs des KSchG über § 242 BGB auf die althergebrachten Grundsätze von Treu und Glauben berufen kann[425]. Unter den althergebrachten Grundsätzen von Treu und Glauben sind dabei das Verbot des venire contra factum proprium, die Verwirkung, sowie die ungehörige Rechtsausübung zu verstehen.

1. Venire contra factum proprium

Widersprüchliches Verhalten liegt vor, wenn die Ausübung eines Rechts zu dem bisherigen Verhalten des Berechtigten in unlösbarem Widerspruch steht und durch den Wechsel das schutzwürdige Vertrauen des Verpflichteten enttäuscht würde[426]. Erforderlich ist im Bereich von Kündigungen, daß der Arbeitgeber zunächst zu erkennen gegeben hat, er werde auf absehbare Zeit nicht oder nur unter bestimmten Voraussetzungen kündigen. Der Arbeitnehmer muß sodann im Hinblick auf diese Zusage Dispositionen getroffen haben, also beispielsweise im Vertrauen auf die Sicherung seines Lebensunterhalts bestimmte Anschaffungen getätigt oder andere Arbeitsangebote abgelehnt haben. Kündigt nun der Arbeitgeber dennoch, so kommt ein Verstoß gegen das Verbot widersprüchlichen Verhaltens in Betracht[427].

Dabei bedarf das Vorverhalten des Arbeitgebers der genauen Betrachtung, um feststellen zu können, ob die nachfolgende Kündigung tatsächlich im Widerspruch zu diesem Vorverhalten steht. Gibt der Arbeitgeber beispielsweise zu erkennen, er werde trotz der angespannten wirtschaftlichen Lage seines Unternehmens keine Arbeitnehmer entlassen, so kann der Arbeitnehmer lediglich darauf vertrauen, daß in Zukunft keine betriebsbedingten Kündigungen ausgesprochen werden. Eine

---

[425] Ständige Rechtsprechung BAG v. 24.4.1997 EzA § 611 BGB Kirchliche Arbeitnehmer Nr. 43; BAG v. 23.6.1994 EzA § 242 BGB Nr. 39; BAG v. 12.7.1990 DB 1991, 341; BAG v. 16.2.1989 EzA § 138 BGB Nr. 28; BAG v. 2.4.1987 EzA § 626 BGB n. F. Nr. 108; BAG v. 2.11.1983 EzA § 102 BetrVG 1972 Nr. 53; BAG v. 23.9.1976 EzA § 1 KSchG Nr. 35; BAG v. 13.7.1978 EzA § 102 BetrVG 1972 Nr. 36; BAG v. 28.9.1972 EzA § 1 KSchG Nr. 25; Stahlhacke/Preis/Vossen Rn. 188; KR/Friedrich § 13 KSchG Rn. 233 ff.; Hueck/v. Hoyningen-Huene § 13 KSchG Rn. 92a; ErfK/Ascheid § 13 KSchG Rn. 30; Heidelberger Kommentar zum KSchG/Dorndorf § 13 Rn. 112 ff.; Löwisch BB 1997, 782 (785).
[426] Palandt/Heinrichs § 242 BGB Rn. 56.
[427] BAG v. 23.9.1976 EzA § 1 KSchG Nr. 35.

personen- oder verhaltensbedingte Kündigung hingegen ist nicht als widersprüchlich anzusehen, zumindest sofern sie auf Umstände gestützt wird, die erst eingetreten sind, nachdem eine dauerhafte Weiterbeschäftigung in Aussicht gestellt wurde. Auch eine betriebsbedingte Kündigung ist freilich nicht auf ewige Zeiten unzulässig. Denn selbstverständlich muß ein begründetes Vertrauen des Arbeitnehmers, nicht gekündigt zu werden, eine zeitliche Grenze haben, die jedoch von den konkreten Umständen abhängt und daher in jedem Einzelfall gesondert zu bestimmen ist.

Ob die Kündigung in Fall 1 gegen Treu und Glauben verstößt, läßt sich ohne weitere Angaben zum Sachverhalt nicht beantworten. Es hängt davon ab, worauf der Arbeitgeber seine Kündigung stützt. Sicherlich kann sich G nicht darauf berufen, er habe es sich anders überlegt, könne auf N nun doch gut verzichten und wolle sich daher von ihm trennen. Möglich dürfte es aber sein, daß G vorträgt, N habe seine arbeitsvertraglichen Pflichten verletzt oder sei wegen Arbeitsunfähigkeit auf unabsehbare Zeit nicht einsetzbar.

2. Verwirkung

Eine ebenfalls anerkannte Fallgruppe des § 242 BGB ist die der Verwirkung. Von der Verwirkung eines Rechts wird allgemein ausgegangen, wenn der Berechtigte das Recht längere Zeit nicht geltend gemacht hat und die andere Vertragspartei sich nach dem gesamten Verhalten des Berechtigten darauf einrichten durfte und auch eingerichtet hat, daß dieser das Recht auch in Zukunft nicht ausüben werde[428]. Streng genommen handelt es sich um einen Unterfall des widersprüchlichen Verhaltens[429]. Der Arbeitgeber verwirkt sein Kündigungsrecht, wenn er trotz Vorliegens eines Kündigungsgrundes von einer Kündigung absieht, beim Arbeitnehmer das Vertrauen erweckt, die Kündigung werde unterbleiben, und dieser sich darauf einrichtet. Es ist also erforderlich, daß der Arbeitnehmer im Vertrauen auf den Fortbestand des Arbeitsverhältnisses Dispositionen trifft, so daß allein der

---

[428] BGH v. 25.3.1965 Z 43, 289 (292); BGH v. 16.6.1982 Z 84, 280 (281); BGH v. 20.10.1988 Z 105, 290 (298); Palandt/Heinrichs § 242 Rn. 87.
[429] Palandt/Heinrichs § 242 BGB Rn. 57.

Zeitablauf ohne das Hinzutreten weiterer Umstände den Einwand der Verwirkung in aller Regel nicht tragen kann[430].

Aufgrund ihrer Voraussetzungen stellt sich die Fallgruppe der Verwirkung außerhalb des Geltungsbereichs des KSchG jedoch als problematisch dar. Denn der Gedanke der Verwirkung knüpft daran an, daß der Arbeitgeber auf einen Sachverhalt, der ihn an sich zu einer Kündigung berechtigen würde, nicht mit einer Kündigung reagiert. Er soll dann - bei Hinzutreten weiterer Umstände - diesen Sachverhalt nicht mehr zur Begründung einer Kündigung heranziehen können. Ob der Verwirkung auch außerhalb des KSchG Bedeutung zukommt, hängt also wiederum davon ab, ob man außerhalb des KSchG einen sachlichen Grund zur Rechtfertigung der Kündigung verlangt[431]. Wie bereits dargestellt, ist auch nach der Rechtsprechung des BVerfG nicht erforderlich, daß jede Kündigung durch einen sachlichen Grund getragen wird. Lediglich bei langjähriger Mitarbeit ist ein sachlicher Grund zu fordern. Folgt man der Rechtsprechung des BVerfG, so kommt der Einwand der Verwirkung also bei der Kündigung langjähriger Mitarbeiter in Betracht.

Lehnt man hingegen - wie hier vertreten - den zusätzlichen Kündigungsschutz für langjährige Mitarbeiter ab, so spielt die Verwirkung außerhalb des KSchG in der Regel keine Rolle. Sie kommt nur dann in Betracht, wenn der Arbeitgeber ausnahmsweise doch gehalten ist, sachliche Gründe zur Rechtfertigung der Kündigung vorzutragen. Dies ist nach der hier vertretenen Auffassung nur der Fall, wenn der Arbeitnehmer im Prozeß eine maßregelnde oder grundrechtswidrige Kündigung glaubhaft gemacht hat und der Arbeitgeber daraufhin im Rahmen seiner Darlegungslast sachliche Gründe für die Kündigung vortragen muß. Hier kann es dem Arbeitgeber unter dem Gesichtspunkt der Verwirkung unter Umständen verwehrt sein, sich auf länger zurückliegende Sachverhalte zu berufen.

3. Die ungehörige Kündigung

Eine Kündigung kann innerhalb wie außerhalb des Geltungsbereichs des KSchG auch dann gegen § 242 BGB verstoßen, wenn die Kündigung in ungehöriger[432]

---

[430] BAG v. 9.7.1958 EzA § 242 BGB Nr. 1; BAG v. 1.8.1958 AP Nr. 10 zu § 242 BGB Verwirkung; BAG v. 25.11.1982 EzA § 9 KSchG n.F. Nr. 15; BAG v. 25.2.1988 - 2 AZR 500/87 n.v., zitiert nach juris.

[431] Röhsler DB 1969, 1147 (1148).

[432] Stahlhacke/Preis/Vossen Rn. 189.

oder verletzender[433] Form ausgesprochen wird. Treuwidrig ist hier nicht die Beendigung des Arbeitsverhältnisses als solche, sondern allein die Art und Weise der Kündigung, wie etwa der Zeitpunkt der Kündigung oder das Verhalten des Arbeitgebers bei Ausspruch der Kündigung.

Grundsätzlich darf der Arbeitgeber zu jeder Zeit und an jedem Ort kündigen. Bei der Kündigung zur Unzeit handelt es sich um extreme Ausnahmekonstellationen, in denen sich die Wahl des Kündigungszeitpunktes als besonders rücksichtslos darstellt. So hielt etwa das LAG Bremen eine Kündigung für ungehörig, die nach einem schweren Arbeitsunfall am gleichen Tage im Krankenhaus unmittelbar vor der anstehenden Operation ausgehändigt wurde[434]. Zutreffend führt das LAG aus, der Arbeitgeber habe hier die persönlichen Belange des Empfängers mißachtet und einen zu mißbilligenden Kündigungszeitpunkt ausgewählt. Dagegen ist eine Kündigung allein wegen ihres Zugangs am 24. Dezember nicht ungehörig[435]. Auch eine Kündigung kurz vor Ablauf der Wartezeit des § 1 KSchG ist nicht als ungehörig anzusehen, da innerhalb der Wartezeit grundsätzlich Kündigungsfreiheit besteht[436].

Fraglich ist, ob eine Kündigung zur Unzeit zur Unwirksamkeit der Kündigung führt oder ob die Kündigung erst zu einem Zeitpunkt wirksam wird, zu dem sich der Kündigungsausspruch nicht mehr als grob rücksichtslos darstellt[437]. Meines Erachtens ist es dem Arbeitgeber zumutbar, die Kündigung zu einem späteren, angemessenen Zeitpunkt erneut auszusprechen. Auch sollte es nicht den Gerichten auferlegt werden, den Zeitpunkt zu bestimmen, ab dem die Kündigung Wirksamkeit entfalten soll. Eine zur Unzeit ausgesprochene Kündigung ist daher unwirksam.

Des weiteren sind Fälle des Publikationsexzesses unter den Tatbestand der ungehörigen Kündigung zu subsumieren. So hält das BAG beispielsweise den Ausspruch einer an sich gerechtfertigten ordentlichen Kündigung vor versammelter

---

[433] BAG v. 23.9.1976 EzA § 1 KSchG Nr. 35; BAG v. 30.11.1960 AP Nr. 2 zu § 242 BGB Kündigung.

[434] LAG Bremen v. 29.10.1985 LAGE § 242 BGB Nr. 1 mit zustimmender Anmerkung Buchner.

[435] BAG v. 14.11.1984 EzA § 242 BGB Nr. 38.

[436] BAG v. 28.9.1978 EzA § 102 BetrVG 1972 Nr. 39; KR/Friedrich § 13 KSchG Rn. 250; Stahlhacke/Preis/Vossen Rn. 192.

[437] Für Unwirksamkeit: LAG Bremen v. 29.10.1985 LAGE § 242 BGB Nr. 1; offengelassen von BAG v. 14.11.1984 EzA § 242 BGB Nr. 38.

Belegschaft für treuwidrig[438]. Ebenso wird eine Kündigung durch Anschlag am Schwarzen Brett[439] als treuwidrig anzusehen sein. Der Arbeitnehmer wird hier dadurch besonders gedemütigt, daß die Kündigung in coram publico erfolgt. Auch derartige Kündigungen sind als nichtig anzusehen.

Das Verhalten des Arbeitgebers kann auch dann zur Treuwidrigkeit nach § 242 BGB führen, wenn der Arbeitgeber den Arbeitnehmer bei Ausspruch der Kündigung beschimpft oder beleidigt. Als Maßstab sollte hier meines Erachtens der Tatbestand des § 185 StGB herangezogen werden, um ein Kriterium in der Hand zu haben, das wenigstens ein gewisses Maß an Rechtssicherheit gewält. Beleidigende Äußerungen werden in der Regel nicht vorliegen, wenn sich der Arbeitgeber lediglich über die Leistungen oder das Arbeitsverhalten des Arbeitnehmers äußert, nicht aber die Persönlichkeit des Arbeitnehmers herabwürdigt. Dabei können Bewertungen des Arbeitsverhaltens auch scharf ausfallen, zumindest solange sie sich innerhalb der Ausdrucksweise des Privatrechts bewegen. Nach der Rechtsprechung soll beispielsweise die Formulierung „grob treu- und pflichtwidriges Verhalten" nicht zur Unwirksamkeit der Kündigung führen, zumindest wenn sie nicht völlig aus der Luft gegriffen ist und für den Gekündigten erkennbar ist, worauf sich dieser Vorwurf beziehen soll[440].

Ist die behauptete Vertragsverletzung dagegen aus der Luft gegriffen, oder begründet der Arbeitgeber die Kündigung sogar mit unzutreffenden Tatsachenbehauptungen, so stellt sich die Frage, ob dies zur Unwirksamkeit der Kündigung führt. Dafür könnte sprechen, daß der Vorwurf eines schwerwiegenden Vertragsverstoßes - sei er durch Tatsachenbehauptungen unterstützt oder nicht - geeignet ist, das berufliche Fortkommen des Arbeitnehmers zu beeinträchtigen. Der Arbeitnehmer muß bei der Bewerbung um eine neue Stelle regelmäßig Auskunft darüber geben, warum er seinen alten Arbeitsplatz verloren hat. Will er nicht lügen, so muß er die vom Arbeitgeber genannten Gründe nennen. Es wird ihm wenig nützen, wenn er beteuert, eine Vertragspflichtverletzung sei aus der Luft gegriffen oder die vom Arbeitgeber behaupteten Tatsachen träfen nicht zu. Andererseits muß jedoch die Kündigung nicht notwendigerweise für unwirksam erklärt werden, um eine Beeinträchtigung des beruflichen Fortkommens des Arbeitnehmers zu vermeiden: Dem Arbeitnehmer steht in bezug auf schwerwiegende, unzu-

---

[438] BAG v. 23.9.1976 EzA § 1 KSchG Nr. 35; BAG v. 30.11.1960 AP Nr. 2 zu § 242 BGB Kündigung.

[439] KR/Friedrich § 13 KSchG Rn. 246.

[440] LAG Baden-Württemberg v. 29.9.1967 DB 1968, 807.

treffende Vorwürfe ein Widerrufsanspruch aus § 1004 BGB in Verbindung mit dem allgemeinen Persönlichkeitsrecht oder aus einer nachwirkenden Fürsorgepflicht des Arbeitgebers zu[441]. Damit hat der Arbeitnehmer ein Instrument in der Hand, sich vor haltlosen Behauptungen zu schützen, so daß die Interessen des Arbeitnehmers trotz wirksamer Kündigung gewahrt bleiben. Ginge man hingegen von der Unwirksamkeit der Kündigung aus, so würde auf dem Schleichweg die Möglichkeit eröffnet, bei zahlreichen mit einer Begründung versehenen Kündigungen eine gerichtliche Kontrolle der Kündigungsgründe zu veranlassen. Dies steht im Widerspruch zum Prinzip der Kündigungsfreiheit, das außerhalb des KSchG nach wie vor gilt. Zudem würde dies nur dazu führen, daß der Arbeitgeber in Zukunft Kündigungen überhaupt nicht mehr begründet, was die Angriffsmöglichkeiten des Arbeitnehmers in bezug auf eine etwaige Diskriminierung oder Maßregelung nur vermindern würde. Eine Kündigung, die mit unzutreffenden Behauptungen begründet wird, ist daher nicht als nichtig anzusehen. Der Klarheit halber sollten derartige Kündigungen auch nicht als ungehörig bezeichnet werden.

4. Darlegungs- und Beweislast

Der Arbeitnehmer trägt die Darlegungs- und Beweislast für die Tatsachen, die die Treuwidrigkeit der Kündigung begründen[442]. Ein Bedürfnis für Beweiserleichterungen zugunsten des Arbeitnehmers besteht hier nicht, da die Treuwidrigkeit einer Kündigung in der Regel nicht auf inneren Vorgängen im Bewußtsein des Arbeitgebers beruht, sondern auf äußeren Umständen, die dem Arbeitnehmer zugänglich sind.

X. Auswirkungen des § 2 SGB III auf den Kündigungsschutz

Das Gesetz zur Reform der Arbeitsförderung (AFRG) vom 24.3.1997[443] hat das neue Arbeitsförderungsrecht zum 1.1.1998 als SGB III in das SGB eingegliedert und das AFG vom 25.6.1969 abgelöst. Gemäß § 2 Abs. 1 Satz 2 Nr. 2 SGB III[444]

---

[441] Vgl. zum Anspruch auf Entfernung einer unberechtigten Abmahnung aus der Personalakte BAG v. 27.11.1985 AP Nr. 93 zu § 611 Fürsorgepflicht; BAG v. 14.4.1988 AP Nr. 100 zu § 611 BGB Fürsorgepflicht; ErfK/Dieterich Art. 2 GG Rn. 111.

[442] KR/Friedrich § 13 KSchG Rn. 257c; LAG Schleswig-Holstein v. 3.3.1983, DB 1983, 2260.

[443] BGBl. 1997, I, 594.

[444] § 2 SGB III lautet:
„§ 2 Besondere Verantwortung von Arbeitgebern und Arbeitnehmern.

soll der Arbeitgeber vorrangig durch betriebliche Maßnahmen die Inanspruchnahme von Leistungen der Arbeitsförderung sowie Entlassungen von Arbeitnehmern vermeiden. *Schaub*[445] hat diese Regelung als „Gesetzessensation" bezeichnet. Auf dem Gebiet des Arbeitsrechts sei ein großes Umdenken angesagt. § 2 Abs. 1 Satz 2 Nr. 2 SGB III entspreche dem Ultima-Ratio-Prinzip des § 1 KSchG, gehe sogar über die bisher an betriebsbedingte Kündigungen gestellten Anforderungen hinaus. Es sei zumindest denkbar, daß der Arbeitgeber vor Ausspruch einer betriebsbedingten Kündigung darlegen und nachweisen müsse, daß er diese zu vermeiden versucht habe, beispielsweise durch Flexibilisierung der Arbeitszeit, Überstundenabbau, Urlaubserteilung, Schaffung von Arbeitszeitkonten, Überführungen in Teilzeitarbeit, Abschluß von Altersteilzeitverträgen oder Einführung von Kurzarbeit[446]. Insoweit werde sich die Darlegungs- und Beweislast des Arbeitgebers erheblich verstärken. Es ließen sich leicht 15 bis 20 Maßnahmen finden, die der Arbeitgeber anstelle einer betriebsbedingten Kündigung hätte ergreifen können. Auch wenn es sich um eine sozialrechtliche Vorschrift handele, sei von rechtlichen Auswirkungen auf das Kündigungsschutzrecht auszugehen.

Die Ausführungen von Schaub sind überwiegend auf Ablehnung gestoßen[447]. Die Debatte rankt sich zum einen um die Frage, ob sich aus einer sozialrechtlichen

---

(1) Die Arbeitgeber haben bei ihren Entscheidungen verantwortungsvoll deren Auswirkungen auf die Beschäftigung der Arbeitnehmer und von Arbeitslosen und damit die Inanspruchnahme von Leistungen der Arbeitsförderung einzubeziehen. Sie sollen dabei insbesondere

1. im Rahmen ihrer Mitverantwortung für die Entwicklung der beruflichen Leistungsfähigkeit der Arbeitnehmer zur Anpassung an sich ändernde Anforderungen sorgen,

2. vorrangig durch betriebliche Maßnahmen die Inanspruchnahme von Leistungen der Arbeitsförderung sowie Entlassungen von Arbeitnehmern vermeiden und

3. durch frühzeitige Meldung von freien Arbeitsplätzen deren zügige Besetzung und den Abbau von Arbeitslosigkeit unterstützen.

(2) Die Arbeitnehmer haben bei ihren Entscheidungen verantwortungsvoll deren Auswirkungen auf ihre beruflichen Möglichkeiten einzubeziehen. Sie sollen insbesondere ihre berufliche Leistungsfähigkeit den sich ändernden Anforderungen anpassen.

(3) Die Arbeitnehmer haben zur Vermeidung von Arbeitslosigkeit

1. jede zumutbare Möglichkeit bei der Suche und Aufnahme einer Beschäftigung zu nutzen,

2. ein Beschäftigungsverhältnis, dessen Fortsetzung ihnen zumutbar ist, nicht zu beenden, bevor sie eine neue Beschäftigung haben und

3. jede zumutbare Beschäftigung anzunehmen."

[445] Schaub NZA 1997, 810.

[446] Schaub NZA 1997, 810; zustimmend: Löwisch NZA 1998, 729.

[447] Bauer/Haußmann NZA 1997, 1100 ff.; Etwig NZA 1997, 1152; Rolfs NZA 1998, 17 ff.; Heinze NZA 2000, 5 (7); besonders scharf: Rüthers NJW 1998, 283 f., der den Vorwurf eines „sozialromantischen Blindfluges" erhebt und die von Schaub behauptete „Gesetzessensation" eher für eine „Auslegungssensation" hält.

Vorschrift Rechtsfolgen für das Kündigungsschutzrecht ergeben können, zum anderen darum, ob § 2 Abs. 1 Satz 2 Nr. 2 SGB III eine Änderung der Rechtsprechung zu betriebsbedingten Kündigungen fordere. Letzterer Frage soll hier nicht nachgegangen werden. Im Rahmen dieser Arbeit interessiert allein die vorrangige Frage, ob § 2 Abs. 1 Satz 2 Nr. 2 SGB III überhaupt Auswirkungen auf das Kündigungsrecht des Arbeitgebers hat. Bejahendenfalls muß dies dann nämlich auch außerhalb des Geltungsbereichs des KSchG gelten, da die besagte Vorschrift keine Beschränkung auf bestimmte Arbeitgeber oder bestimmte Arbeitsverhältnisse enthält.

Um zu einer kündigungsschutzrechtlichen Relevanz des § 2 Abs. 1 Satz 2 Nr. 2 SGB III zu gelangen, müssen zwei Voraussetzungen gegeben sein:

(1) § 2 Abs. 1 Satz 2 Nr. 2 SGB III muß eine Rechtspflicht des Arbeitgebers statuieren.

(2) Eine Verletzung dieser Pflicht muß Rechtsfolgen auf dem Gebiet des Arbeitsrechts nach sich ziehen, insbesondere im Bereich des Kündigungsschutzrechts.

§ 2 Abs. 1 Satz 2 Nr. 2 SGB III ist eine Sollvorschrift. Teilweise wird nun vertreten, es handele sich um eine bloße programmatische Regelung oder einen letztlich nicht umsetzbaren Appell, der ohne unmittelbaren normativen Gehalt sei und dem in der Praxis allenfalls als Auslegungsregel Bedeutung zukomme[448].
Bedauerlicherweise ist es in der heutigen Gesetzgebungspraxis nicht ungewöhnlich, an den Anfang eines Gesetzes gut gemeinte Appelle zu stellen. Ein Beispiel hierfür ist § 1 Abs. 1 SGB I, wonach das Recht des Sozialgesetzbuchs der Verwirklichung sozialer Gerechtigkeit und sozialer Sicherheit dienen soll. Freilich bestehen erhebliche Differenzen über die Frage, was unter sozialer Gerechtigkeit und sozialer Sicherheit zu verstehen ist. Der Gesetzgeber eröffnet mit derartigen Blankettbegriffen den Richtern und Rechtswissenschaftlern die Möglichkeit, ihre eigenen politischen Wertvorstellungen in das Gesetz hineinzuinterpretieren und schafft somit Rechtsunsicherheit. Wo dem Rechtsanwender eine klar gefaßte Regelung nicht gefällt, wird er oft der Versuchung erliegen, auch eine klar gefaßte Norm im „Geiste des allgemeinen Grundsatzes", im „Lichte des höherstehenden Prinzips" - sprich seinen eigenen politischen Wertvorstellungen folgend - auszulegen und dabei die Grenzen des Wortlauts zu überschreiten. Trotz dieser Gefahren sind Programmsätze nicht unüblich, so daß es sich möglicherweise auch bei § 2 Abs. 1 Satz 2 Nr. 2 SGB III um einen solchen handelt. Dem Bestreben, § 2 Abs. 1

---

[448] Niesel NZA 1997, 580 (584).

Satz 2 Nr. 2 SGB III als bloßen Programmsatz zu qualifizieren, steht jedoch die amtliche Begründung des Gesetzesentwurfs entgegen, in der es heißt[449]:

„Die Arbeitgeber sollen im Rahmen ihrer besonderen Verantwortung für Beschäftigungsmöglichkeiten durch betriebliche Maßnahmen die Inanspruchnahme von Leistungen der Arbeitsförderung sowie die Entlassung von Arbeitnehmern vermeiden. So soll zum Beispiel durch eine entsprechende Arbeitsorganisation und flexible Arbeitszeiten die Inanspruchnahme von Kurzarbeitergeld vermieden werden, wenn ein betrieblicher Ausgleich zwischen Kurzarbeit und Überstunden möglich ist. Sofern dieser Ausgleich nicht mehr möglich ist, sollen wiederum Entlassungen durch die Inanspruchnahme von Kurzarbeitergeld vermieden werden. Diese Soll-Verpflichtung geht über das geltende Recht hinaus. Andererseits wird darauf verzichtet, durch Gesetz oder Rechtsverordnung eine nicht praktikable und einem in der sozialen Marktwirtschaft freien Arbeitsmarkt nicht entsprechende Muß-Verpflichtung einzuführen."

Man wird schwerlich behaupten können, diese Gesetzesbegründung schaffe endgültige Klarheit. Eines läßt sich jedoch festhalten: Wenn von einer „Soll-Verpflichtung" und einer über das geltende Recht hinausgehenden Regelung die Rede ist, so muß davon ausgegangen werden, daß eine rechtliche Verpflichtung gewollt ist, und nicht nur ein symbolisch-moralischer Appell an die Arbeitgeber[450]. Eine Rechtspflicht, wenn auch eine schwache, wird durch § 2 Abs. 1 Satz 2 Nr. 2 SGB III somit erzeugt.

Fraglich ist aber, ob eine Verletzung der Soll-Verpflichtung Rechtsfolgen auf dem Gebiet des Arbeitsrechts, insbesondere im Kündigungsrecht, nach sich zieht. Zu betonen ist zunächst, daß § 2 Abs. 1 Satz 2 Nr. 2 SGB III eine Vorschrift des Sozialversicherungsrechts ist. Sie statuiert die Nachrangigkeit der Leistungen der Arbeitsförderungen im Verhältnis zu der besonderen Verantwortung von Arbeitgebern für Beschäftigungsmöglichkeiten. Üblicherweise würde man davon ausgehen, daß eine Norm des Sozialversicherungsrechts auch nur sozialrechtliche Rechtsfolgen zeitigt[451]. So kommt es beispielsweise in Betracht, daß eine Verletzung der Pflicht aus § 2 Abs. 1 Satz 2 Nr. 2 SGB III sich auf die Gewährung von Zuschüssen auswirkt, die im Ermessen der Arbeitsämter stehen, wie etwa Zu-

[449] BT-Drs. 13/4941, S. 152.
[450] Rüthers NJW 1997, 283.
[451] Heinze NZA 2000, 5 (7).

schüsse zu beschäftigungswirksamen Sozialplänen nach §§ 254 ff. SGB III[452] oder freie Förderungen nach § 10 Abs. 1 SGB III[453]. Zugegebenermaßen enthält jedoch auch das Sozialrecht Regelungen, die der Sache nach zum Arbeitsvertrags- oder Kündigungsrecht gehören, wie etwa § 45 Abs. 3 SGB V, § 41 SGB VI oder § 8 ATZG. In allen drei Fällen sind arbeitsrechtliche Rechtsfolgen aber ausdrücklich bestimmt[454]: Nach § 45 Abs. 3 SGB V hat der Arbeitnehmer gegen den Arbeitgeber einen Anspruch auf unbezahlte Freistellung bei Erkrankung eines Kindes, gemäß § 41 SGB VI stellt der Anspruch auf Altersrente keinen Kündigungsgrund im Sinne des KSchG dar, § 8 ATZG ist mit dem Titel „arbeitsrechtliche Regelungen" überschrieben und bezieht sich in seinem Abs. 1 ausdrücklich auf das KSchG. Daß § 2 Abs. 1 Satz 2 Nr. 2 SGB III keine ausdrücklichen arbeitsrechtlichen Rechtsfolgen statuiert, spricht daher dagegen, daß solche existieren.

Zu beachten ist auch, daß eine Erstreckung des § 2 Abs. 1 Satz 2 Nr. 2 SGB III auf das Arbeitsrecht in dem Sinne, daß eine Verletzung der Soll-Verpflichtung des Arbeitgebers zur Unwirksamkeit einer Kündigung führen kann, weitreichende Konsequenzen hätte: Unter Umständen müßte die Rechtsprechung zur freien Unternehmerentscheidung bei betriebsbedingten Kündigungen geändert werden[455]. Die Vorrangigkeit betrieblicher Maßnahmen gegenüber Entlassungen würde auch außerhalb des KSchG gelten, also die Kündigungsfreiheit in Kleinbetrieben und während der Probezeit stark einschränken. Es ist nicht davon auszugehen, daß der Gesetzgeber eine derartig weitreichende Reform des Kündigungsschutzrechts auf dem Umweg über eine sozialversicherungsrechtliche Norm vornehmen wollte[456]. Zumindest hätte er dies ausdrücklich sagen müssen. Arbeitsrechtliche Sanktionen werden aber weder im Gesetzestext noch in der Gesetzesbegründung angesprochen. Vielmehr wird - wie bereits zitiert - darauf hingewiesen, daß es sich um eine bloße Soll-Verpflichtung handele, weil eine Muß-Verpflichtung mit einem freien Arbeitsmarkt nicht vereinbar sei, das heißt, es wird zwar einerseits eine Rechtspflicht statuiert, gleichzeitig aber die Schwäche dieser Rechtspflicht betont. Eine Erstreckung des § 2 Abs. 1 Satz 2 Nr. 2 KSchG auf das Kündigungsschutzrecht hätte aber weitreichendere Konsequenzen als eine sozialrechtliche „Muß-Verpflichtung", die der Gesetzgeber ausdrücklich nicht gewollt hat. Daher kann

---

[452] Preis NZA 1998, 449 (454).
[453] Hauck/Noftz/Timme K § 2 SGB III Rn. 17.
[454] dies übersieht oder verschweigt Preis NZA 1998, 449 (454).
[455] Dafür Schaub NZA 1997, 810; Preis NZA 449 (456); dagegen: Ettwig NZA 1997, 1152 (1153); Bauer/Haußmann NZA 1997, 1100 (1102).
[456] Bauer/Haußmann NZA 1997, 1100 (1102).

§ 2 Abs. 1 Satz 2 Nr. 2 SGB III keine Bedeutung für das Kündigungsschutzrecht beigemessen werden.

F. Verfassungsrechtlicher Kündigungsschutz für arbeitnehmerähnliche Personen

Die arbeitnehmerähnliche Person zeichnet sich nach der Rechtsprechung des BAG dadurch aus, daß sie wirtschaftlich abhängig und einem Arbeitnehmer vergleichbar schutzbedürftig ist, weil sie aufgrund eines Dienst- oder Werkvertrags überwiegend für eine Person tätig ist und die geschuldete Leistung persönlich und im wesentlichen ohne Mitarbeit von Arbeitnehmern erbringt[457]. Dabei fehlt es an der für Arbeitnehmer typischen persönlichen Abhängigkeit, weil die arbeitnehmerähnliche Person nicht in eine betriebliche Organisation eingegliedert ist und im wesentlichen ihre Arbeitszeit selbst bestimmen kann[458].

Geht man davon aus, daß aus Art. 12 Abs. 1 GG eine staatliche Pflicht folgt, den Arbeitnehmer vor Kündigungen zu schützen, so liegt die Frage nahe, ob nicht gleichermaßen für arbeitnehmerähnliche Personen ein Mindestschutz verfassungsrechtlich geboten ist.

Zunächst ist zu untersuchen, welches Schutzniveau für arbeitnehmerähnliche Personen bereits einfachrechtlich gewährleistet ist. Sodann soll geprüft werden, ob das einfachrechtlich bestehende Schutzniveau einer etwaigen Schutzpflicht aus Art. 12 Abs. 1 GG genügt.

I. Kündigungsfristen

Wird eine arbeitnehmerähnliche Person aufgrund eines Dienstvertrags tätig, so gelten selbstverständlich die Kündigungsfristen des § 621 BGB, soweit individualvertraglich nichts anderes vereinbart ist. Für Handelsvertreter und für Heimarbeiter ergeben sich aus § 89 HGB beziehungsweise aus § 29 HAG über § 621 BGB hinausgehende Kündigungsfristen.

Für arbeitnehmerähnliche Personen, die keiner der Spezialregelungen unterfallen, wird teilweise eine analoge Anwendung des § 29 HAG befürwortet[459]. Die relativ

---

[457] BAG v. 15.4.1993 AP Nr. 12 zu § 5 ArbGG.

[458] ErfK/Preis § 611 BGB Rn. 134.

[459] KR/Rost Arbeitnehmerähnliche Personen Rn. 67; Oetker, FS für die Arbeitsgerichtsbarkeit des Landes Rheinland-Pfalz, 311 (324); Hromadka NZA 1997, 1249 (1256); aA Staudinger/Preis § 621 BGB Rn. 10; Handbuch des Kündigungsrechts, S. 175.

kurzen Fristen des § 621 BGB trügen der wirtschaftlichen Abhängigkeit der arbeitnehmerähnlichen Person nicht hinreichend Rechnung. Zudem könne § 621 BGB als abdingbare Norm den erforderlichen Schutz nicht sicherstellen. Die Voraussetzungen einer Analogie sind vorliegend jedoch nicht gegeben. Es mangelt bereits an einer planwidrigen Regelungslücke. Dies läßt sich aus § 621 Nr. 5 BGB ersehen. Gemäß § 621 Nr. 5 Halbsatz 1 BGB kann ein Dienstverhältnis, bei dem die Vergütung nicht nach Zeitabschnitten bemessen ist, jederzeit gekündigt werden. Nimmt jedoch das Dienstverhältnis die Erwerbstätigkeit des Verpflichteten vollständig oder hauptsächlich in Anspruch, so ist gemäß § 621 Nr. 5 Halbsatz 2 BGB eine Frist von zwei Wochen einzuhalten. Die vollständige oder hauptsächliche Inanspruchnahme der Arbeitskraft durch einen einzigen Dienstberechtigten ist geradezu typisch für die arbeitnehmerähnliche Person. Daraus läßt sich ersehen, daß der Gesetzgeber offenbar davon ausgeht, daß die Kündigungsfristen des § 621 BGB auch für arbeitnehmerähnliche Personen gelten sollen, die aufgrund eines Dienstvertrags tätig werden. Des weiteren liegt es eher fern, die Spezialregelung in § 29 HAG, die für eine nach Auffassung des Gesetzgebers offenbar besonders schutzbedürftige Gruppe arbeitnehmerähnlicher Personen gelten soll, auf alle arbeitnehmerähnlichen Personen zu erstrecken. § 29 HAG kann daher nicht in analoger Anwendung herangezogen werden.

Wird die arbeitnehmerähnliche Person auf der Grundlage mehrerer, aufeinander folgender befristeter Dienstverträge tätig, so ist für eine Kündigungsfrist an sich kein Raum. Die Einzelaufträge laufen hier mit der Befristung schlichtweg aus. Nach der Rechtsprechung des BAG ist in derartigen Fällen dennoch eine zweiwöchige Ankündigungsfrist einzuhalten, damit der arbeitnehmerähnlichen Person wenigstens etwas Zeit verbleibt, um sich nach einer neuen Einkunftsquelle umzuschauen[460]. Die Einhaltung einer Ankündigungsfrist ist ebenso zu verlangen, wenn die arbeitnehmerähnliche Person im Rahmen einer Reihe von Werkverträgen, die sich im Sinne einer Dauerrechtsbeziehung aneinanderreihen, tätig ist[461].

De lege ferenda ist es meines Erachtens durchaus diskutabel, für alle arbeitnehmerähnlichen Personen Kündigungsfristen zu normieren, die über die in § 621 BGB geregelten Fristen hinausgehen. Eine analoge Anwendung des § 29 HAG auf alle arbeitnehmerähnlichen Personen ist jedoch derzeit nicht möglich.

---

[460] BAG v. 8.6.1967 AP Nr. 6 zu § 611 BGB Abhängigkeit.
[461] KR/Rost Arbeitnehmerähnliche Personen Rn. 72.

II. Materielle Kündigungsschranken

Das KSchG ist auf arbeitnehmerähnliche Personen mangels eines Arbeitsverhältnisses nicht anwendbar[462]. Auch eine analoge Anwendung scheidet aus[463]. Dies ergibt sich bereits aus § 29a HAG, der einen Sonderkündigungsschutz für in Heimarbeit beschäftigte Betriebsratsmitglieder vorsieht, der § 15 KSchG entspricht. Wäre der Gesetzgeber der Auffassung gewesen, daß das KSchG auf arbeitnehmerähnliche Personen anwendbar ist, so wäre diese Regelung überflüssig gewesen. Zudem verfolgt das KSchG das Ziel, die Zugehörigkeit des Arbeitnehmers zur „Betriebsfamilie" zu schützen. Die arbeitnehmerähnliche Person ist aber gerade nicht in den Betrieb eingegliedert und kann daher auch keine soziale Bindung an den Betrieb entwickeln.

Die Kündigung von arbeitnehmerähnlichen Personen unterliegt aber - wie jede Kündigung eines Arbeitnehmers - der Schranke des § 138 Abs. 1 BGB[464]. Danach sind solche Kündigungen nichtig, die aus verwerflichen, insbesondere diskriminierenden Motiven erfolgen. Des weiteren müssen auch bei der Kündigung arbeitnehmerähnlicher Personen die althergebrachten Grundsätze von Treu und Glauben beachtet werden[465]. Überwiegend wird auch eine analoge Anwendung des § 612a BGB auf arbeitnehmerähnliche Personen bejaht[466].

Damit ist noch nichts darüber gesagt, ob über § 242 BGB auch das Interesse der arbeitnehmerähnlichen Person an der Erhaltung der Beschäftigungsmöglichkeit berücksichtigt werden muß. Zu beachten ist auch hier zunächst die in § 1 Abs. 1 KSchG getroffene gesetzgeberische Entscheidung, wonach der Bestandsschutz des Kündigungsschutzgesetzes nur bei Arbeitsverhältnissen eingreifen soll. Dem

---

[462] KR/Rost Arbeitnehmerähnliche Personen Rn. 147

[463] Appel/Frantzioch ArbuR 1998, 93 (96); Oetker, FS für die Arbeitsgerichtbarkeit des Landes Rheinland-Pfalz, 311 (325).

[464] KR/Rost Arbeitnehmerähnliche Personen Rn. 148.

[465] KR/Rost Arbeitnehmerähnliche Personen Rn. 149.

[466] ErfK/Preis § 612a BGB Rn. 4; KR/Pfeiffer § 612a BGB Rn. 3; MüKo/Schaub § 612a BGB Rn. 5; lehnt man eine analoge Anwendung von § 612a BGB ab, so stellt sich die Frage, ob eine maßregelnde Kündigung nicht auch sittenwidrig und damit nach § 138 Abs. 1 BGB nichtig ist. Befürwortend: Stahlhacke/Preis/Vossen Rn. 182, die § 612a BGB lediglich als Spezialfall der sittenwidrigen Kündigung ansehen; ablehnend hingegen Löwisch BB 1997, 782 (784) und Geyr, Der Kündigungsschutz von Arbeitnehmern durch Willkür- und Diskriminierungsverbote im deutschen und amerikanischen Arbeitsrecht, S. 207, die davon ausgehen, daß eine Kündigung, mit der der Arbeitgeber auf eine Rechtsausübung des Arbeitnehmers reagiert, nur gegen das Maßregelungsverbot des § 612a BGB, nicht aber gegen die guten Sitten verstößt.

Rechtsanwender sind bei der Auslegung der Generalklauseln also auch in bezug auf arbeitnehmerähnliche Personen Grenzen gesetzt. Bei rein einfachrechtlicher Betrachtung enthält § 1 Abs. 1 KSchG auch hier eine negative Konkretisierung dergestalt, daß für die Kündigung arbeitnehmerähnlicher Personen kein sachlicher Grund vorliegen muß, daß keine Abwägung zwischen Beendigungsinteresse und Bestandsschutzinteresse vorzunehmen ist[467], daß Kündigungen nicht dem ultima-ratio-Grundsatz unterliegen und daß bei Auswahlkündigungen keine Sozialauswahl durchgeführt werden muß.

III. Einfluß der Schutzpflicht aus Art. 12 Abs. 1 GG auf die Kündigung von arbeitnehmerähnlichen Personen

Stimmt man der Schutzpflicht für Arbeitnehmer zu, so stellt sich die Frage, ob sich aus Art. 12 Abs. 1 GG ebenfalls eine Schutzpflicht für arbeitnehmerähnliche Personen ergibt. Die freie Wahl des Arbeitsplatzes umfaßt schlichtweg die Wahl des Ortes der Arbeit und die Wahl des Vertragspartners, so daß sich grundsätzlich auch arbeitnehmerähnliche Personen auf die freie Wahl des Arbeitsplatzes berufen können. Des weiteren stellt das BVerfG in seinen Ausführungen zur Schutzpflicht zugunsten des Arbeitnehmers maßgeblich darauf ab, daß der Arbeitnehmer in wirtschaftlicher Hinsicht auf seinen Arbeitsplatz angewiesen ist[468]. Dies gilt für arbeitnehmerähnliche Personen gleichermaßen, so daß davon auszugehen ist, daß aus Art. 12 Abs. 1 GG auch eine Schutzpflicht für arbeitnehmerähnliche Personen folgt[469].

Die derzeit für arbeitnehmerähnliche Personen bestehenden Kündigungsfristen wird man als ausreichend ansehen, um das sogenannte verfassungsrechtlich gebotene Untermaß zu wahren[470]. Ist die Vergütung nach Monaten bemessen, so ist gemäß § 621 Nr. 3 BGB spätestens am fünfzehnten des Monats für den Schluß des Kalendermonats zu kündigen. Die Ankündigungsfristen für die Beendigung von aufeinanderfolgenden befristeten Dienstverträgen beziehungsweise von aufeinanderfolgenden Werkverträgen beträgt, wie bereits erwähnt, zwei Wochen. Wenn

---

[467] Oetker, FS für die Arbeitsgerichtsbarkeit des Landes Rheinland-Pfalz, 311 (327).

[468] BVerfG v. 27.1.1998 NZA 470 (471).

[469] Oetker, FS für die Arbeitsgerichtsbarkeit des Landes Rheinland-Pfalz, 311 (320); Appel/Frantzioch ArbuR 1998, 93 (97).

[470] Oetker, FS für die Arbeitsgerichtsbarkeit des Landes Rheinland-Pfalz, 311 (323), der freilich dennoch für eine analoge Anwendung von § 29 HAG plädiert.

auch rechtspolitisch eine Ausweitung der Fristen sinnvoll erscheint, so ist dennoch bereits durch das geltende Recht ein ausreichender Mindestschutz sichergestellt.

Was die oben beschriebenen materiellen Kündigungsschranken anbelangt, muß jedoch bezweifelt werden, ob sie der verfassungsrechtlichen Schutzpflicht genügen[471]. Die vom BVerfG entwickelten Kündigungsschranken für Arbeitnehmer im Kleinbetrieb gehen bereits über das oben dargelegte Kündigungsschutzniveau hinaus, da das BVerfG vom Arbeitgeber ein gewisses Maß an sozialer Rücksichtnahme und die Berücksichtigung eines durch langjährige Mitarbeit erdienten Vertrauens fordert. Dieser Kündigungsschutz muß auch arbeitnehmerähnlichen Personen gewährleistet werden. Des weiteren muß berücksichtigt werden, daß nach Auffassung des BVerfG der verfassungsrechtliche Kündigungsschutz an Intensität zunimmt, wenn die Belange des Arbeitgebers - hier also des Dienstberechtigten - als weniger schutzwürdig einzustufen sind[472]. Wird also eine arbeitnehmerähnliche Person von einem großen, finanziell leistungsstarken Unternehmen beschäftigt, so ist davon auszugehen, daß Kündigungen einer strengeren Kontrolle unterliegen, als Kündigungen eines Arbeitnehmers im Kleinbetrieb. Dies kann beispielsweise bedeuten, daß bei Auswahlkündigungen ein höheres Maß an sozialer Rücksichtnahme geboten ist als im Kleinbetrieb oder daß an die Kündigung langjähriger Mitarbeiter strengere Anforderungen zu stellen sind als im Kleinbetrieb, ohne daß die Kündigung dem Ultima-Ratio-Grundsatz unterliegt.

Auch hier zeigt sich, daß die Schutzpflichtkonstruktion des BVerfG in ihren Auswirkungen keineswegs auf Kündigungen im Kleinbetrieb beschränkt bleibt, sondern weitreichende Konsequenzen nach sich zieht. In bezug auf die Kündigung arbeitnehmerähnlicher Personen wird neue Rechtsunsicherheit geschaffen. Auch dies spricht meines Erachtens gegen die vom BVerfG konstruierte staatliche Pflicht zum Schutz vor Kündigungen.

---

[471] Appel/Frantzioch ArbuR 1998, 93 (97); Pfarr, FS für Kehrmann, 75 (93) fordert ebenfalls die Etablierung eines Bestandsschutzes für arbeitnehmerähnliche Personen, jedoch ohne sie auf Art. 12 Abs. 1 GG zu stützen.

[472] BVerfG v. 27.1.1998 NZA 1998, 470 (472).

G. Schluß

Im Rahmen der ökonomischen Betrachtung des Kündigungsschutzes wurde gezeigt, daß das Kündigungsschutzrecht in seinen Auswirkungen nicht auf das Verhältnis zwischen Arbeitgebern und Arbeitnehmern beschränkt ist, sondern auch die Interessen der Arbeitsuchenden berührt. Zum einen mindert ein starker Kündigungsschutz die Fluktuation auf dem Arbeitsmarkt und verschlechtert somit die Einstellungschancen Arbeitsuchender. Zum anderen beeinträchtigt das geltende Kündigungsschutzrecht - insbesondere die bestehende Rechtsunsicherheit - die Einstellungsbereitschaft der Arbeitgeber und wirkt sich so vermutlich negativ auf das Beschäftigungsniveau aus.

Bislang bestand wenigstens für Kleinbetriebe im Bereich des Kündigungsschutzrechts weitgehende Klarheit, da nach herrschender Auffassung Bestandsschutzaspekte - also das Interesse des Arbeitnehmers an der Erhaltung seines Arbeitsplatzes - außerhalb des Kündigungsschutzgesetzes nicht über die zivilrechtlichen Generalklauseln geltend gemacht werden konnten. Das BVerfG hat dieser Auffassung jedoch eine Absage erteilt und unter Berufung auf Art. 12 Abs. 1 GG neue Kündigungsschranken geschaffen, die dem Rechtsanwender erhebliche Auslegungsspielräume eröffnen und somit die Rechtssicherheit gravierend beeinträchtigen. Dies ist bedenklich, da gerade für den Kleinunternehmer ein überschaubares Recht von besonderer Bedeutung ist. Hinzu kommt, daß die dogmatische Herleitung des verfassungsrechtlichen Kündigungsschutzes kaum zu überzeugen vermag. Meines Erachtens sollte dem Gesetzgeber bei der komplexen Materie des Kündigungsschutzes weitreichende Gestaltungsfreiheit erhalten bleiben. Zu dieser Gestaltungsfreiheit gehört auch die Möglichkeit, in Kleinbetrieben weitgehende Kündigungsfreiheit zu gewährleisten.

Was den Kündigungsschutz außerhalb des Kündigungsschutzgesetzes anbelangt, sollte meines Erachtens das Augenmerk weniger auf Art. 12 Abs. 1 GG und das Interesse an der Erhaltung des Arbeitsplatzes gerichtet werden, als vielmehr auf das Maßregelungsverbot des § 612a BGB. Hier geht es nicht um Bestandsschutz, sondern um die Absicherung der Ausübung von Arbeitnehmerrechten. Beiträge zum Schutz vor maßregelnden Kündigungen sind dünn gesät, obwohl das Maßregelungsverbot Voraussetzung dafür ist, daß der Arbeitnehmer arbeitsrechtliche Ansprüche ohne Furcht vor sanktionierenden Kündigungen geltend machen kann. In dieser Arbeit wurde daher unter anderem der Versuch unternommen, insbesondere der Diskussion um den Schutz vor maßregelnden Kündigungen neue Impulse zu geben.